职业技术·职业资格培训教材

电子商务师

四级 第2版

主　编　王明潭
编　者　陈永东　牟　敏　王　苇　邢开东　董　鑫
主　审　陈文培

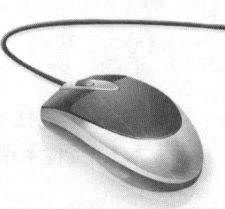

中国劳动社会保障出版社

图书在版编目(CIP)数据

电子商务师：四级/上海市职业技能鉴定中心组织编写．—2版．—北京：中国劳动社会保障出版社，2013

1+X职业技术·职业资格培训教材

ISBN 978-7-5167-0130-0

Ⅰ.①电… Ⅱ.①上… Ⅲ.①电子商务-技术培训-教材 Ⅳ.①F713.36

中国版本图书馆 CIP 数据核字(2013)第 013095 号

中国劳动社会保障出版社出版发行

(北京市惠新东街1号 邮政编码：100029)

出 版 人：张梦欣

*

北京市白帆印务有限公司印刷装订 新华书店经销
787毫米×1092毫米 16开本 16.25印张 304千字
2013年1月第2版 2021年4月第13次印刷

定价：36.00元

读者服务部电话：(010)64929211/84209101/64921644

营销中心电话：(010)64962347

出版社网址：http://www.class.com.cn

版权专有 侵权必究

如有印装差错，请与本社联系调换：(010)81211666

我社将与版权执法机关配合，大力打击盗印、销售和使用盗版图书活动，敬请广大读者协助举报，经查实将给予举报者奖励。

举报电话：(010)64954652

内 容 简 介

本教材由人力资源和社会保障部教材办公室、中国就业培训技术指导中心上海分中心、上海市职业技能鉴定中心依据上海1+X电子商务师（四级）职业技能鉴定细目组织编写。教材从强化培养操作技能，掌握实用技术的角度出发，较好地体现了当前最新的实用知识与操作技术，对于提高从业人员基本素质，掌握电子商务师的核心知识与技能有直接的帮助和指导作用。

本教材在编写中摒弃了传统教材注重系统性、理论性和完整性的编写方法，而是根据本职业的工作特点，从掌握实用操作技能和能力培养为根本出发点，采用模块化的编写方式。全书共分为6章，分别为电子商务基础、网店维护与商品发布、网络营销、客户服务、订单操作与支付和B2C仓储物流。在每一章节中，着重介绍相关专业理论知识和操作技能，使理论与实践得到充分的结合。

本教材可作为电子商务师（四级）职业技能培训与鉴定考核教材，也可供全国中、高等职业院校相关专业师生参考使用，以及本职业从业人员培训使用。

改版说明

《1+X职业技术·职业资格培训教材——电子商务员》自2005年出版以来，受到广大学员和从业者的欢迎，在电子商务职业技能培训和资格鉴定考试过程中发挥了巨大作用。然而，随着电子商务的迅速发展，电子商务从业人员需要掌握的职业技能有了新的要求，原有电子商务员职业技能培训和资格鉴定考试的理论及技能操作题库也进行相应提升。为此，人力资源和社会保障部与上海市职业技能鉴定中心组织相关方面的专家和技术人员，依据新版电子商务师职业技能鉴定细目对教材进行了改版，使之更好地适应社会的发展和行业的需要，更好地为从业人员和广大读者服务。

第2版教材在形式上、结构和内容上相对于初版教材有了许多的变化。其中，知识要求部分更为深入地介绍了网络营销和客户服务两大模块，突出了实用性的特点；操作技能部分则增加了新技能题库的内容，并按照明确的操作步骤编写，方便大家看懂操作内容。且在编写形式上采用任务引领型，每一章都提炼了学习目标，让学员明确自己通过章节的学习，应该达到什么要求，使学员的学习目的更清晰，更好地掌握知识和技能。此外，"相关链接"等小栏目的引入丰富了教材的形式与内容，增强了读者的阅读兴趣，同时也使本书涉及的相关职业内容更为丰富和完善。

当然，由于时间紧迫，编写较为仓促，教材中难免存在不足和漏洞，欢迎读者及业内同仁批评指正。

前　　言

　　职业培训制度的积极推进，尤其是职业资格证书制度的推行，为广大劳动者系统地学习相关职业的知识和技能，提高就业能力、工作能力和职业转换能力提供了可能，同时也为企业选择适应生产需要的合格劳动者提供了依据。

　　随着我国科学技术的飞速发展和产业结构的不断调整，各种新兴职业应运而生，传统职业中也愈来愈多、愈来愈快地融进了各种新知识、新技术和新工艺。因此，加快培养合格的、适应现代化建设要求的高技能人才就显得尤为迫切。近年来，上海市在加快高技能人才建设方面进行了有益的探索，积累了丰富而宝贵的经验。为优化人力资源结构，加快高技能人才队伍建设，上海市人力资源和社会保障局在提升职业标准、完善技能鉴定方面做了积极的探索和尝试，推出了1+X培训与鉴定模式。1+X中的1代表国家职业标准，X是为适应上海市经济发展的需要，对职业的部分知识和技能要求进行的扩充和更新。随着经济发展和技术进步，X将不断被赋予新的内涵，不断得到深化和提升。

　　上海市1+X培训与鉴定模式，得到了国家人力资源和社会保障部的支持和肯定。为配合上海市开展的1+X培训与鉴定的需要，人力资源和社会保障部教材办公室、中国就业培训技术指导中心上海分中心、上海市职业技能鉴定中心联合组织有关方面的专家、技术人员共同编写了职业技术·职业资格培训系列教材。

　　职业技术·职业资格培训教材严格按照1+X鉴定考核细目进行编写，教材内容充分反映了当前从事职业活动所需要的核心知识与技能，较好地体现了适用性、先进性与前瞻性。聘请编写1+X鉴定考核细目的专家以及相关行业的专家参与教材的编审工作，保证了教材内容的科学性及与鉴定考核细目以及题库的紧密衔接。

　　职业技术·职业资格培训教材突出了适应职业技能培训的特色，使读者通过学习与培训，不仅有助于通过鉴定考核，而且能够有针对性地进行系统学习，真正掌握本职业的核心技术与操作技能，从而实现从懂得了什么到会做什么的飞跃。

职业技术·职业资格培训教材立足于国家职业标准，也可为全国其他省市开展新职业、新技术职业培训和鉴定考核，以及高技能人才培养提供借鉴或参考。

新教材的编写是一项探索性工作，由于时间紧迫，不足之处在所难免，欢迎各使用单位及个人对教材提出宝贵意见和建议，以便教材修订时补充更正。

人力资源和社会保障部教材办公室
中国就业培训技术指导中心上海分中心
上海市职业技能鉴定中心

目 录

第1章 电子商务基础
第1节 传统商务与电子商务 ………………………… 2
第2节 网络浏览与搜索 ……………………………… 12
第3节 网店功能 ……………………………………… 27
第4节 第三方电子商务平台开店 …………………… 33
第5节 天猫（淘宝商城）开店 ……………………… 52
第6节 使用 ShopEx 平台进行开店操作 …………… 55

第2章 网店维护与商品发布
第1节 网店内容维护 ………………………………… 78
第2节 电子商务安全技术 …………………………… 99
第3节 商品管理与发布 ……………………………… 106

第3章 网络营销
第1节 网络营销基础 ………………………………… 124
第2节 网络营销常用方法 …………………………… 146
第3节 数据库营销 …………………………………… 157
第4节 网络广告 ……………………………………… 164

第4章 客户服务
第1节 电子商务的客户服务 ………………………… 178

第 2 节　售前服务与导购 …………………………………… 181
第 3 节　售后服务 …………………………………………… 194
第 4 节　消费者权益保护 …………………………………… 201

第 5 章　订单操作与支付
第 1 节　订单操作 …………………………………………… 212
第 2 节　电子商务支付 ……………………………………… 221

第 6 章　B2C 仓储物流
第 1 节　物流基础知识 ……………………………………… 232
第 2 节　电子商务仓储配送操作 …………………………… 246

第1章

电子商务基础

第1节　传统商务与电子商务　　　　　　　　　/2
第2节　网络浏览与搜索　　　　　　　　　　　/12
第3节　网店功能　　　　　　　　　　　　　　/27
第4节　第三方电子商务平台开店　　　　　　　/33
第5节　天猫（淘宝商城）开店　　　　　　　　/52
第6节　使用 ShopEx 平台进行开店操作　　　　/55

 **学习目标**

➢ 了解互联网与商务之间的关系

➢ 了解电子商务职业岗位及职业发展前景

➢ 熟悉电子商务的概念、种类及职能

➢ 熟悉网店的主要功能

➢ 掌握网络浏览与搜索的基本知识、基本操作与技巧

➢ 掌握第三方电子商务平台开店的基本流程

➢ 能够在第三方电子商务平台进行开店操作

第1节 传统商务与电子商务

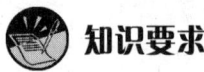 **知识要求**

一、传统商务

人类社会自从有了交换，就有了商务。商务的形态随着通信方式的发展而不断演变和丰富，商务的效率也越来越高。电子商务是互联网发展的必然结果。商务的形态经历了面对面的直接销售、店面销售以及邮购、电话营销、电视购物等无店铺销售的业态，直到今天的以网络为主的电子商务。

1. 直接销售

上门推销、电话销售以及直销、保险代理等都属于直接销售的方式。直接销售就是商家的销售人员通过拜访和面对面接触达到成交的一种销售方式，这是最古老，但今天依然生机勃勃的商务形态。包括今天的很多纯电子商务，最后交易的完成依然要通过业务人员与客户的面对面接触才能实现。

2. 店面销售

最原始的店面销售可以追溯到摆地摊，后来发展成夫妻小店，再后来就是百货商店、专卖店、超市、大卖场和便利店等，银行、电信和邮局的营业厅也属于店面销售的范畴。店面销售是指商家通过位置固定的商店，吸引客户到商店了解产品、付款和交付。当然有些大宗商品，如家电等，也采取电子商务的方式，在店面签约、付款，然后通过配送人员

送货到家。

3. 无店铺销售

直接销售和店面销售都需要商家与客户面对面地接触，但是电子商务的交易无须商家和客户的面对面接触就可以完成。其实在互联网出现以前，有相当比例的商务活动已经无须面对面接触就可以完成。

无店铺销售就是商家和客户无须面对面接触就能完成营销和交易的商务形态，主要包括邮购、电话营销和电视购物。

（1）邮购。邮购也叫目录销售，DM 营销（DM 是 Direct Mail Advertising 的缩写，即直销广告，指的是通过 DM 媒体将广告信息有效地传递给消费者的营销方式），自从有了邮政，就有了这种销售方式。开展邮购的商家，通过邮寄含有产品介绍的信，将产品信息介绍给潜在客户，客户通过回信和电话的途径下单购买，商家通过快递将货物送达客户的所在地。

（2）电话营销。通过向潜在客户致电，在电话上直接成交，然后付款、交付，这就是电话营销。比较正规的电话营销是通过呼叫中心完成的。例如，招商信诺就是通过向银行的客户致电销售保险的。电话营销与邮购和电视购物以及电子商务相结合，会有更好的效果。

（3）电视购物。商家在电视上不但可以做广告，提升品牌知名度，也可以直接销售产品。客户想订购电视上的产品，可直接拨打屏幕上的订货电话，商家直接快递到户。例如，东方购物就是电视台主办的电视购物节目，橡果国际是通过租用和购买电视频道的时段来开展电视购物的。

二、电子商务的概念

1. 国际组织与公司对电子商务的不同定义

一般认为电子数据交互 EDI 是最早出现的真正意义上的电子商务，1990—1993 年，电子数据交换时代成为我国电子商务的起步期。1997 年 11 月 6—7 日，国际商会在巴黎举行了世界电子商务会议（The World Business Agenda for Electronic Commerce）。会上专家和代表对电子商务的概念进行了最有权威的阐述：电子商务是指实现整个贸易过程中各阶段的贸易活动的电子化。从涵盖范围方面可以定义为：交易各方以电子交易方式而不是通过当面交换或直接面谈方式进行的任何形式的商业交易；从技术方面可以定义为：电子商务是一种多技术的集合体，包括交换数据（如电子数据交换、电子邮件等）、获得数据（共享数据库、电子公告牌）以及自动捕获数据（条形码）等。电子商务涵盖的业务包括信息交换、售前和售后服务（提供产品和服务的细节、产品使用技术指南、回答顾客意见）、销售、电子支付（使用电子资金转账、信用卡、电子支票、电子现金）、运输（包括商品的发送管理和运输跟踪以及可以电子化传送的产品的实际发送）、组建虚拟企业（组建一个物理上不存在的企业，集中一批独立的中小型公司的权限，提供比任何单独公司多得多的产品和服务）、公司和贸易伙伴可以共同拥有和运营共享的商业方法等。

HP公司认为，电子商务简单地说就是指从售前服务到售后支持的各个环节实现电子化、自动化。

IBM公司认为，电子商务是指采用数字化电子方式进行商务数据交换和开展商务业务的活动，是在互联网的广阔联系与传统信息技术系统的丰富资源相互结合的背景下应运而生的一种相互关联的动态商务活动。

2. 上海市人大关于电子商务的定义

2008年11月26日，上海市第十三届人大常委会第七次会议表决通过《上海市促进电子商务发展规定》（以下简称"《规定》"），《规定》于2009年3月1日起施行。

在该《规定》中明确了"电子商务"的定义，《规定》第三条明确规定："本规定所调整的电子商务，是指通过互联网进行销售商品、提供服务等的经营活动。"同时，第三条第二款还规定了"电子商务企业"的范围："本规定所称的从事电子商务的企业，包括在互联网上建立电子商务应用服务平台的企业、在电子商务平台内从事经营活动的企业、在互联网上建立网站销售商品或者提供服务的企业以及其他通过互联网从事经营活动的企业。"

3. 电子商务的简化定义

无论是国际商会，还是HP公司和IBM公司，都认为电子商务是利用现有的计算机硬件设备、软件和网络基础设施，通过一定的协议连接起来的，在电子网络环境下进行各种各样的商务活动。因此，电子商务可以简化地理解为对整个贸易活动实现电子化。

电子商务具有多学科交叉的特征，主要涉及市场营销学、计算机科学、消费者行为学和心理学、金融学、经济学、管理信息系统（MIS）、会计与审计学、管理学、商业法律和道德规范及其他学科。

对于电子商务概念的科学理解应包括以下几个基本方面：

（1）电子商务是整个贸易活动的自动化和电子化。

（2）电子商务是利用各种电子工具和电子技术从事各种商务活动的过程。其中电子工具是指计算机硬件和网络基础设施（包括互联网、Intranet、各种局域网等）；电子技术是指处理、传递、交换和获得数据的多技术集合。

（3）电子商务渗透到贸易活动的各个阶段，因而内容广泛，包括信息交换、售前和售后服务、销售、电子支付、运输、组建虚拟企业、共享资源等。

(4) 电子商务的参与者包括消费者、销售商、供货商、企业雇员、银行或金融机构以及政府等各种机构或个人。

(5) 电子商务的目的就是要实现企业乃至全社会的高效率、低成本的贸易活动。

4. 广义与狭义的电子商务概念

在理解电子商务定义的同时，还应注意广义与狭义的电子商务的区别。

广义的电子商务通常用 EB（Electronic Business）表示，通常是指在全球各地广泛的商业贸易活动中，在互联网开放的网络环境下，基于浏览器/服务器应用方式，买卖双方不谋面地进行各种商贸活动，实现消费者的网上购物、商户之间的网上交易和在线电子支付以及各种商务活动，也可称为电子业务。

狭义的电子商务通常用 EC（Electronic Commerce）表示，是指对整个贸易活动实现电子化，也可称为电子交易。

三、电子商务的种类

为了更好地理解电子商务的内涵和外延，可以从不同的角度给电子商务进行分类。

1. 按电子商务的交易对象分类

按电子商务的交易对象分类，可以分为企业面向企业的 B2B、企业面向消费者的 B2C 及个人面向个人的 C2C。

（1）B2B。B2B 是英文 Business to Business（商家对商家）的缩写，是商家（泛指企业）对商家的电子商务模式，即企业与企业之间通过互联网进行产品、服务及信息的交换。这些过程包括发布供求信息、订货及确认订货、支付过程及票据的签发、传送和接收、确定配送方案并监控配送过程等。国内目前比较知名的 B2B 网站综合类包括阿里巴巴、慧聪网、网盛生意宝、环球资源网、中国制造网、中国网库、敦煌网等；垂直类有中国化工网等。B2B 按地域可以分为内贸 B2B 和外贸 B2B；按照是否有实质交易产生，又可以分为展示型和交易型的 B2B。在 B2B 电子商务中，一个令人关注的问题是互联网上的电子洽谈方式。通过它，数以千计的分散在各个角落的供应商可以直接同多家主要的工业产品采购商建立直接联系，从而实现了"无障碍"交易。目前，电子商务总交易量中 80% 的交易是由 B2B 实现的。

（2）B2C。B2C 是英文 Business to Customer（商家对个人）的缩写，即通常所说的商业零售，直接面向消费者销售产品和服务。这种形式的电子商务一般以网络零售业为主，主要借助于互联网开展在线销售活动。B2C 即企业通过互联网为消费者提供一个新型的购物环境——网上商店，消费者通过网络在网上购物、在网上支付。由于这种模式节省了客户及企业的时间和空间，大大提高了交易效率，特别对于工作忙碌的上班族，这种模式可以为其节省宝贵的时间。目前,最知名的B2C网站有天猫(原名"淘宝商城")、京东商城、亚马逊中国(原名"卓越"及"卓越亚马逊")、当当网及凡客诚品等。

(3) C2C。C2C是英文Costomer to Costomer(个人对个人)的缩写,C2C同B2B和B2C一样,都是电子商务的模式之一。不同的是C2C是个人对个人的电子商务模式,最早由个人通过第三方交易平台(如ebay、淘宝及拍拍等)进行在线交易。个人卖家最早仅出售一些二手商品,以竞价为主要手段。后逐渐演变成经营性交易,个人卖家逐步成长为商家,以团队和公司进行运营。因此,现在将以前的C2C商家称为"平台电商"可能更为合适。为C2C买家和卖家提供交易平台,收取服务费、佣金、广告费等,也是一种电子商务模式。需要注意的是早期的很多平台C店卖家逐步成长为规模较大的大卖家。C只是一个暂时的状态,随着经营情况的发展,C店的身份也会转化为企业组织。

2. 按电子商务所依托的信息网络分类

按电子商务所依托的信息网络分类,可以分为基于互联网的电子商务、基于Extranet(企业外部网)的电子商务、基于Intranet(企业内部网)的电子商务。目前,又出现了基于移动互联网与手机的移动电子商务。

(1) 基于互联网的电子商务。是指在开放的互联网环境下,采用现代信息技术手段,基于浏览器/服务器应用方式,将买方、卖方、合作方和中介方等联结起来并进行各种各样的商务活动,实现消费者的网上购物、商户之间的网上交易和在线电子支付等功能的一种运营模式。

(2) 基于Extranet(企业外部网)的电子商务。Intranet是与企业组织严格相关并在其范围之内的,它也许可以降低成本并提高效率,但它无法给一个企业组织的顾客、供应商或业务伙伴带来直接效益。Extranet将Intranet的访问权扩展到企业组织限制之外。向顾客、供应商或商业伙伴开放一个Intranet资源,其意义在于促进企业组织及其顾客、供应商、业务伙伴之间的联系。通过将企业组织的部分资源向其他组织和个人开放,从而给其用户带来增值效应。

(3) 基于Intranet(企业内部网)的电子商务。就是利用企业内部网络进行电子交易。对基于移动互联网的电子商务而言,用户通常是利用传统手机、智能手机、平板计算机及其他移动终端进行购物。其中,在移动电子商务中,除了传统的网页方式购物外,许多企业还经常会提供给用户一些APP,供用户下载后进行商品浏览及购买。

(4) 移动电子商务。就是利用手机、PDA及掌上计算机等无线终端进行的B2B、B2C或C2C的电子商务。它将互联网、移动通信技术、短距离通信技术及其他信息处理技术完美地结合,使人们可以在任何时间、任何地点进行各种商贸活动,实现随时随地、线上线下的购物与交易,在线电子支付以及各种交易活动,商务活动,金融活动和相关的综合服务活动等。

3. 按承担的责任和角色分类

按承担的责任和角色分类，可以分为电子商务的第三方电子商务平台和自营电子商务。

（1）第三方电子商务平台。典型的第三方电子商务平台就是阿里巴巴、天猫（原"淘宝商城"）及淘宝网。平台为商家提供一个开展电子商务的平台，不经营商品，商品的购进和卖出、物流等由入驻的商家负责。平台只提供开店平台、IT技术支持、第三方支付以及部分营销推广服务。平台电商最主要的收入是平台的销售佣金。相当于传统百货店的出租柜台模式。

（2）自营电子商务。也称直营电子商务，典型代表就是京东商城，电子商务主负责全部的商务活动和技术平台，所有商品由商家购入后卖出，赚取的是产品差价。相当于传统百货的自营模式。

两种电子商务正发生着相互融合的趋势，如京东商城也开展了第三方平台的业务。

4. 按商品种类覆盖面分类

按商品种类覆盖面分类，可以分为综合类电子商务、垂直类电子商务和区域电子商务。

（1）综合类电子商务。即什么产品都卖，如淘宝网就是最典型的综合类平台，连汽车和房子也可以卖。专注于进口商品的金蚂蚁网（www.goldant.com.cn）也是综合类电子商务平台。

（2）垂直类电子商务。即专注于某一细分的产品类别，把某一类产品做深、做透。如麦包包专门做包，乐淘专门做鞋。

（3）区域电子商务。即有些产品只限制在某一区域和城市内销售。例如，经营安全食品的品臻客，在某一阶段，为了保证服务质量和成本，开始业务只限定在江浙沪。

实际上，以上三种类型只是电子商务所处的三种发展状态，不是静态的，同一电子商务也在不断地转化。例如，京东商城开始只经营3c，后来扩大到家电，再后来扩大到服装和图书，现在已经从垂直类电子商务转化为综合类电子商务。

5. 按商业活动运作方式分类

按商业活动运作方式分类，可分为间接电子商务和直接电子商务。直接电子商务是指无形货物或者服务的订货或付款等活动；间接电子商务是指有形货物的电子订货与付款等活动，它依然需要利用传统渠道（如邮政服务和商业快递等）送货。

其他的分类方式还有按照商业活动的内容分类，包括政府电子商务、流通业电子商务、金融电子商务等。

四、电子商务的五大职能

通俗地讲，商务就是做生意，就是把商品卖出去，收到钱，把商品交付给客户，并服务好。无论电子商务还是传统商务，必须具备五个要素，才能成为商务。这五个要素分别是营销、订单、支付、商品交付和售后服务。

1. 营销

"酒香不怕巷子深"，做商务，首先要让目标客户知道自己，营销就是为了让客户知道、了解自己，产生购买的行动。营销又分为品牌型营销和销售型营销。品牌型营销主要是为了提高品牌和产品的知名度，而销售型营销主要是为了马上开展销售活动。如电视购物的节目就是典型的销售型营销。

2. 订单

订单本质上就是企业与客户签订的合同，主要内容包括产品、价格、交付时间和方式、付款方式以及服务保障等。传统的订单可能是在一手交钱、一手交货的过程中，几个要素一起完成。或者对于价值比较大的商品，先签订购货合同。电子商务处理订单的效率是最高的，通过网络和电话，可快速完成一个订单的确定。

3. 支付

传统的支付主要是面对面交付现金或者银行转账。电子商务的支付更多地采用网络第三方支付（如支付宝等）的手段完成，单位订单的支付成本更低。当然，电子商务也有很多传统的支付方式，如货到付款、邮局汇款等。

4. 商品交付

电子商务由于不是面对面的交易，所以实体商品的交付通过物流和快递完成，滞后于订单的确定。但是虚拟产品是可以实现立即支付的，如电子客票等。

5. 售后服务

传统商务主要由客户经理或者客服通过柜台、上门或者电话（客户服务中心）的方式为客户提供售后服务。电子商务除了传统的服务方式外，网络客户服务成为低成本、高效率的重要服务手段。例如，淘宝店主要通过旺旺，独立商城通过网上客户窗口、电子邮件或QQ等开展客户服务。网络客服大大降低了客户服务的成本。

五、电子商务职业发展

1. 电子商务在我国的现状与发展

（1）我国电子商务发展现状。在所有的商业领域中，电子商务这些年的发展是最快的，每年的电子商务交易额的增长都超过100%。目前，国内电子商务比较发达的地区有以江浙沪为主的长三角地区，以广州、深圳为主的珠三角地区和以北京为主的京津地区，且电子商务逐渐由沿海地区向内陆地区渗透，中西部二三线城市电子商务发展迅速，我国电子商务发展情况如图1—1所示。

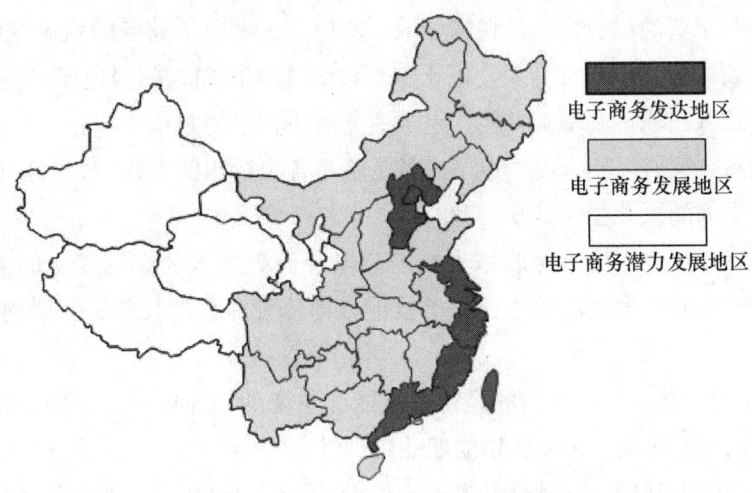

图1—1　我国电子商务发展情况

（2）我国电子商务发展存在的问题。虽然我国电子商务的发展相当迅速，但电子商务在我国的发展还面临很多困难。

1）电子支付普及不够。一方面，由于电子支付需要办理相应的电子卡（如信用卡等），并开通网上支付功能，有许多人觉得麻烦还没有办理；另一方面，网上支付的流程还比较麻烦，对于文化知识少或年龄大的用户，还有许多困难。

2）诚信水平普遍不高。由于长期发展中存在的众多复杂因素，我国公民的素质还不算高，其中诚信水平也普遍不高，这导致无论是网上卖家（或商家）及买家（或用户）都存在不诚信的情况，甚至存在一定程度的诈骗、作弊及恶意差评等现象。

3）物流效率不高。一到电子商务的销售高峰，如春节等，全国各地的配送公司都出现"爆仓"的现象，快件堆积，送不出去，消费者迟迟收不到货。正因为如此，不少大型的电子商务企业自建物流渠道，相比物流发达的美国、日本，我国的物流也是限制电子商务发展的重要"瓶颈"。

4）人才队伍紧缺。由于电子商务的快速发展、岗位和用人的迅速增加，导致电子商务需要的新型人才大量缺失。电子商务快速兴起，高校教育未能与企业实际需求挂钩，导致电子商务的专业人才稀缺。从行业整体来说，还存在利润与规模之间的平衡、知识产权与模式创新方面的缺陷以及平台与独立电子商务之间的比例失调等问题。继阻碍电子商务快速、健康发展的三座大山——"支付、诚信、物流"之后，电子商务的人才缺口成为电子商务发展的最大的"瓶颈"。这也是人们今天学习电子商务知识的原因。

2. 电子商务的入门岗位与技能

(1) 电子商务岗位。正因为电子商务人才缺口大,在人才市场的竞争下,电子商务人才职位的提升和工资的增长也是最快的领域,所以,了解电子商务的职业发展,对于打算进入电子商务领域的学员非常重要。由于本级教材主要面向入门级电子商务人才的培训,所以这里仅介绍入门职位和基础技能。电子商务需要大量的新型人才,其技能与传统商务的人才既有联系,又有区别。由于电子商务是跨越各个行业的新领域,所以比较受企业欢迎的、有发展空间的人才往往是复合型的人才。

(2) 电子商务从业人员所需的基本技能。电子商务的人才,除专业的电子商务技能外,有些岗位还不同程度地需要掌握三类技能,即传统业务的技能、互联网和IT技能以及管理技能。

1) 传统业务的技能。主要指的是行业技能和主要的职业培训,如服装行业的职业培训、物流行业的职业培训、市场营销的职业培训等。

2) 互联网和IT技能。如软件开发、软件设计、编写代码等,有些技术要求较高的岗位,如技术开发、网站维护等,需要掌握更多的IT技能。

3) 管理技能。随着岗位的提升,管理技能需要不断地学习,尤其是团队管理技能和运营管理技能。

(3) 电子商务企业初级人才需求量最大的岗位主要集中在初级的客户服务、网络推广、仓储配送和内容维护等方面。这些初级岗位需要具备以下能力:

1) 初级客户服务。能够根据客户的需要,熟练操作客户服务的工作平台,在客服主管的领导下,通过网络和电话,提供导购、售前咨询和售后服务等。电子商务交易的促成,客服功不可没。因为电子商务的特殊交易形式,电子商务客户服务所需的专业技能要求比传统客户服务高出许多。

客户服务的主要工作内容是为顾客提供咨询和建议,从而促成交易。在交易完成后,客服人员要提供良好的售后服务,主动与顾客联系,提高顾客回头率。此外,客服人员还要能配合网店的营销计划,做些店铺推广、促销信息发布等辅助性工作。因此,客服人员必须具备以下专业技能。

第一,心理素质好,诚信,耐心,责任心强,能承受压力。

第二,反应敏捷,应对得体,了解顾客心理,善于沟通。

第三,口齿清晰,会说普通话。

第四,打字速度快,准确率高。

第五,熟悉常用计算机软件,熟悉即时聊天程序,熟练使用Windows操作系统、

Word和Excel，会收发电子邮件、使用图片处理程序进行简单的图片处理。

此外，具体工作要求有以下几方面：

①需要了解所售商品的种类、材质、尺寸、用途、商品的使用方法、洗涤方法、修理方法以及与商品相关的文化习俗、色彩偏好、地域差异等知识。此外，客服人员如果了解所售商品与同类其他商品的价格、性能、特色差异，对商品的销售也会有很大帮助。

②熟悉电子商务交易平台和第三方支付的交易规则及流程。电子商务交易平台与第三方支付的交易规则是完成交易的基础。依照交易规则进行交易，才能使交易顺利进行，交易双方的利益得到保障。客服人员应了解第三方电子商务交易平台的付款、修改价格、关闭交易、申请退款、交易评价等交易流程；以及常用的第三方支付、银行转账、银行汇款、在线支付和货到付款等付款方式的操作。

③了解不同物流方式的运作方式、价格和运送时间。电子商务的发展与物流的发展是同步的。选择哪种物流、物流的价格、物流的速度是影响电子商务成交的重要因素。客服人员要完成交易，必须了解不同物流及使用方法。

客服人员需要了解各个物流服务提供商的服务特色、服务时间、快递区域、快递价格和保价金额、快递速度以及不同物流之间的差异，才能做出正确的选择；也需要了解不同物流的联系方式、如何查询快递中包裹的物流状态、如何撤回包裹、如何处理退回包裹、委托物流代收货款的流程、物流公司造成包裹遗失或损坏时如何索赔等。

④熟悉售后问题的处理方法和流程，以良好心态积极应对顾客投诉，迅速安抚客户的不满情绪，快速解决问题。能熟练、准确地回答客户提出的与商品相关的各种问题；熟悉店铺的营销策略及最新促销活动；引导顾客进行购买，促成交易。

⑤配合店铺的销售，在淘宝等网站、社区、发帖或回复为店铺或商品做宣传和推广。

2) 初级网络推广。能够在市场主管的领导下，按照市场推广的执行方案，按照规范落实和操作。

3) 初级仓储配送。按照工作流程和操作规范，完成出、入库和配送对接的操作。

4) 初级内容维护。按照规范和计划，完成修图、图片上传、内容更新和发布以及统计跟踪的操作。

第2节 网络浏览与搜索

知识要求

一、网络浏览

1. 常见浏览器简介

Internet 是 1989 年由先前的 Nsfnet 更名而来的,它首次实现了一些异地计算机的数据共享。其基本功能有传输电子邮件、传输文件、实现远程登录等。浏览器是通过统一的资源定位器 URL 来获取并显示网页的一种软件工具,现在主流的浏览器主要有 IE、Firefox(中文名:火狐)、Opera、Chrome、360 浏览器、UC 浏览器及 Safari 等。浏览器最重要或者说核心的部分是"Rendering Engine",可译为"解释引擎",不过人们一般习惯将其称为"浏览器内核",负责对网页语法的解释(如 HTML、JavaScript 等)并渲染(显示)网页。按内核来分类可以大致分为 IE 内核和非 IE 内核。

2. IE 浏览器的使用

下面以 IE 浏览器为例介绍浏览器的基本知识。

(1) 统一的资源定位器 URL (Uniform Resource Locators)。在计算机网络中用来标示、定位某主页地址,即用于定位信息资源所在的位置。URL 格式:(协议)://(主机名):(端口号)/(文件路径)/(文件名),在浏览器中输入网址时,协议名(即 http://)可以省略。

(2) 安全等级。

1) 互联网区域。除内部网络及被分配到其他区域外的所有站点,默认安全等级为"中"。

2) 本地互联网区域。连接在本地互联网的站点,默认等级为"中低"。

3) 可信站点区域。该区域包含自己信任的站点——相信可以直接从这里下载或运行文件,而不用担心会危害自己的计算机或数据。可将站点分配到该区域,默认等级为"低"。

4) 受限站点区域。该区域包含自己不信任的站点——不能肯定是否可以从这里下载或运行文件而不损害自己的计算机或数据。可将站点分配到该区域,默认等级为"高"。

3. 网页浏览要点

要浏览网页，首先需要在 IE 浏览器的地址栏中输入需要访问的网址。为了节省上网费用和时间，可以把经常访问的站点放入收藏夹，然后脱机浏览。

4. 网页保存要点

（1）将网页中的信息复制到文档。选中网页的全部或一部分内容，打开"编辑"菜单，选择"复制"命令，将所选内容放在 Windows 的剪贴板上，然后通过粘贴命令插入 Windows 的其他应用程序中。

（2）保存整个网页的信息。打开"文件"菜单，选择"另存为"命令，在"保存类型"下拉列表框中，如果想保存当前网页中的所有文件，包括图形、框架等，应该选择"Web 页，全部"类型；如果选择"Web 页，仅 HTML"类型，以 HTML 源文件形式保存，IE 只保存网页上的文本而不是图形。网页页面文档的扩展名为 htm。

（3）保存链接指向的内容。保存链接的文档文件或计算机应用程序时，用鼠标右键单击所需项目的链接，选择"目标另存为"命令，在"文件名"框中键入这一链接项的名称，然后单击"保存"按钮。用这种方式下载某一项的副本而不必将它打开。

（4）保存图片。页面上的图片可以单独保存下来。用鼠标指向要保存的图片，单击鼠标右键，选择快捷菜单中的"图片另存为"命令，弹出"保存"对话框，选择保存位置和文件名。还可将网页图片作为桌面墙纸，用鼠标右键单击网页上的图片，然后选择"设置为墙纸"。

（5）查看当前页的 HTML 源文件。打开"查看"菜单，选择"源文件"命令，可以看到网页 HTML 源代码。如果想编辑网页，可以将网页保存在计算机上，然后根据需要进行修改。编辑完毕，还可以在 IE 中打开，查看所做的改动。

5. IP 地址与域名

（1）IP 地址。互联网上的每一台计算机都被赋予一个世界上唯一的 32 位互联网地址（Internet Protocol Address，简称 IP Address），这一地址可用于与该计算机有关的全部通信。每个主机的 IP 地址都是由 32 比特，即 4 个字节组成的。每个字节为一部分，中间用点号分隔开来。

IP 地址中包含网络地址和主机地址两部分内容，如 IP 地址 218.1.64.33 中的 218.1.64 是网络号，而 33 是主机号。网络号表示网络规模的大小，主机号表示网络中主机的地址编号。按照网络规模的大小，IP 地址可以分为 A、B、C、D、E 五类，其中 A、B、C 类是三种主要的地址类型，D 类是专供多目传送用的多目地址，E 类用于扩展备用地址。

A、B、C 三类 IP 地址的有效范围见表 1—1。

表 1—1　　　　　　　　　A、B、C 三类 IP 地址的有效范围

网络类别	最大网络数	第一个可用的网络号	最后一个可用的网络号	每个网络中的最多主机数
A	126	1	126	16 777 214
B	16 382	128.1	191.255	65 534
C	2 097 150	192.0.1	223.255.255	254

一般的 IP 地址由四组数字组成，每组数字介于 0~255，如某一台计算机的 IP 地址可为 218.1.64.33，但不能为 218.1.269.33，这是因为此组数字中的第三个数字为 269，超过了 255。

1）要查看自己的 IP 地址。可在 Windows 2000/xp 的系统中单击"开始"→"运行"→键入"ipconfig"→按回车键。

2）要得到网站的 IP 地址。可使用"Ping"命令，单击"开始"→"运行"→键入"ping www.online.sh.cn"→"确定"，如图 1—2 所示。

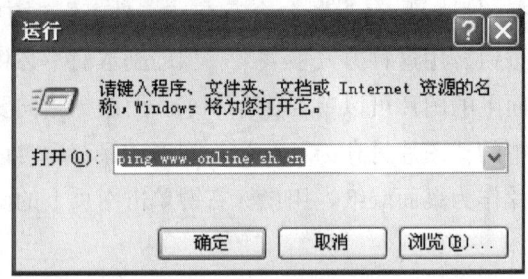

图 1—2　输入 ping 命令

运行 ping 命令之后看到如图 1—3 所示的结果。

IP 地址有静态或动态之分。静态 IP 地址的意思是每次拨入提供商时分配相同的数字。动态的 IP 地址是指每次拨入时随机分配的一个数字。在动态地址情况下，数字是通过提供商的服务器传到自己的计算机上的。个人计算机使用拨号方式接入互联网后，该机就拥有独立的 IP 地址。

（2）域名。域名简单地说就是互联网上主机的名字，它采用层次结构，每一层构成一个子域名，子域名之间用圆点隔开，自左至右分别为计算机名、网络名、机构名及最高域名。互联网域名系统是一个树型结构。

最高域名通常有两种基本类型，即以机构性质命名的域和以国家地区代码命名的域。常见的以机构性质命名的域一般由三个字符组成，如表示商业机构的"com"，表示教育机构的"edu"等。

以机构性质或类别命名的域名及其含义见表 1—2。

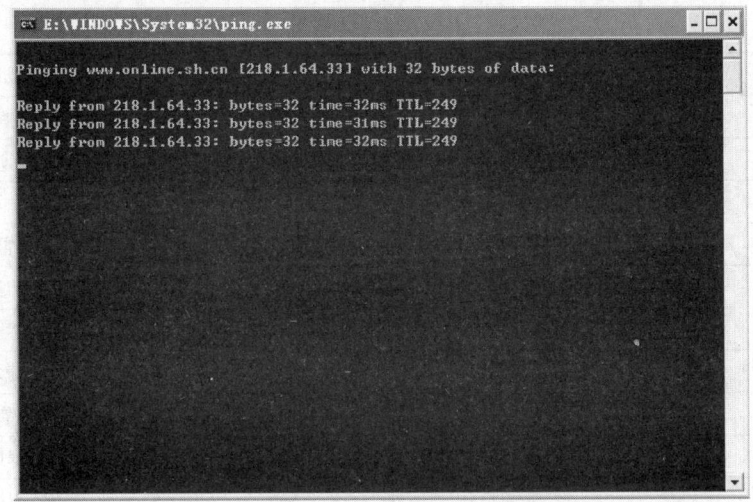

图1—3 查找网站的IP地址

表1—2 以机构性质或类别命名的域名及其含义

域名	含义
com	商业机构
edu	教育机构
gov	政府部门
mil	军事机构
net	网络组织
int	国际机构（主要指北约）
org	其他非营利组织

以国家或地区代码命名的域一般用两个字符表示，是为世界上每个国家和一些特殊的地区设置的，如中国为"cn"、中国香港地区为"hk"、日本为"jp"、美国为"us"等。但是，美国国内很少用"us"作为顶级域名，而一般都使用以机构性质或类别命名的域名。

一些常见的国家或地区域名代码见表1—3。

表1—3 常见的国家或地区域名代码

域名	国家或地区	域名	国家或地区
ar	阿根廷	nl	荷兰
at	奥地利	nz	新西兰
au	澳大利亚	ni	尼加拉瓜

续表

域名	国家或地区	域名	国家或地区
br	巴西	no	挪威
ca	加拿大	pk	巴基斯坦
co	哥伦比亚	pa	巴拿马
cr	哥斯达黎加	pe	秘鲁
cu	古巴	ph	菲律宾
dk	丹麦	pl	波兰
eg	埃及	pt	葡萄牙
fi	芬兰	pr	波多黎各
fr	法国	ru	俄罗斯
de	德国	sa	沙特阿拉伯
gr	希腊	sg	新加坡
gl	格陵兰	za	南非
hk	中国香港	es	西班牙
is	冰岛	se	瑞典
in	印度	ch	瑞士
ie	爱尔兰	th	泰国
il	以色列	tr	土耳其
it	意大利	gb	英国
jm	牙买加	us	美国
jp	日本	vn	越南
mx	墨西哥	tw	中国台湾
cn	中国		

二、网络搜索

1. 常用搜索工具及网站简介

搜索工具是检索网站内容的一种软件系统，通过输入关键字、词（反映文章内容的字、词）来搜索相关的文章内容。常用搜索工具分为两种：一种是网站自带的搜索工具，用于搜索网站本身的内容；另一种是针对整个互联网的专门的搜索引擎，用于搜索互联网内所有网站上可以访问的内容。

搜索引擎（Search Engines）是一种自由程序，是指帮助网络使用者根据输入的关键字或概念定位数据，对互联网上的信息资源进行收集与整理，然后供人们查询的系统，它包括信息搜集、信息整理和用户查询三部分。它根据一定的策略，运用特定的计算机程序从互联网上搜集信息，在对信息进行组织和处理后，为用户提供检索服务，将用户检索的相关的信息展示给用户的系统。搜索引擎的"提交网站搜索"自动信息收集功能是指网站管理机构主动向搜索引擎提交网址，搜索引擎在一定时间内定向对一定IP地址范围内的互联网站派出"蜘蛛"程序进行检索（如Google一般是28天），扫描网站并将有关信息存入数据库，以备其他用户查询。搜索引擎比目录索引有更多的自主权。搜索引擎返回主要是以网页链接的形式提供的，通过这些链接，用户便能到达含有自己所需资料的网页。

搜索引擎按照内容组织方式不同分为目录式搜索引擎和全文搜索引擎；按其工作划分为全文索引、目录索引、元搜索引擎、垂直搜索引擎、集合式搜索引擎、门户搜索引擎与免费链接列表等。常用搜索工具及网站有Google、百度、Bing、Yahoo、搜狗、搜搜及有道等。

2. 搜索关键词提炼方法

要在搜索引擎上搜索信息首先必须输入关键词，所以说关键词是一切事情的开始。当用户以关键词查找信息时，搜索引擎会在数据库中进行搜索，如果找到与用户要求内容相符的网站，便采用特殊的算法——通常根据网页中关键词的属性等，计算出各网页的相关度和排名等级，然后根据关联度高低，按顺序将这些网页链接返回给用户，关键词属性包括匹配程度、出现的位置、出现的频次等。选择搜索关键词的原则如下：首先，确定所要达到的目标，在脑子里要形成一个比较清晰的概念，即要找的到底是什么？是资料性的文档还是某种产品或服务？然后，再分析这些信息都有什么共性以及区别于其他信息的特性；最后，从这些方向性的概念中提炼出此类信息最具代表性的关键词。如果这一步做好了，往往就能迅速地定位要找的东西，而且多数时候根本不需要用到其他更复杂的搜索技巧。

为了确保搜索引擎返回最具相关性的搜索结果，应该注意一些基本技巧，例如，尽量保持简单、使用最可能出现在要查找的网页上的字词、尽量简明扼要地描述要查找的内容、选择描述性的字词、字词应具体且独特、不要填入太多的关键字等。

3. 搜索方法

（1）简单查询。在搜索引擎中输入关键词，然后点击"搜索"即可，系统很快会返回查询结果，这是最简单的查询方法，使用方便，但是查询的结果却不准确，可能包含着许多无用的信息。

（2）使用双引号（""）精确搜索。给要查询的关键词加上双引号（半角，以下要加的其他符号同此），可以实现精确地查询，这种方法要求查询结果要精确、匹配，不包括演变形式。例如，在搜索引擎的文字框中输入"电传"，它就会返回网页中有"电传"这个关键字的网址，而不会返回诸如"电话传真"之类的网页。有的搜索引擎还可使用" "进行精确搜索。

（3）使用加号（＋）。在关键词的前面使用加号，也就等于告诉搜索引擎该单词必须出现在搜索结果中的网页上，例如，在搜索引擎中输入"＋计算机＋电话＋传真"就表示要查找的内容必须同时包含"计算机、电话、传真"这三个关键词。

（4）使用减号（－）。在关键词的前面使用减号，也就意味着在查询结果中不能出现该关键词，例如，在搜索引擎中输入"电视台－中央电视台"，它就表示最后的查询结果中一定不包含"中央电视台"。

（5）通配符（＊和?）。通配符包括星号（＊）和问号（?），前者表示匹配的数量不受限制，后者表示匹配的字符数要受到限制，主要用在英文搜索引擎中。例如，输入"computer＊"，就可以找到"computer、computers、computerised、computerized"等单词，而输入"comp? ter"，则只能找到"computer、compater、competer"等单词。

（6）细化搜索条件。给出的搜索条件越具体，搜索引擎返回的结果也会越精确。如果想查找有关计算机冒险游戏方面的资料，输入 game 是无济于事的。computer game 范围就小一些，当然最好是敲入 computer adventure game，返回的结果会精确得多。

（7）搜索逻辑命令。搜索引擎基本上都支持附加逻辑命令查询，常用的是"＋"号和"－"号，或与之相对应的布尔（Boolean）逻辑命令 AND、OR 和 NOT。用好这些命令符号可以大幅提高搜索精度。

注意：不同的搜索引擎的具体用法有所不同，应该注意区别或查询相关搜索。

4. 标题、网站和链接的搜索

（1）标题搜索。标题搜索是搜索的一种，搜索分为"全文搜索"和"标题搜索"。多数搜索引擎都支持针对网页标题的搜索，命令是"title："，在进行标题搜索时，前面提到的逻辑符号和精确匹配原则同样适用。全文搜索是一种非受控词汇的检索，其优点是无须对文献进行著录标引等前期处理，提供按照数据资料的内容而不是外在特征来实现信息的检索。

（2）网站搜索。人们还可以针对网站进行搜索，命令是"site："（Google）、"host："（AltaVista）、"url："（Infoseek）或"domain："（HotBot）。例如，查询"电子商务 site：dangdang.com"，仅会返回 dangdang.com 网站上关于电子商务的网页。

（3）链接搜索。在 Google 和 AltaVista 中，用户均可通过"link："命令来查找某网站的外部导入链接（inbound links）。其他一些引擎也有同样的功能，只不过命令格式稍有区别。人们可以用这个命令来查看是谁以及有多少网站与自己做了链接。

相关链接：

利用关键词进行搜索，较好的搜索方法是使用具有指示性的关键词。

目录索引也具有搜索功能，目录索引客户可以不用进行关键词（Keywords）查询，仅靠分类目录便可找到需要的信息。搜索引擎与目录索引的不同之处包括：搜索引擎属于自动网站检索，而目录索引则完全依赖于手工操作；目录索引对网站的要求比搜索引擎高得多；登录搜索引擎时，一般不考虑网站的分类问题，而目录索引则必须将网站放在合适的目录下；搜索引擎比目录索引有更多的自主权。

三、网页编写工具

1. HTML 语言基础

（1）HTML 的基本结构。超文本标记语言 HTML（Hyper Text Markup Language）是创建网页时使用的语言，网页由标记和文本组成，HTML 是一个基于文本的编码标准，用于指示浏览器以什么方式显示信息。HTML 标记有单边和双边两类，单边标记都进行一些特定的操作；而双边标记都是成对出现的，将文本包含其中，故也称为容器。

HTML 文档的基本结构是 HEAD 和 BODY。

HEAD 除了是 HTML 元素的一部分之外，它本身也是自己的元素。HEAD 元素可以包含标题和元数据（Meta Data），HTML 本身也是一个元素。HTML 元素既有开始标记，又有结束标记。开始标记应该放置在版本信息之后、HEAD 元素的开始标记之前，结束标记应该放在 BODY 元素的结束之后，即文档的最后。

〈HTML〉
　　　　〈HEAD〉
　　　　　　　　头部信息
　　　　〈/HEAD〉
　　　　〈BODY〉
　　　　　　　　文档主体，正文部分
　　　　〈/BODY〉
〈/HTML〉

其中〈HTML〉在最外层，表示这对标记间的内容是 HTML 文档。人们还会看到一些 Hompage 省略〈HTML〉标记，因为 html 或 htm 文件被网页浏览器默认认为是 HTML

文档。〈HEAD〉之间包括文档的头部信息，如文档总标题等，若不需头部信息则可省略此标记。〈BODY〉标记一般不省略，表示正文内容的开始。

下面是一个最基本的超文本文档的源代码：

〈HTML〉
〈HEAD〉
〈TITLE〉一个简单的 HTML 示例〈/TITLE〉
〈/HEAD〉
〈BODY〉
〈CENTER〉
〈H3〉勤　　勉〈/H3〉〈BR〉
〈HR〉
〈FONT SIZE＝2〉
书山有路勤为径，学海无涯苦作舟
〈/FONT〉
〈/CENTER〉
〈/BODY〉
〈/HTML〉

（2）HTML 文件的建立。新建一个文本文档，写入上述一段代码，把文本文档另存为以.html 或.htm 为后缀名的文件，这样就建立了一个 HTML 文件，可以直接打开它。将上述例子放在桌面上，文件名为"座右铭.html"，如图1—4 所示。

图1—4　文件名"座右铭.html"

点击后显示的画面如图1—5 所示。

（3）HTML 页面排版

1）标题标记〈title〉〈/title〉。是在文件头中出现的标记，标明 HTML 文件的标题内容。

2）标题字体标记〈hx〉。X＝1—6 表示标题字体的大小。

〈html〉

〈head〉

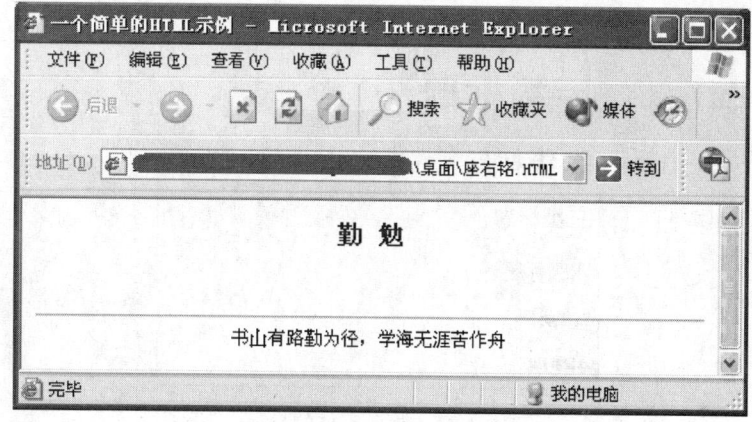

图1—5 点击"座右铭.html"后显示的画面

〈title〉标题示例〈/title〉

〈/head〉

〈body〉

这是一行普通文字〈P〉

〈H1〉一级标题〈/H1〉

〈H2〉二级标题〈/H2〉

〈H3〉三级标题〈/H3〉

〈H4〉四级标题〈/H4〉

〈H5〉五级标题〈/H5〉

〈H6〉六级标题〈/H6〉

〈/body〉

〈/html〉

执行后显示如图1—6所示的标题字体。

3) 转行标记〈br〉。强迫文字转行,若要关闭转行则使用标记〈nobr〉。

4) 预排版标记〈pre〉〈/pre〉。对文件内容的格式按自己的排版方式不做修饰地输出。

5) 居中标记〈center〉〈/center〉。控制网页元素居中显示。

6) 文字特效标记。〈b〉〈/b〉或〈strong〉〈/strong〉粗体、〈i〉〈/i〉或〈em〉〈/em〉斜体、〈u〉〈/u〉底线、〈strike〉〈/strike〉删除线、〈blink〉〈/blink〉文字闪烁、〈sup〉〈/sup〉上标、〈sub〉〈/sub〉下标、〈font size=""〉〈/font〉字体大小、〈font color=""〉〈/font〉字体颜色、〈body bgcolor="" backgroup=" src"〉背景色与背景图、〈body text=""〉文字颜色。

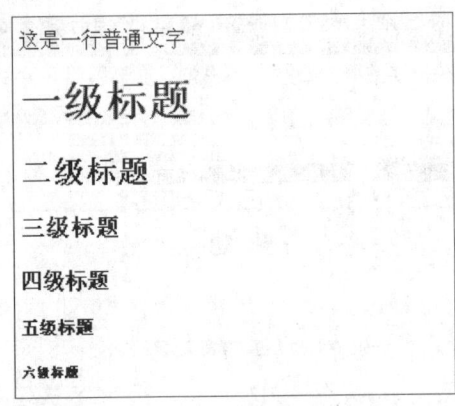

图 1—6　标题字体的显示

（4）清单列表。符号清单〈menu type=""〉〈li〉〈/menu〉：type="" 标号属性 disc 实心圆 \ circle 空心圆 \ square 实心方块〈dl〉说明式清单〈dt〉内容不缩进〈dd〉内容缩进。

标号清单〈ol type="" start=""〉〈/ol〉：type="" 数字属性 \ start="" 起始数字。

（5）表格及其使用。一个表由〈table〉开始，〈/table〉结束，〈table border=＃〉是设置表格边框粗细的标记；表的内容由〈tr〉、〈th〉和〈td〉定义。〈tr〉说明表的一个行，表有多少行就有多少个〈tr〉；〈th〉说明表的列数和相应栏目的名称，有多少个栏就有多少个〈th〉；〈td〉则填充由〈tr〉和〈th〉组成的表格，例如：

〈table〉
〈tr〉〈th〉语文〈/th〉〈th〉数学〈/th〉〈th〉英语〈/th〉
〈tr〉〈td〉88〈/td〉〈td〉95〈/td〉〈td〉98〈/td〉
〈/table〉

其显示出的表格如图 1—7 所示。

语文	数学	英语
88	95	98

图 1—7　表格显示实例

可以设置有边框的表格、有通栏的表格，表格的单元格也可以跨多行或跨多列。可以设置表格的大小、边框宽度（Border）、表格间距、文本与表框的距离、表格的文本对齐方式及表格背景色（Bgcolor）、水平排列（Align）、垂直排列（Valign）等。

（6）图片的应用。超文本支持的图像格式一般有 X Bitmap（XBM）、GIF（最多可以使用的颜色数是 256 色）、JPEG（支持 8 位和 24 位色彩）三种，所以对图片处理后要保存为这三种格式中的任何一种，这样才可以在浏览器中看到。

插入图像的标签是〈IMG〉，其格式为：

〈IMG SRC=" 图形文件地址"〉

SRC 属性指明了所要链接的图像文件地址，这个图形文件可以是本地机器上的图形，也可以是位于远端主机上的图形。地址的表示方法可以沿用前述内容"文件的链接"中 URL 地址的表示方法，如〈IMG SRC=" NK.JPG"〉。

IMG 还有 HEIGHT 和 WIDTH 两个属性，分别表示图形的高和宽。通过这两个属性可以改变图形的大小，如果没有设置，图形按原来大小显示。

操作实例如下，执行后插入的图像如图 1—8 所示。

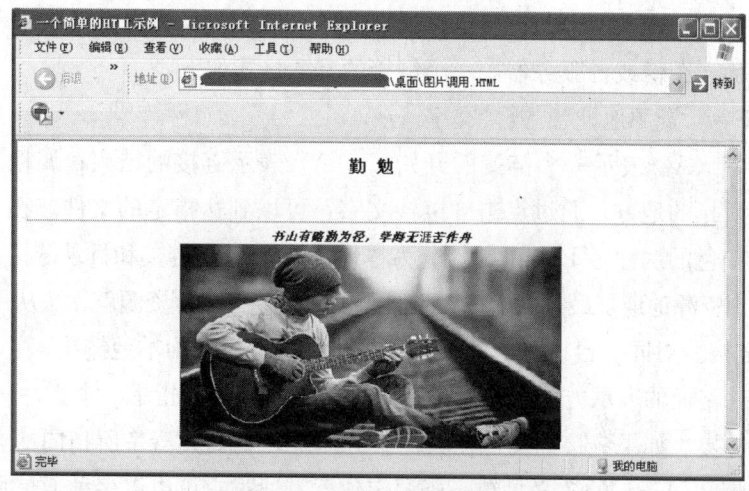

图 1—8　插入的图像

〈HTML〉
〈HEAD〉
〈TITLE〉一个简单的 HTML 示例〈/TITLE〉
〈/HEAD〉
〈BODY〉
〈CENTER〉
〈H3〉勤　勉〈/H3〉〈BR〉
〈HR〉
〈FONT SIZE=2〉

〈i〉〈b〉书山有路勤为径，学海无涯苦作舟〈/b〉〈/i〉
〈/FONT〉
〈/CENTER〉
〈CENTER〉
〈IMG SRC=" NK.JPG" HEIGHT=200 WIDTH=400〉
〈/CENTER〉
〈/BODY〉
〈/HTML〉

（7）多媒体的应用。嵌入多媒体：〈a href=""〉使用超级链接〈/a〉、〈embed src="" width="" height="" autostart=" true/no" 是否自动播放 loop=" trup/no" 是否循环播放〉自动播放。

（8）超级链接。超文本中的链接是其最重要的特性之一，使用者可以从一个页面直接跳转到其他页面、图像或者服务器。一个链接的基本格式如下：

〈A HREF=" 资源地址"〉链接文字〈/A〉。

其中，标签〈A〉表示一个链接的开始，〈/A〉表示链接的结束；属性"HREF"定义了这个链接所指的地方；通过点击"链接文字"可以到达指定的文件。在〈BODY〉标记中控制链接颜色的属性是 Link。链接分为本地链接、URL 链接和目录链接。在各种链接的各个要素中，资源地址是最重要的，一旦路径上出现差错，该资源就无法从用户端取得。

1）本地链接。对同一台机器上的不同文件进行的链接称为本地链接，它使用 Unix 或 Dos 系统中文件路径的表示方法，采用绝对路径或相对路径来指示一个文件。

2）URL 链接。如果链接的文件在其他服务器上，就要弄清楚所指向的文件采用的是哪一种 URL 地址。URL 的含义是统一资源定位器，通过它可以以多种通信协议与外界沟通来存取信息。URL 链接的形式是协议名：//主机．域名/路径/文件名：

3）目录链接。前面所述的资源地址只是单纯地指向一份文件，但是，对于直接指到某文件上部、下部或是中央部分的情况，以上方法都无法做到，此时，可以使用目录链接。例如，〈A HREF=" http：//www.shcua.com"〉上海市计算机用户协会〈/A〉。

（9）表单及其应用。表单的作用是网页与服务器之间传递信息的重要途径，表单网页可以用来收集浏览者的意见和建议，实现浏览者与站点之间的互动。表单的标记：〈form name="" action="" medhod=" post/get"〉…〈/form〉 〈input type="" name="" value="" size="" maxlength=""〉，input 元素用于定义表单控件中的类型和外观。

type="" text：单行文本域；password：密码域；checkbox：复选框；radio：单选框；hidden：隐藏域；submit：提交按钮；rest：重置按钮；

〈select name="" size=""［multiple］〉〈option selected〉〈select〉…〈/select〉：选择菜单框；〈textarea name="" rows="" cols=""〉〈/textarea〉：多行文本域。

（10）框架页面。框架（frame）也称帧，框架将浏览器的窗口分成多个区域，每个区域可以单独显示一个 HTML 文件，也可相关联地显示某一个内容。帧结构将浏览器的窗口分成多个区域，每个区域可以单独显示一个 html 文件，各个区域也可相关联地显示某一个内容，例如，可以将索引放在一个区域，文件内容显示在另一个区域。

帧结构的基本结构如下：

〈html〉

〈head〉

〈title〉…〈/title〉

〈/head〉

〈noframes〉…〈/noframes〉

〈frameset〉

　　〈frame src=" url"〉

〈/frameset〉

〈/html〉

〈noframes〉…〈/noframes〉中的内容显示在不支持帧结构的浏览器窗口中，因而这里指向一个普通版本的 html 文件，以便使用不支持帧结构浏览器的用户阅读。帧结构由〈frameset〉指定，并且可以嵌签，分区中部分显示的内容用〈frame〉指定。可以将窗口横向分成几个部分，也可以纵向分成几个部分（用〈frameset cols=＃〉来指定，＃可以是一个百分数，也可以是一个整数），还可以混合帧结构。

2. 常用 HTML 和图片编辑软件

编写网页时，既需要 HTML 编辑软件，也需要配套的素材设计或处理软件。

（1）常用 HTML 编辑软件

1）利用记事本编写网页。早期，由于网页设计软件很少，设计人员经常利用记事本等简单的文本编辑软件进行网页代码（也称"HMTL 代码"）的直接书写。这时，当然要求网页设计人员要对 HTML 的语法比较熟悉，能熟练地运用各种 HTML 的语句实现网页的各种功能。

2）网页设计软件。由于手动编写 HTML 太麻烦，后来出现了较多的网页设计软件，给网页设计人员带来了不少方便。这时，网页设计人员可能不需要了解很多的 HTML 的语法，而通过网页设计软件自动生成这些 HTML 代码。其中，常见的是微软公司的 FrontPage 以及 Dreamweaver（原属 Mcaromedia 公司，后并入 Adobe 公司）和 Delphi 公司的相关产品等。

①FrontPage 提供了较丰富的功能，可帮助用户更好地构建网站。它包括创建动态的高级网站时所需的专业的设计、创作、数据和发布工具。其在设计方面使用了增强的设计工具，可创建更漂亮的网站；在代码编写方面，使用设计工具可生成更好的代码，也可使代码技术得到扩展，同时使用第一个商业化推出的、完全支持 WYSIWYG（"what you see is what you get"，即"所见即所得"）的可扩展样式表语言转换（XSLT）编辑器，构建可扩展标记语言（XML）数据驱动网站，以新的方式实现与人的联系和对信息的访问。

②Dreamweaver 是第一套针对专业网页设计师特别发展的视觉化网页开发工具。它是一个可视化的网页设计和网站管理工具，支持最新的网页技术，包含 HTML 检查、HTML 格式控制、HTML 格式化选项、HomeSite/BBEdit 捆绑、可视化网页设计、图像编辑、全局查找替换、全 FTP 功能、处理 Flash 和 Shockwave 等富媒体格式和动态 HTML、基于团队的网页创作。在编辑上可以选择可视化方式或者大众喜欢的源码编辑方式。

3）用 Office 另存为网页。在这些后来的与网页设计有关的软件中，有些比较简单，有些则在某些软件中附带了网页设计的功能，如 Microsoft 的 Office 组件创建的文档大多都可以保存为网页。那么这意味着，如果用户有 Office 软件，就可以很容易地设计些简单的网页，或者将原来的 Word、Excel 文件直接另存为网页即可。但这类软件的网页设计能力很一般，要想设计功能更多的网页，则主要依靠下列网页设计专用软件。

（2）常用图片编辑软件。Photoshop 是 Adobe 公司旗下最为出名的图像处理软件之一，是集图像扫描、编辑修改、图像制作、广告创意及图像导入与导出于一体的图形图像处理软件，深受广大平面设计人员和计算机美术爱好者的喜爱。Photoshop 的专长在于图像处理，而不是图形创作。图像处理是对已有的位图图像进行编辑加工处理以及运用一些特殊效果，其重点在于对图像的处理加工。Photoshop 软件专用文件格式是 PDD、PSD，还可以编辑 PDF 等文件格式。

如果要进行图形创作，通常还要使用矢量图形来设计图形，这类软件主要有 Adobe 公司的 Illustrator、Fireworks 和 CorelDraw 等。另外，网页所需素材还可能使用图片格式转换软件及动画设计软件等。

相关链接：

常用的三种动态网页语言是 PHP（Personal Home Page）、ASP（Active Server Page）和 JSP（Java Server Page）。

第3节 网店功能

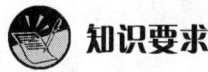 **知识要求**

一、网店基础知识

1. 网店的基本概念

（1）网店的概念。网店是指开设在互联网上的网上商店，它可以让消费者通过互联网浏览器或 APP 应用客户端完成商品浏览、选购、下订单等功能。

（2）网店前台的概念。网店前台是指网络消费者登录网店以后看到的界面。

（3）网店后台的概念。网店后台是指网店经营者在网店后方进行网店的各类功能及内容等的管理界面。

2. 网店备份与安全

一个网店只要开设起来，就有了用户的数据、用户交易的数据、网店的商品信息数据、支付及物流等数据，这些都很重要，因此网店必须有相应的备份机制，以应对意外（如自然灾害、黑客攻击及硬件损坏等）事故的发生。

如果有了备份，在意外发生后，可以从备份数据尽最大可能地恢复原有数据。当然，恢复的完整性与备份的策略及时间间隔有关。

二、网店的类型

网店可以分为第三方平台网店与独立网店。

第三方平台网店是指在第三方电子商务平台上建立起来的网店。第三方平台网店通常使用第三方平台提供的统一的网店前台及后台管理程序。第三方平台网店又通常分为 B2B 网店、B2C 网店及 C2C 网店，相应的第三方平台也有三类。例如，在阿里巴巴上的卖家即 B2B 网店，在天猫（原"淘宝商城"）上的卖家即 B2C 网店，在淘宝上的卖家即 C2C 网店。

网店从一开始单一的网上展示产品演变而来，逐渐变成一种不仅可以展示产品，还可以让浏览者进行实际购买行为的网站。独立网店是指由企业自己建立起来的独立动作的网店，它通常使用自己平台提供的后台程序进行管理。这类网店既可以自行或交由软件开发公司完成，也可以使用专门的建站程序完成。一般进行交易的电子商务网站必须具备 Web 服务器、域名服务器、数据库服务器和支付网关。

企业可以购买通用的商店管理软件系统来搭建满足自己个性化需求的网上商店。网上商店建设前的准备包括选择合适的网上商店生成系统、收集有关产品的相关文字和图片信息、平台的选择。

三、网店前台和后台功能

1. 网店前台功能

南京路网站是一个典型的 B2C 网站，其前台页面如图 1—9 所示。

图 1—9　B2C 网站的前台页面

B2C 网站的网上购物流程：会员注册→商品搜索选购→下订单→结算金额→选择送货方式→网上支付→购物完成→订单查询，如图 1—10 所示。

图 1—10 所示为前台的一个示例，其常用功能如下：

（1）未注册用户。未注册用户是指系统中没有其注册信息的用户，此类用户可浏览商品，并可将商品放入购物篮，但无法进行结账，一旦需要结账，则须完成注册后方可购买。

（2）已注册用户。已注册用户是指系统中已有其注册信息的用户。此类用户可完成整个购买流程。顾客注册时须填写真实信息，用户名和密码由用户自行设置并进行妥善保

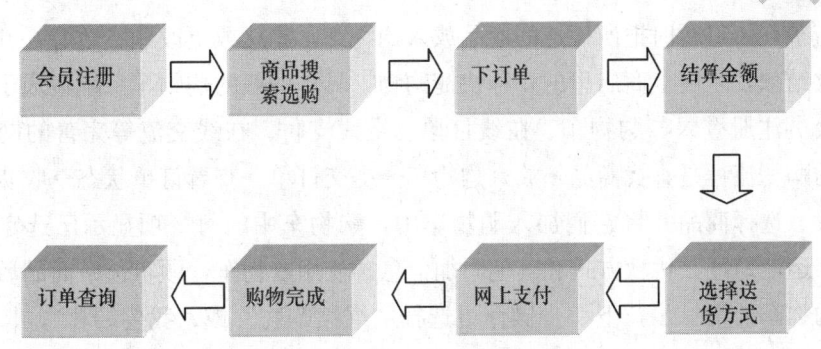

图 1—10 B2C 网上购物流程

管,认真阅读《注册规定》或类似章程等并确认同意。进行注册用户身份认证的目的是确定系统或网络的访问者是否为合法用户,对用户的身份进行鉴别和识别,对用户利用资源的权限和范围进行核查,是数据保护的前沿屏障。

(3) 会员服务。新会员注册,填写同意书并输入个人信息表及送货信息表;注册会员修改会员基本资料;提供使用者查询密码,忘记密码并以电子邮件的形式通知;可查询订单详细信息并查看订单处理状态;可登录后查看已有积分余额情况;用户在目标网站注册成为会员并设定权限时,网站的会员服务可以免费或收费。会员服务的内容包括通过各种媒介为会员提供各种产品和服务信息,为会员提供产品服务的优惠待遇,如价格打折、积分统计、为会员举办社交集会性质的活动等。会员制度可以给企业带来长期稳定的客源、会费的收入,并且便于零售企业进行销售统计和客户管理。

(4) 营销服务。通过商品浏览及搜索,可浏览商品详细信息,包括价格、规格型号、产地、介绍等信息,并能提供搜索引擎,根据商品名称、型号等信息查询指定的商品信息。如果是折扣商品,显示其折扣价格。

(5) 产品搜索和比较。特色产品一般呈现在主页,用户可以通过商品的特性查询商品信息,也可以通过关键字和参数搜索所需物品。产品搜索的方法有核心产品搜索、形式产品搜索、延伸产品搜索等。形式产品是指产品在市场上出现的物质实体外形,包括产品的品质、特征、造型、商标和包装;延伸产品是指整体产品提供给顾客的一系列附加利益,包括运送、安装、维修、保证等,在消费领域给予消费者的好处。

(6) 产品评级。用户可以为每件商品评级,与其他用户交流自己的看法和观点。管理者可以通过查看用户的评级和观点加以管理。

(7) 提醒功能。提醒功能是指通过告诫的方法引起消费者的注意。提醒功能为注册用户提供及时的降价和到货信息。

(8) 购物车功能。购物车是指应用于网店的在线购买功能,它类似于超市购物时使用的推车或篮子，可以暂时把所挑选的商品放入购物车，删除或更改购买数量，并对多个商品进行一次结款，是网上商店里的一种快捷购物工具。一般的购物车系统集成了产品发布与查询、会员注册登录、购物车、在线订单、在线支付、在线交流等完善的网上销售功能。常用的购物流程是查找商品→放入购物车→提交订单→查看订单状态→收货确认。用户可以查看、选择商品并将它们加入购物车中，购物车中的每一项显示已选定的商品名称、数目、运输地址、付款方式和其他附加信息。使用购物车，顾客选中商品后加入购物车是进入购物车的第一步，下一步操作可选择"继续购物"或"我要结算"。选择"继续购物"返回网店首页。选择"我要结算"进入"提交订单"流程。进入"提交订单"流程时会判断会员是否登录，若未登录进入登录注册界面。

(9) 订单管理。已经交付的订单会被存储起来，方便用户以后搜索和查看，用户也可以通过此方式跟踪已购商品的状态。订单管理内容包含送货方式管理（如新增送货种类、修改送货种类、删除送货种类并设定各角色提供的送货种类等）、订单状态管理（如新增订单状态、修改订单状态、删除订单状态等）和订单流程管理（如新增订单流程、修改订单流程、删除订单流程等）。

2. 网店后台功能

B2C网站网上购物的后台处理主要流程：网上客户订单→订单受理→库存查询→销售单生成→出库确认→发货确认→结算。当碰到库存无货时要增加进货过程，如图1—11所示。当然还会有其他一些管理内容。

图1—11所示为后台的一个示例，其常用功能如下：

(1) 顾客管理。顾客管理一般由顾客渠道经理建立和维护注册的顾客信息，并管理顾客群。提高客户满意度是保持客户忠诚的前提。

(2) 角色分类。系统管理角色包括系统超级管理员、系统管理员、普通用户。客户角色中包含：未注册顾客，系统中没有其注册信息的所有顾客；已注册顾客，系统中已有其注册信息的顾客；会员用户，已注册并经过审批成为会员、能享受所有会员优惠政策的顾客。

(3) 会员管理。是指会员信息管理，可将积分到一定限额的已注册顾客升级为会员，也可直接生成会员信息。可新增会员基本信息，查询会员基本信息，修改会员基本信息。会员管理的内容包括会员库建立、会员数据分析及挖掘、分类及实时更新。

(4) 角色管理。包括新增角色信息、修改角色信息、角色分配、为角色关联用户、删除角色信息。角色管理节点用来为当前登录公司以及当前登录公司的下属公司创建角色，将创建的角色分配给下属公司以及为角色关联用户。

(5) 在线营销。在线营销的功能是用来弥补前端的销售活动。管理针对不同用户或用户群的设计，分配不同的促销手段，如降价或赠送礼物等。

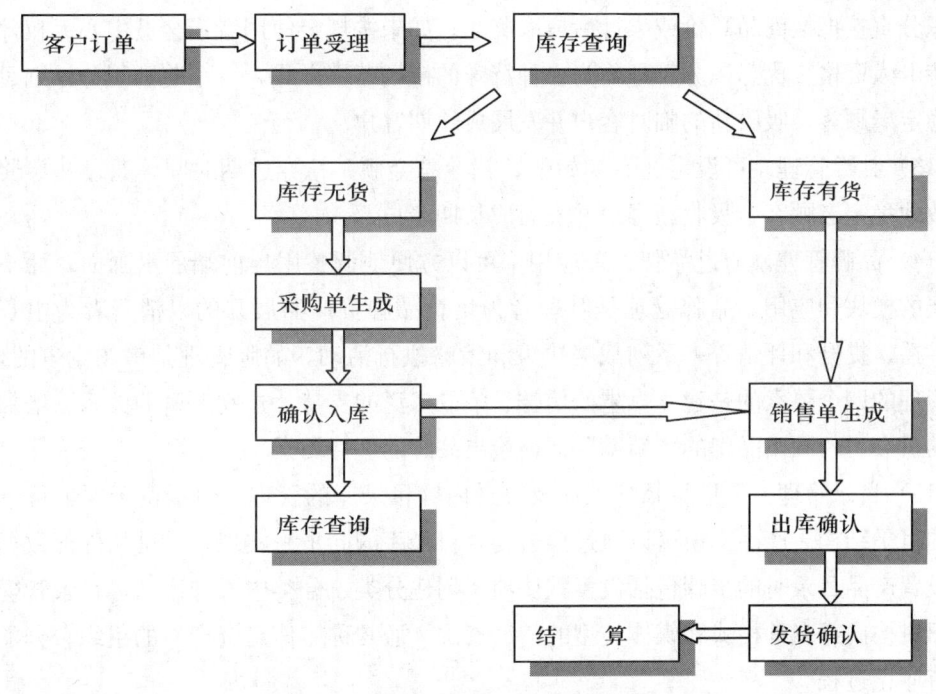

图1—11　B2C网站的后台处理流程

(6) 查询商品信息。可按关键字查询商品详细信息。

(7) 商品价格管理。设定商品价格、税率，设定商品不同币种的换算价格。

(8) 促销商品管理。定义促销商品及促销商品组合。促销商品的种类可分为节令性商品、敏感性商品、众知性商品、特殊性商品四种类型。促销活动效果评估包括前后比较法、消费者调查法、观察法、定量分析法。

(9) 畅销产品管理。系统根据销售情况列出畅销产品列表。畅销产品是一个市场品类的标杆，是众多厂家和品牌效仿及争夺市场份额的众矢之的，其成功的要素越少，说明其被攻击模仿和替代的可能性越大。凡是畅销的产品都有一个共同的法则，那就是畅销产品的卖点完全吻合消费者的买点。

(10) 在线商店管理。由于网络营销具有跨时空性的特点，网上商店需要每天24 h，每周7天随时随地提供全球性营销服务。

(11) 折扣管理。设定活动期限，设定折扣规则，根据购买商品数量、购买商品总金额来为不同的会员设定折扣。有些品牌商的库存积压很多，通过网络进行打折销售是处理库存积压的一种重要方式。网店以低廉的价格买入库存商品，可以获得丰厚的利润。

(12) 优惠积分管理。设定积分换算方式，根据消费者购买商品金额换得不同积分，可用积分直接抵换商品总价或累计后换取奖品。如未按规定使用者,会员中心无权停止和取消持卡人资格。优惠积分管理作为一种特殊的市场营销方式,一个奖励积分计划可以有效地稳定老顾客,吸收新的临时客户并发展成长期客户。

(13)礼券管理。可设定礼券初始值、礼券总金额、礼券过期时间。通过礼券奖励可以有效地稳定老顾客,吸收新客户并发展成长期客户。

(14)品牌管理。通过品牌管理应用,可以方便地调整用户前端展示画面,而不必担心底层的模块和应用。品牌管理是管理者为培育品牌资产而展开的以消费者为中心的规划、传播、提升和评估等一系列战略决策和策略执行活动。品牌管理是市场竞争的要求,品牌管理的四个要素的是建立卓越的信誉、争取广泛的支持、建立亲密的关系、增加亲身体验的机会。勾画出品牌的"精髓"即描绘出品牌的理性因素。

(15)目录管理。渠道目录管理涉及渠道内容目录库的管理,包括位于渠道目录管理顶层的目录结构。产品交换可以通过渠道内容目录库的同步来实现,或是从外部数据源导入。设置产品目录时的步骤包括设置默认项、创建分类、分类中添加产品。目录管理是指对组织机构内部多种格式和媒体类型的信息资源(通常称为信息资产)的组织、分类、管理等有序化过程。

(16)内容管理。内容信息存储在渠道内容知识库里,包括产品报告、产品规格、图像信息或其他可以被连接到产品和目录的相关数据。

(17)订单管理。订单管理主要涉及搜集、显示、查询订单内容,可根据订单号、用户名查询订单,并显示订单详细信息。确认从前台发送过来的订单,或者直接导出到外部系统。订单管理可实现单次及批量订单,订单管理与库存管理相连接,并且在下订单时有库存预警及提示功能,订单管理同时与客户管理相连接,可查询历史订单情况以及订单的执行情况。

(18)付款方式管理。可新增付款种类、修改付款种类、删除付款种类并设定各角色提供的付款种类。付款种类包括网上银行卡支付、邮局汇款、银行电汇、银行转账和支票、货到付款。

(19)配送方式管理。可新增配送种类、修改配送种类、删除配送种类并设定各角色提供的配送种类,如送货上门、平邮等。

(20)订单状态管理。可新增订单状态、修改订单状态、删除订单状态。订单状态包括未确认、已确认、已确认未发货、已发货、已拒绝。

(21)订单流程管理。可新增订单流程、修改订单流程、删除订单流程。

(22)订单资料转出。可将订单信息按要求的格式转出到企业内部系统,以便后端人员处理,如物流配送、财务结算系统等。

(23)拍卖管理。拍卖管理涉及拍卖的定义、发布和维护。

3. B2C 电子商务平台的人员配置

在 B2C 电子商务平台的运营中,根据具体业务需要,可以设置以下一些人员:

(1) 系统管理员。组织内部的超级管理员,能够管理所有本组织的所有方面。

(2) 用户管理员。能够管理组织内部的用户、权限。

(3) 内容管理员。能够管理组织内部的知识内容库以及产品目录和发布。

(4) 目录管理员。能够管理销售组织的商品目录。

(5) 订单管理员。在销售组织中管理销售商品及进行配送管理。

(6) 统计分析员、数据分析员。使用报表工具分析订单收入和其他商业数据。

(7) 流程管理员。能够管理、修正销售组织中的销售工作流程。

(8) 内容编辑员。在组织内部部门中对知识、内容进行采集、编辑、制作等。

(9) 内容设计员。在组织内部部门中对媒体、文本、数据等内容进行设计。

(10) 拍卖管理员。正向拍卖商品的目录管理、操作管理。

(11) IT 技术管理员。对应用服务器进行配置、管理,完成数据库开发和应用开发工作。

第4节 第三方电子商务平台开店

知识要求

一、第三方电子商务平台的概念

1. 第三方电子商务平台的定义

所谓电子商务平台(网络交易中心),是指建立在互联网上进行商务活动的虚拟网络空间和保障商务顺利运营的管理环境。电子商务平台的基本功能是利用网络基础设施、支付平台、安全平台、管理平台等共享资源有效地、低成本地开展自己的商业活动。电子商务平台建设的最终目的是发展业务和应用,建立一个业务发展框架系统,规范网上业务的开展,提供完善的网络资源、安全保障、安全的网上支付和有效的管理机制,有效地实现资源共享,实现真正的电子商务。网络交易中心应具有相应的计算机信息网络、装备以及相应的技术人员和管理人员。一般进行交易的电子商务网站必须具备 Web 服务器、域名服务器、数据库服务器和支付网关。

第三方电子商务平台也称为第三方电子商务企业,是指在电子商务活动中为交易双方或多方提供交易平台及相关服务的信息网络系统总称。第三方电子商务平台泛指独立于产品或服务的提供者和需求者,通过网络服务平台,按照特定的交易与服务规范,为买卖双方提供服务。服务内容可以包括但不限于"供求信息的发布与搜索、交易的确立、支付、物流"。电子商务的基本平台包括电子商务基础平台、电子商务应用表达平台、电子商务应用系统、安全保障环境。电子商务应用表达平台在整个系统的顶层,面向电子商务系统的最终用户;电子商务基础平台为企业的电子商务应用提供运行环境和管理工具以及内部系统的连接。

2. 第三方电子商务平台的特点

第三方电子商务平台的特点如下:

(1) 独立性。不是买家也不是卖家,而是作为交易的平台,像实体买卖中的交易市场。

(2) 依托网络。第三方电子商务平台是随着电子商务的发展而出现的,与电子商务一样,它必须依托于网络才能发挥其作用。

(3) 专业化。作为服务平台,第三方电子商务平台需要更加专业的技术。包括订单管理、支付安全、物流管理等能够为买卖双方提供安全、便捷的服务。

3. 第三方电子商务平台的基本功能

第三方电子商务平台是以客户为中心的开放式中立平台,是一种有盈利潜力的电子商务模式,它以创新的方式提供传统的功能,用增值功能的形式服务于买卖双方企业。第三方电子商务平台最基本的功能是:

(1) 提供交易信息服务。为网上企业间及企业与用户间的交易提供买卖双方的信息服务。

(2) 提供附加信息服务。即为企业提供需要的相关经营信息,如行业动态等,以及为买卖双方提供网上交易沟通渠道和即时沟通的软件。

(3) 提供交易配套服务。这也是第三方电子商务平台最基本的服务,即提供网上签订合同的服务及网上支付服务。

(4) 提供客户管理功能。即为企业提供网上交易管理,包括企业的合同、交易记录、企业的客户资料托管等。

4. 第三方电子商务平台的交易模式

第三方电子商务平台的交易模式类似于电子商务,按参与交易主体的不同的模式分类,但有所不同,至少可以分为四种模式,即 B2B (Business to Business,商家对商家)、B2C (Business to Customer,商家对个人)、C2C (Customer to Customer,个人对个人)以及团购模式。

（1）B2B模式。B2B模式是企业对企业之间营销的电子商务模式。企业通过B2B网站与客户直接交易，可以减少交易环节，提高交易速度，降低交易成本。国内知名的B2B网站有阿里巴巴、生意宝、慧聪网、环球资源、中国制造交易网等。在B2B电子商务中，一个令人关注的问题是互联网上的电子洽谈方式。通过它，数以千计的分散在各个角落的供应商可以直接同多家主要的工业产品采购商建立直接联系，从而实现了"无障碍"交易。

（2）B2C模式。B2C模式是企业直接面对消费者营销的电子商务模式，即通常所说的商业零售。国内知名的B2C网站有天猫（原"淘宝商城"）、京东商城、当当网、亚马逊中国及QQ商城等。

（3）C2C模式。C2C模式是消费者和消费者以个人身份进行交易的电子商务模式。国内知名的B2C网站有淘宝集市、易趣、拍拍等。

（4）团购模式。团购是一种多方（如消费者、商家等）共赢的电子商务和线下消费的模式。消费者、商家、网站运营商各取所需，让资源分配得到最大的优化。国内目前比较知名的团购网站有美团、拉手、糯米、高朋等。

当然，随着时间的推移，应该还会有更新的第三方电子商务平台交易模式出现，应该对其变化不断地加以关注。

5. 参与平台的基本条件

无论买家还是卖家，参与电子商务平台都必须是具备完全民事权利能力和完全民事行为能力的自然人、法人或其他组织，并应按照法律、法规要求或平台的注册协议，提供准确的个人或组织信息，承诺遵守平台的注册协议。买家参与平台的基本条件包括可靠的和高性能的、支持多种错误恢复手段和容错方式，预置多种应用提供多种服务，易于管理。卖家参与平台的基本条件包括信息化、网络化、智能化。

6. 开店基本流程

虽然不同的第三方电子商务平台开设网店的要求和注册流程各不相同，但下列几个基本步骤是必不可少的：

（1）用户注册。用户注册是指用户在某网站注册一个用户账号的操作过程。用户注册主要有以下两个作用：

1）用户与第三方电子商务平台签署使用服务的协议，注册成功即意味着用户认同协议条款，并愿意遵守。

2）按第三方电子商务平台要求提供相应个人信息，创建用户账号，获取网站提供的服务。

第三方电子商务平台通常会把服务协议放在"同意以下协议并注册"的按钮下方。淘宝网在确认注册的按钮下方添加《淘宝网服务协议》的链接，而有些网站是直接添加服务协议的内容。用户在注册前必须认真阅读该网站的《注册协议》，同意并愿意遵守服务协议时才能进行下一步注册操作。

（2）实名认证。实名认证是第三方电子商务平台或第三方支付平台对用户资料的真实性进行验证、审核的重要步骤，以保障网络交易双方的诚信，避免网络欺诈的发生。

最常用的进行实名认证的方法有两种，即通过身份证认证和通过银行卡认证。用户按要求提供身份证资料、联系方式、上传身份证复印件、填写银行卡信息等资料后，等待网站确认信息后完成实名认证。

（3）绑定第三方支付。绑定第三方支付是指用户把自己在第三方支付注册的账号与实际的银行账号或信用卡等账号绑定，进行资金的支付。

为绑定第三方支付，用户需要在第三方支付平台注册。以支付宝为例，用户要用私人的电子邮件地址作为支付宝的账号，然后填写个人的真实信息（也可以用公司的名义注册），包括姓名和身份证号码。在接受支付宝设定的《支付宝服务协议》后，支付宝会发一封电子邮件至用户提供的邮件地址，然后用户在点击邮件中的一个激活链接后，才能激活支付宝账户，可以通过支付宝进行下一步的网上支付步骤。同时，用户必须将其支付宝账号绑定一个实际的银行账号或者信用卡账号，与支付宝账号相对应，以便完成实际的资金支付流程。支付宝服务自2003年10月18日由淘宝网推出。作为功能强大的支付平台及在线支付工具，在B2C、C2C在线交易中起到了信用中介的作用。

（4）递交资料或考试以申请开店。完成以上工作后，即可递交必需的资料或参加必需的开店考试，以申请开店。

（5）申请通过后店铺开张。开店申请通过后，填写店铺信息，如店铺名字、店铺分类、店铺简介等必需的信息，确认无误并递交后，店铺开张。

二、典型的第三方电子商务平台

国内最著名的第三方电子商务平台有淘宝、天猫（原"淘宝商城"）、阿里巴巴等。

1. 淘宝

淘宝网（www.taobao.com）成立于2003年5月10日，是国内最大的第三方C2C电子商务平台，也是亚洲第一大网络零售商圈。淘宝网目前拥有近5亿的注册用户数，每天有超过6 000万的固定访客；同时，每天的在线商品数已经超过了8亿件。随着淘宝网规模的扩大和用户数量的增加，淘宝也从单一的C2C网络第三方电子商务平台变成了包括C2C、团购、分销、拍卖等多种电子商务模式在内的综合性零售商圈。

2. 天猫（淘宝商城）

天猫（www.tmall.com）原名淘宝商城，是从淘宝网分离出来的第三方B2C电子商务平台。天猫成立于 2008 年 4 月,是我国浏览量最高的 B2C 零售网站。天猫是自 2011 年 6 月独立于淘宝网的 C2C 交易市场,成为独立业务。迄今为止,天猫已经拥有 4 亿多买家、5 万多家商户、7 万多个品牌,多种新型网络营销模式正在不断被开创。

3. 阿里巴巴

阿里巴巴是 B2B 第三方电子商务平台。2012 年 7 月,阿里巴巴集团将其核心业务调整成七个事业群,分别为阿里国际业务、阿里小企业业务、淘宝网、天猫、聚划算、一淘和阿里云,其中前两者都是阿里巴巴的 B2B 第三方电子商务平台。

阿里国际业务(www.alibaba.com)为阿里巴巴集团七大事业群之一,主要协助全球小企业通过电子商务拓展海外业务。2012 年 7 月,原阿里巴巴国际站信息平台和全球速卖通平台整合升级,组成阿里国际业务,旨在打造以英语为基础、任何两国之间的跨界贸易和购买平台,帮助全球中、小企业拓展海外市场。截至 2012 年第一季度,阿里国际业务注册用户数为 2 730 万名,企业商铺数量为 240 万个,服务覆盖超过 240 个国家和地区。

阿里小企业业务(www.1688.com)为阿里巴巴集团七大事业群之一,是主要服务于我国小企业的电子商务平台。2012 年 7 月,原阿里巴巴中国事业部升级为阿里小企业业务,在原有企业间信息发布、订单采购和大额批发市场的基础上,为中、小企业提供更完善的电子商务服务。截至 2012 年第一季度,阿里小企业业务注册用户数为 5 240 万名,企业商铺数量为 800 万个。

三、网店开设的前期准备

在网店开设这部分内容中,将重点讨论在第三方电子商务平台开设网店的技术操作。

网商决定经营项目后,就要进行开网店的前期准备。前期准备工作包括准备商品资料,网店素材的收集,租用图片空间,设计店铺模板、店标、公告图片,设计商品分类、关键词导航和商品介绍的模板。

1. 店铺商品类型选择

网店竞争激烈,尤其商品价格战更是残酷。店铺经营项目的选择至关重要。

(1)商品的选择。网店销售的商品需要适合电子商务的销售模式。例如,生鲜食品、过重的产品会因物流成本过大而造成商品价格过高,影响产品的竞争力。

商品是否好销涉及两个方面:一是商品本身是否好销,市场前景如何;二是第三方电子商务平台上销售同类商品的店铺数量对商品销售的影响。要想维护正常的经营并有所发展,不仅要选择好销的商品,还要确保有足够的利润空间,不要陷入恶性价格竞争。

(2)店铺的经营优势。此刻,是否拥有经营优势决定自己开店的起点,并影响着未来的发展。经营优势主要体现在货源优势、价格优势、顾客优势、专业知识优势。

1）货源优势。是指独创或自己设计的商品、独家代理商品、稀缺商品或进价特别低的商品。货源优势能保障店铺获得正常的利润，避免同类产品恶性竞价。

2）价格优势。对于销售的同类商品而言，如果能够进到比竞争对手更低的价格，优势就非常明显，因为用户是很难拒绝价格更低的商品的。

3）顾客优势。名人效应的优势源于他们拥有大量粉丝，这些粉丝使他们拥有顾客优势，如徐静蕾在淘宝开的kaila店。

4）专业知识优势。专业知识优势是指能以专业眼光挑选产品，为顾客提供更专业的服务，或者因店主的专业形象而获得顾客的信任。

2. 素材收集方法

素材有图片、文字、表格等类型，具体包括商品文字介绍、商品图片、商品实物图片、商品数据、商品质量检测报告、工厂信息、工厂照片、车间照片、原料信息、荣誉证书、竞争对手对比信息等。有时素材的更新需要多次反复修改，最后才能发布到网站上，那么这类素材最好按照不同的更新状态进行分类整理。

网商不仅需要准备与商品性能、质量相关的资料，还要收集与商品设计理念、品牌特色、品牌文化等知识。成功的销售不仅仅是交易成功，更重要的是销售与商品相关的理念，传递商品的文化、创意、价值，获得顾客对产品更深层次的认同。

相关链接：

从书刊、资料上获取大量文字一般选择用扫描仪进行OCR扫描转换，输入计算机中进行编辑和保存，扫描仪不但能够识别纯文字，而且还具有不借助任何第三方的OCR软件达到识别的功能。另外，通过网络信息收集素材也是可行的方法，网络信息收集减少了信息传递的中间环节，保证了信息的时效性。以上两种信息收集方式都需要谨慎对待版权问题。

3. 准备网店装修素材

网店装修素材是指用于店铺装修和商品介绍的素材，如图片素材、音乐素材和网页特效代码等。图片素材可用于店铺模板的制作、商品说明的美化、打折促销信息的制作等。图片素材包括壁纸、模板、字体、设计促销时使用的打折图片以及可用于美化界面的小图标等。音乐素材能营造购物氛围，如根据不同季节、节日设置店铺的背景音乐。网页特效代码包含鼠标特效、网页背景特效、文字特效、链接特效等。网页特效代码能让网页上的文字、图片生动起来，吸引买家关注。

网上有很多提供免费素材下载的专业网站。例如，在视觉中国的下吧可以找到很多的图片素材。用搜索引擎搜索也是好办法，只要在搜索引擎里输入"网店装修素材"或所需要的素材的名称，就能找到无限资源。

开网店，装修素材的收集是个持续的过程。需要随时留意那些适合自己店铺和商品的素材，才能让素材用出属于自己的独特效果。

4. 图片空间的选择

现在免费风格相册都不提供免费外链到第三方电子商务平台。网商为获得高质量、稳定的图片存储及外链服务，需要购买付费图片空间。根据图片存放数量的不同，图片空间又可以分为不同大小的空间，一般情况下30 M的空间可以放300张左右的图片。

首选的图片空间是第三方电子商务平台提供的收费图片空间。第三方电子商务平台提供的图片空间是针对网商需求开发的，使用和管理图片非常方便；图片链接打开速度快，价格也比较优惠。例如，淘宝网站提供的图片空间就可以提供开店即永久享受免费30 M图片空间；图片空间过期时宝贝图片仍可显示；原图存储，提供多种尺寸的缩略图等功能。

网商也可以选择网络相册网站的收费服务，如巴巴变相册、图海相册、又拍网等都有为网商提供图片空间的服务。网商选择网络相册时主要考虑三个要素，即图片链接速度、图片外链流量限制、图片空间的大小。图片外链的速度和流量直接影响网店页面的响应速度，影响买家的用户体验。

相关链接：

目前，网店大多数都是使用淘宝、易趣、拍拍、购铺商城等第三方电子商务平台开启，自己制作电子商务站点技术量较大，且前期投入巨大。网店的一般制作流程分为网店注册、网店制作、网店优化和网店的后期维护四个步骤。其中，网店后期维护的工作内容包括刷新网店排名、更新网店数据、补充信息，网店优化的工作内容包括资料文件的上传与管理、支付配送管理、管理调查主题等。

租用虚拟主机要考虑服务器的稳定性和速度、服务器的均衡负载、强有力的技术支持等因素。正确选择虚拟主机托管服务商是一项非常重要的工作，选择中要考虑的标准包括经营时间长短、是否拥有一个可靠稳定、安全高速的机房，优异的品质，真诚的服务，合适的价格。

四、店铺装修

在互联网上进行的营销是一对一的、理性的、消费者主导的、非强迫性的、循序渐进式的,因此,界面友好拟人化非常重要。店铺装修可以由懂得美术和设计的网商本人或网商所在公司的美工制作完成。网商也可委托专业网店设计人员设计和装修。

店铺装修包括店铺模板设计、店招（Banner）、促销广告、商品分类、导航栏、店铺公告、收藏商铺图标、商品描述模板、客服栏、鼠标特效、背景音乐和文字特效设计等主要工作。

店铺装修的风格千变万化,但有三个要素不容忽视,即网页颜色搭配、页面加载时间和网页布局规划。

1. 网页颜色搭配

买家浏览一家店铺时,最初的印象来自店铺的颜色。颜色的物理光刺激会对人的身心产生直接的影响,而社会文化赋予色彩的各种内涵又从精神层面对人产生影响。设计师需要了解颜色对眼睛的刺激作用和在心理上留下的影响,才能利用颜色的明度、色相、纯度、象征意义等因素诠释网店的文化,展示商品的特点和优势,营造独特而舒适的购物氛围。

店铺装修时不宜使用过多的颜色,避免造成买家的视觉疲劳。过于鲜艳的颜色不宜大面积使用,以减少它对买家的心理产生不良影响。如大块的红色会让人不安,大面积的黑色会让人压抑,买家为避免此类不良情绪会选择离开页面。店铺应有相对稳定的风格和色调,方便买家记住店铺品牌形象。因此,店铺的色调不宜频繁更换,但每逢季节变换、商品更新和促销时,适当地变换一些版面的颜色,能增加买家对店铺的新鲜感,激发购物热情。

2. 页面加载时间

在淘宝网店中,大量使用图片、张贴占据整屏页面的广告,在宝贝详情页中插入大量广告的现象很多见,而且愈演愈烈。

与淘宝风格相反,Google 和 Amazon 的页面却异常简洁。因为后者知道页面加载时间直接影响网站转化率。Gabriel Svennerberg 在《Page Load Times vs Conversion Rate》一文中引用的数据显示:Google 页面的下载时间每增加 $0.4 \sim 0.9$ s,流量和收入会降低 20%。Amazon 页面的下载时间每增加 100 ms,销售量会降低 1%。

综合上述观点,在装修店铺时不要过度装修,以免为不必要的图片而牺牲转化率。

3. 网页布局规划

店铺布局规划要达到的效果是合理、高效地展示商品,以提供买家所需的信息,帮助买家迅速定位所需的商品，做出购买决策。因此，设计师在规划店铺布局时需要注意以下原则：

（1）充分利用有限的网页空间，合理安置每个模块，避免无意义重复。

（2）商品分类、店铺导航栏、商品搜索和商品关键词的设计要达到彼此呼应和补充的效果，不宜过于繁复。

（3）当店铺模块的规划经过一段时间的实践调整到位后，就不宜随意改动，以免造成熟客买家的困扰。

在网店布局规划中，店铺首页的设计非常重要。顾客在首页逗留的时间越长，购买店铺商品的可能性越大。在设计店铺首页时要从顾客角度来准备内容，具体包括以下几点：

1）店铺名、店铺图标、收藏店铺的提示、关于店铺经营内容的说明、能证实店铺信誉和服务质量以增加顾客信任的内容、客服电话、客服时间、快递说明等内容要放在醒目位置，让顾客进入店铺就能对店铺有个大致印象。

2）新品、当季热销、主打产品、促销优惠、店主推荐、包邮优惠、VIP优惠等版块划分要清晰，并且应放在首页主要位置。

3）商品及促销版块主要起导购作用，数量宜少不宜多，更多相关内容可增加链接，指引顾客访问。

4）广告模块面积不宜过大，只要买家能看清广告内容即可。网店页面广告不像户外广告越大越醒目；相反，占据过大的网页广告会因影响浏览的便利而招致顾客反感。

5）首页长度有3屏就足够。首页长度越长，翻阅越麻烦，网页加载时间越长，顾客越没耐心。

网店内容涉及店铺名称及图标、店铺信息或品牌故事、店铺经营项目、网店分类和关键词、商品分类导航、促销或新品推介、商品名称及详细描述、购物说明、店铺与顾客交流区的内容等。网店内容是网店最重要的构成部分。当顾客不能直接接触到商品时，文字与图片必须担负起传递完整商品信息的主要职能。

4. 店铺名、店标及网店公告

店铺名称及商标放置的位置一般有平行放置、垂直放置、纵横放置三种，应该放在网页上方最醒目的位置，让顾客在浏览任何页面时都能看到。店标内容表达要做到简洁、突出。简明扼要的店标不但令消费者过目不忘，还能达到良好的交流目的。在店标制作时要注意的要素有形式、色彩和情感表达。店铺如拥有微博、客户服务电话等服务或沟通方式，也应在店铺醒目位置做出提示，店铺通常也会提示店铺客户服务电话号码（见图1—12）及其他信息。店标也可采用动画形式，使用GIF格式的动画文件制作店标，GIF是网页中最为常见的一种图片格式，它通过减少图片中的颜色达到压缩文件的目的，并且可以播放动画。GIF 文件可以使用 Photoshop、Flash、Fireworks 等软件进行制作。

图1—12　店铺装修（淘宝集市店铺品臻客的店铺主页）

例如，淘宝集市店铺品臻客的店铺装修用了绿色和金黄色两种主色。绿色给人的联想是绿色食品，金黄色意喻农田丰收的色彩。店铺的布局简洁、实用，店标由店名"品臻客"和经营目标"找回记忆中的天然美味"两部分构成，让顾客一目了然。店铺左边栏设置客服热线、客服在线时间、商品分类、宝贝搜索、本月热销和热门收藏排行榜，顾客需要的服务信息、商品分类信息和搜索功能都包括了。店铺右边栏最显著位置是"掌柜推荐宝贝"，展示店铺主打和热销产品。

如果能为自己的店铺设计一个醒目且易记的 Logo（图标），也会为店铺的推广与营销打下良好的基础。以后别人一看到这个 Logo，就想起了这个店铺。

网店公告可以通过网店发布，也可以通过相关的一些论坛（即 BBS 电子公告栏）进行发布，BBS 既可以作为留言板用来发布各类公告，也可以作为聊天、讨论的场所。

5. 店铺信息或品牌故事

店铺创建的历史、店铺名或品牌名的含义、店铺创建或品牌创立的原因、店铺的经营理念、创业故事、店铺或品牌文化的诠释等内容有助于顾客对店铺和商品的解读。简洁、真诚的描述，真实、可信的照片，一定会为店铺的形象加分。如果再加上店铺的经营授权书、商品质量证书等重要资料，更有助于提升店铺信用。

五、网店的基本促销

1. 网店商品类和关键词设置

为了让顾客能检索到网店销售的商品，需要为店内商品在第三方电子商务平台设置正确的商品分类。例如，在淘宝检索商品时，在乳制品的分类中看到"乳腐"。乳腐是江南用黄豆制作的酱菜，与乳制品完全没有关系。店主为产品设置了错误的分类，会严重影响商品的销售。因为，需要购买乳腐的顾客永远也不会去乳制品分类中寻找。

在第三方电子商务平台设置商品分类很容易，只要根据经营商品的种类在平台分类中找对应栏目即可。为商品设置关键词就需要一些技巧。

设置与产品相关的关键词时，不仅要考虑产品的名称、属性和特色，更需要重视顾客的搜索习惯，尽可能多地把顾客会用的关键词包括进来。例如，"品臻客直供五常稻花香大米"若命名为"品臻客直供绿色有机五常稻花香大米/香米/东北大米"，它被搜索到的几率就会提高很多。

店主还需要有意识地让产品关键词出现在店铺的各个位置，如店铺名称、店铺描述、店铺公告、店铺促销广告等区域。

2. 店内商品分类导航

商品分类方法有多种，可以根据商品的材质、品种、品牌、功能、色彩等进行分类；也可以根据商品的用途、使用目的、使用季节、价格、消费人群、销售情况（如热销、打折）等进行分类。以不同的方式对店铺商品进行分类，不仅能为买家挑选商品提供便利，还能起到导航作用。

商品分类可以分为店铺左边栏的商品分类、配合首页上的分类导航（见图1—13）和搜索关键词三种不同形式，为顾客提供方便。

3. 新品和促销

新品登录公告、特色新品推介、最新促销信息、包邮优惠、VIP等级及优惠折扣率等是顾客最关注的店铺资讯。这类信息应该放在店铺的首页，以清晰、有序的方式展示出来，使顾客在第一时间就能获得。

店铺以固定频率或时间定期推介新品，进行促销，能方便顾客定期到店铺查看，吸引回头客。如每周登录新品，每月特惠促销等。

当然，有关电子商务网店的推广与促销还有许多方法和渠道，具体可以参考本书的第3章"网络营销"。

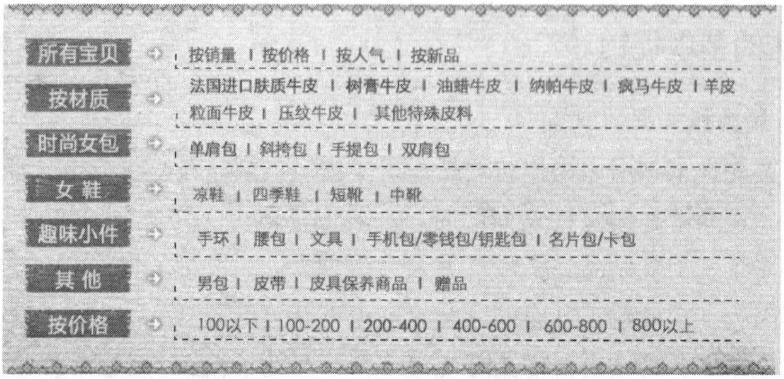

图1—13 商品分类导航

六、商品信息的录入与买家的交流

1. 商品名称

商品名称应尽可能以简洁的语言概括出商品的特质，力求规范，让人一看就能大致了解商品的基本信息，而且便于从搜索引擎中找到。

商品命名一般的格式为品牌＋商品名＋规格（材质），例如，"StarTown 繁星小镇 进口肤质头层牛皮 手工皮绳女款编织饰斜挎包"就包括了以下三个方面的内容：

（1）品牌。StarTown 繁星小镇。

（2）商品名称。手工皮绳女款编织饰斜挎包。

（3）规格（材质）。进口肤质头层牛皮。

2. 商品描述模板

商品描述模板的规范化使商品登录和管理的操作更便捷，店铺页面更美观、整洁，使买家得到统一、规范的专业服务。准备商品描述模板时需要考虑以下几个问题：

（1）商品的名称、品牌。

（2）商品的外观、材质、尺寸、质量等资料。

（3）商品的价格，可列出商品的市场价格作为网店价格优惠的参照。

（4）商品有哪些特色值得顾客关注，是什么原因促使顾客购买该产品或购买这个品牌而非其他品牌。

（5）顾客需要了解的商品细节。如果能提供由权威机构出具的能证明商品质量、特色的证书或文件，品牌授权的证书等资料，公布在网上有助于获得顾客对产品的信任。

某商品介绍如图1—14所示。

1）商品的整体外观。在宝贝详情页面，店铺首先强调了挎包的工艺特色：手工穿皮

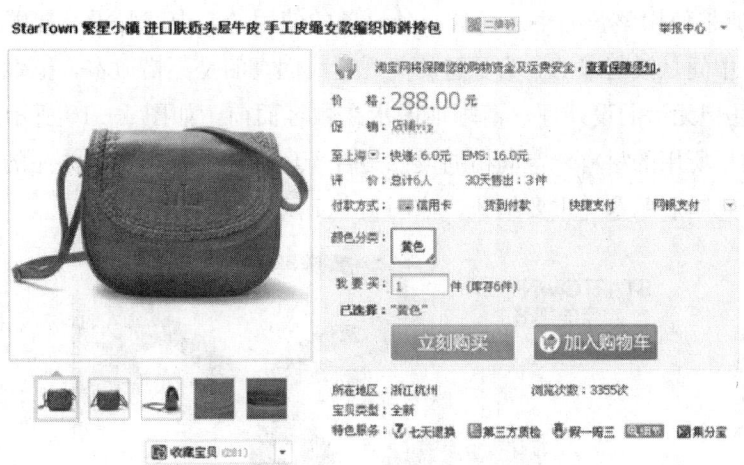

图1—14 商品描述—主页

绳设计小包,分别从包的正、反两面进行展示,让顾客对包的整体有完整的印象,如图1—15所示。

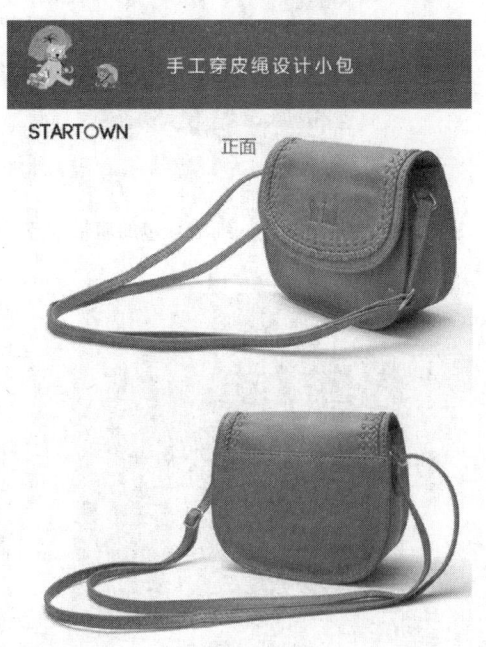

图1—15 商品描述—包的整体外观

2) 商品的细节展示。接下来是对包的肩带、内部空间格局等细节进行详细讲解,配以细节部分的特写照片,再辅以文字说明,向顾客强调了顾客忽略的或者没想到的情节或细节:"它的肩带使用整张的牛皮切成一条一条的使用的,中间是没有接缝的,不像一般的包包的肩带中间是接起来的。为了包的美观,我们真的是不惜血本,把最完美的带给大家。"这段描述把无形的设计理念清晰地展示在顾客面前,如图1—16所示。包的内部空间有多大、内里所用的材料、空间格局设计是否合理,都是顾客非常关注的问题。所有包的卖家都不应忽略展示这些重要细节,如图1—17所示。

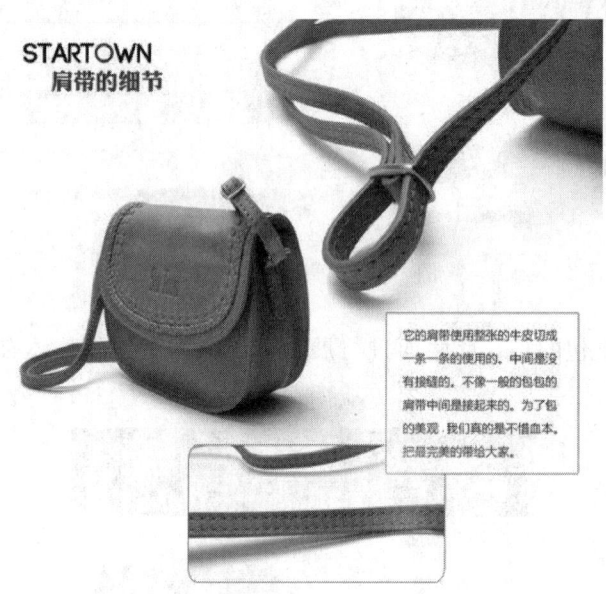

图1—16　商品描述—细节(包的肩带细节)

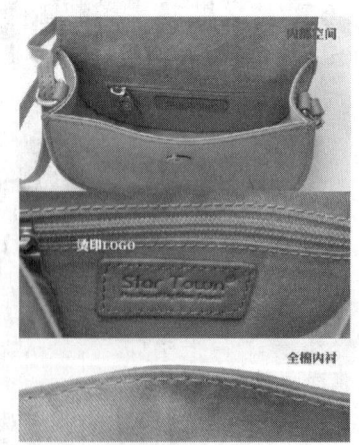

图1—17　商品描述—细节(包的内部空间)

3）商品的材质说明。店铺以对比和特写的方式展示制作包时使用的真皮材质：外层是进口的香味肤质牛皮，内层是猪皮。在图片上添加文字，解释这两种材质的特色和性能，如图1—18所示。

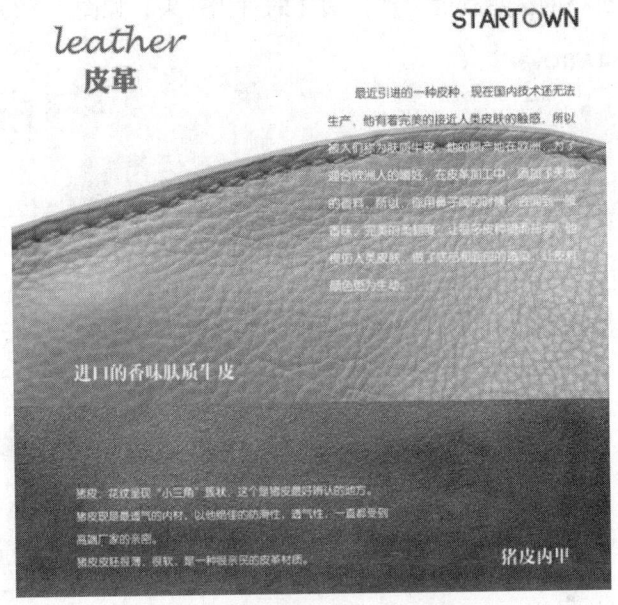

图1—18　商品描述—材质说明

4）演示商品的实际使用效果。图片中的背景和模特服装的色调与包的色彩及风格非常和谐，如图1—19所示。

图1—19　商品描述—真人演示

5) 商品的规格信息。店铺从包的正面、背面、侧面和底部四个角度立体展示包的尺寸，并在左侧空白处注明皮料、尺寸、颜色、质量、淘宝价格、市场价格等与包相关的数据。包的自重是个重要的数据。自重轻的包使用时更轻便。用市场价格与店铺价格做对照，能显示出店铺价格的优惠程度，产生明显的对比效果，如图1—20所示。

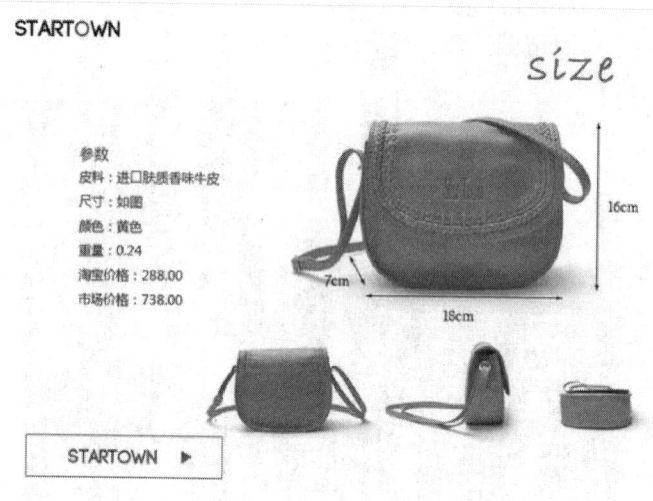

图1—20 商品描述—商品数据

进行商品描述时，文字和图片一样重要。两者应相辅相成，补充双方不能触及的内容。但为加快网页响应速度，让顾客有更好的体验，把更多时间用于获取有用的商品信息，而不是浪费于等待图片下载，要删除一切多余和重复的内容，无论文字还是图片。

3. 买家须知

买家须知是店铺与买家沟通的基础，对交易规则、快递费用、发货时间、VIP优惠等买家常见问题或店主认为买家需要重视的问题做出详细提醒和解释。

（1）客服在线时间。要让用户知道客服人员什么时间在线、什么时间不在线，以避免用户空等。

（2）商品售前说明。涉及商品描述、商品价格等。

（3）商品售后说明。涉及快递费说明、发货说明、收货须知、退换货方式及关于评价等说明。

4. 店铺与顾客交流区

在店铺设置顾客交流区，方便顾客与店铺的交流和互动，也是店铺及时收集顾客反馈信息的渠道。对于顾客交流区的留言，要注意以下几个基本方法与技巧：

（1）要及时回答顾客的询问。如果不回答或回答得太慢，都会对自己的店铺造成不好的影响。

（2）要及时监控不正常的留言。通常不正常的留言包括故意性质的好评及差评，要注意其数量及造成的影响。对于明显不正常的情况，应该注意保存证据，并向电子商务平台进行投诉。

（3）要及时对误会进行沟通。有些差评是由于顾客和店铺之间没有及时沟通造成的，这需要通过及时的沟通及诚恳的解释来化解误会与矛盾，挽回不应有的声誉损失。

相关链接：

店铺装修简而言之就是对网店页面布局、功能模块等的美化。对于普通店铺来说，装修的内容主要包括店标、店铺类目、公告栏、店铺介绍、商品描述模板等，在这些内容中，店铺类目的装修则是重中之重（店铺类目也称商品分类，就是店铺首页左侧边栏中的商品类别），因为在店铺类目中不仅可以很方便地用各种图片（包括动态图片）来展示自己的商品分类，而且还可以通过图片及图片上的文字来表达自己想表达的任何内容（如欢迎光临、营业时间等）。与店标和公告栏的装修相比，店铺类目的装修具有更大的自主性和灵活性，是普通店铺装修的一个最大亮点。想让自己的普通店铺也能像旺铺那样酷起来，普通店铺的店主们应该对此给予足够的重视。

以淘宝为例，店铺类目设计的步骤如下：

1. 将做好的图片上传到自己的相册空间。

2. 登录店铺后依次点击"管理我的店铺"——"宝贝分类"，进入宝贝分类页面。

3. 点击每个分类后面的图标，在弹出的"分类图片地址"输入框中粘贴图片地址。

商品描述模板也是装修中比较重要的部分。商品描述模板即在商品描述介绍中的模板，一般都是设计好后提供给大家使用的一大篇代码，也就是html代码，可以先在photoshop里面制作模板背景，再通过photoshop的切割功能切好图片，然后在dreamweavwer里面排版，复制其代码到宝贝编辑页面。对于商品描述模板的制作，有宽版和窄版两种模式。在设计宽版商品模板时，通常模板的设计宽度不超过930像素，高度通常没有限制；在设计窄版商品模板时，通常模板的设计宽度不超过710像素，高度通常没有限制。

 技能要求

一般网店用户注册的流程是注册会员、填写开店资料、核实信息、筛选网店并开通试用。下面以淘宝网为例，介绍用户注册的具体步骤。

淘宝网用户注册

操作步骤

步骤1　注册淘宝账号

（1）填写账户信息。点击淘宝网首页左上方"免费注册"，进入淘宝网的注册页面，如图1—21所示。用户需要输入会员名。用户输入的会员名如果已经有人使用，系统会提示重新输入或选择系统推荐的会员名。用户输入的会员名无误后，输入登录密码，重复输入登录密码并确认无误，输入验证码，点击"同意以下协议并注册"按钮，进入下一步操作。

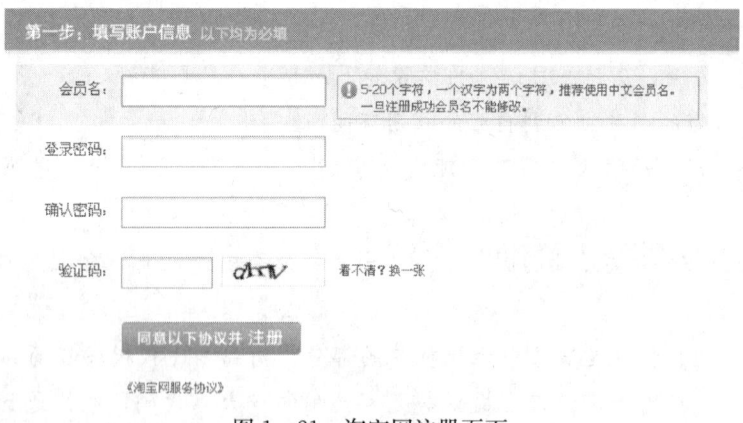

图1—21　淘宝网注册页面

（2）验证账户信息。系统会根据用户的IP自动选择所在地区的信息。如果系统显示有误，用户点开下拉菜单选择正确的地区信息。如图1—22所示，验证账户信息的方式有手机验证和邮箱验证两种。手机验证适合国内用户，更加方便、快捷。用户输入手机号码后点击"提交"按钮，如图1—22所示。

（3）如图1—23所示，用户点击"提交"按钮后会弹出验证手机号码的界面，提示

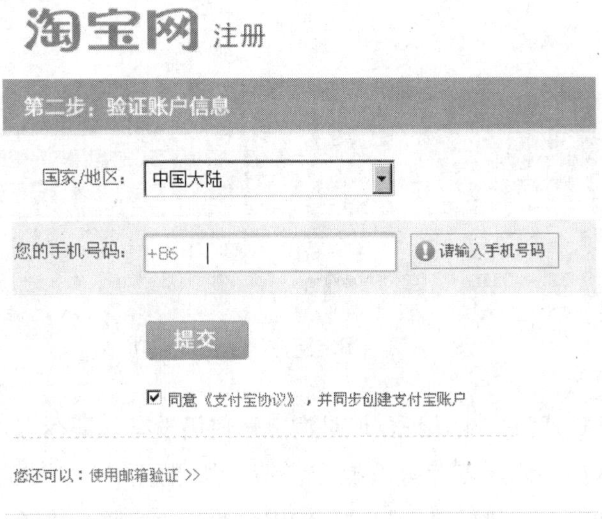

图1—22 淘宝网注册—验证账户信息

"已向此号码发送免费的校验码短信。"稍后，用户用于验证的手机会接收到一个含有校验码的短信，在输入框中输入收到的检验码，点击"验证"按钮。手机校验码验证无误后，用户会看到注册成功的提示界面，如图1—24所示。

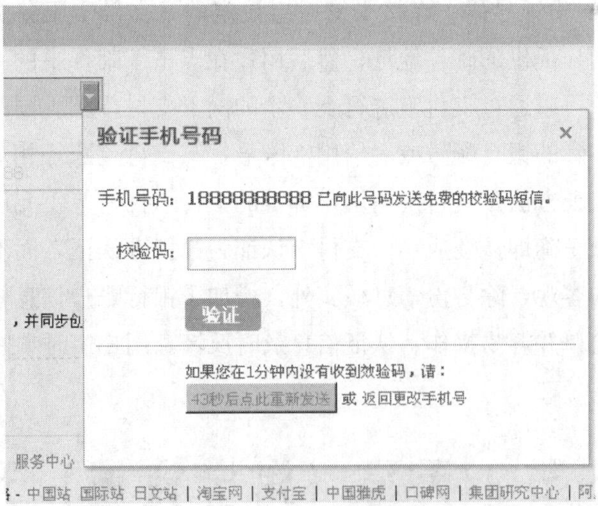

图1—23 淘宝网注册—验证手机号码

注册成功后，用户即可登录网站使用网站提供的服务。

步骤2　实名认证

成为淘宝认证会员后，需要使与淘宝账户绑定的支付宝账户通过支付宝实名认证，若

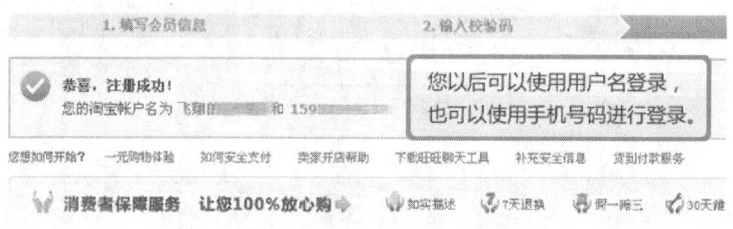

图1—24 淘宝网注册—注册成功

绑定的支付宝账户已经通过实名认证，但是淘宝账户仍没有认证标志，此时需要进入"我的淘宝"首页同步认证协议，点此查看操作详情。如果用户有实体店，可以选择商家认证，填入店铺名称和营业执照号码，同时上传用户的营业执照扫描图片，联系地址请填写店铺地址。

步骤3　绑定第三方支付

为绑定第三方支付，用户需要在第三方电子商务平台注册。以支付宝为例，用户要用私人的电子邮件地址作为支付宝的账号，然后填写个人的真实信息（也可以用公司的名义注册），包括姓名和身份证号码。在接受支付宝设定的《支付宝服务协议》后，支付宝会发一封电子邮件至用户提供的邮件地址，然后用户在点击了邮件中的一个激活链接后，才能激活支付宝账户，可以通过支付宝进行下一步的网上支付步骤。同时，用户必须将其支付宝账号绑定一个实际的银行账号或者信用卡账号，与支付宝账号相对应，以便完成实际的资金支付流程，认证方法是支付宝向用户绑定的银行卡打一笔1元以下的汇款，有三次机会操作，填写金额正确即认证成功。支付宝认证为第三方认证，而不是交易网站本身认证，因而更加可靠和客观，除身份信息核实外，增加了银行账户信息核实，极大地提高其真实性，认证流程简单并容易操作，认证信息及时反馈，用户实时掌握认证进程。

第5节　天猫（淘宝商城）开店

**知识要求**

淘宝商城现已更名为"天猫"是淘宝网全新打造的B2C模式。淘宝商城整合数千家品

牌商、生产商，为商家和消费者之间提供一站式解决方案。

一、加入淘宝商城的资质要求

入驻商城的商家必须是在我国大陆注册的企业，包括法人（公司）和合伙人（合伙企业），持有相应的企业营业执照。同时，申请入驻淘宝商城的品牌必须在我国商标管理部门申请注册了文字商标，持有国家商标总局颁发的商标注册证或商标注册申请受理通知书（部分类目的进口商品除外）。大陆境外商标（包括我国香港和台湾地区）、纯图形商标暂不接受入驻。个体工商户暂不接受入驻。

1. 品牌/厂商须提供的材料

（1）企业资质。申请企业需持有大陆企业营业执照、税务登记证。

（2）品牌资质。申请企业需持有我国商标权证书（商标受理通知书）。

（3）服务资质。申请企业需遵守"淘宝商城"7天无理由退换货、提供正规销售发票及积分活动等服务标准。

2. 代理商须提供的材料

（1）企业资质。申请企业需持有企业营业执照、税务登记证。

（2）品牌资质。正规品牌授权书。

（3）服务资质。申请企业需遵守"淘宝商城"7天无理由退换货、提供正规销售发票及积分活动等服务标准。

二、淘宝商城不同店铺类型须提供的材料

1. 品牌旗舰店须提供的材料

（1）企业营业执照副本复印件。

（2）企业税务登记证复印件。

（3）商户自有的商标注册证复印件或国家商标局受理商标申请通知书复印件。

（4）商户向支付宝公司出具的授权书。

2. 专卖店须提供的材料

（1）企业营业执照副本复印件。

（2）企业税务登记证复印件。

（3）品牌所有者出具的国家商标总局颁发的商标注册证，申请开店企业提供的品牌所有者出具的正规授权书，授权书须无地域限制；品牌所有者若为个人，则须同时提供身份证复印件并在授权书上签字，商户向支付宝公司出具的授权书。

3. 专营店须提供的材料

（1）企业营业执照副本复印件。

（2）企业税务登记证复印件。

（3）若经营的品牌中含他人品牌，则每个品牌都须提供正规的品牌授权书（或正规的进货渠道证明）及品牌持有人的商标注册证；如经营品牌中含自有品牌，则须提供国家商标总局颁发的商标注册证或商标受理通知书。

注：专营店商家须提供的进货渠道证明包括代理商出具的由品牌持有人提供给其的品牌。授权书商家从代理商那里取得的正规进货发票，发票内容需包括品牌、货品名称及数量等信息，且发票盖章显示的公司名须与代理商的公司名一致。

三、天猫（淘宝商城）开店的基本流程

1. 申请企业支付宝账号

登录 www.alipay.com，点击"免费注册"，选择"企业注册"，注册企业支付宝账号。注册成功后要等淘宝商城验证，等待时间为 3~7 个工作日。

2. 登录淘宝商城招商页面申请开店

企业支付宝通过验证后，登录淘宝商城招商页面 http://zhaoshang.tmall.com，点击"立即加入淘宝商城"，并参加在线商城入驻考试。

3. 提交信息

（1）提交信息并线上签约。考试通过及验证支付宝后，在线输入申请公司信息及在线签订淘宝商城服务条款、服务协议及支付宝代扣协议。

（2）上传品牌 Logo。上传品牌 Logo，上传的 Logo 必须与国家商标总局备案的一致。

4. 等待审核

（1）邮寄企业资质及品牌资料，等待淘宝商城人员审核。

（2）以商城账号登录"我的淘宝"→"我是卖家"→"商城服务专区"，在 15 天内完成保证金或技术服务年费的冻结缴纳操作。逾期操作，本次申请将作废。

5. 发布商品及店铺上线

（1）淘宝审核通过后，企业以商城账号登录"我的淘宝"→"我是卖家"→"商城服务专区"，点击"发布商品"，根据页面提示，在 30 天内发布满足规定数量的商品。逾期操作，本次申请将作废。

（2）点击"下一步"→"店铺上线"，店铺就正式入驻商城。

第 6 节　使用 ShopEx 平台进行开店操作

 知识要求

一、ShopEx 平台简介

上海商派网络科技有限公司（以下简称 ShopEx）是国内最大的电子商务软件及服务提供商。ShopEx 长期专注于电子商务软件的研发及相关解决方案与服务的提供。主要产品 ECstore、Ecshop、分销王、店掌柜等网店系统是当前国内较受行业青睐的电子商务平台软件。下面以 ShopEx 的 ECstore 产品为例介绍开店操作的相关知识与步骤。

二、ECstore 企业版系统名词解释

1. 网店前台

网店前台就是顾客浏览商品、购买商品的页面。

2. 管理后台

管理后台是指供商家进行网店管理的界面，可以在这里完成商品添加、订单处理、会员查看、网店模板更换等多种管理操作。

3. 商品分类

在任一次商品分类中，可将任一商品集合总体逐次划分为包括大类、中类、小类、品类在内的完整的、具有内在联系的类目系统。这个类目系统即为商品分类。

4. 虚拟分类

虚拟分类其实是把搜索结果当成分类名称的功能，虚拟分类是基于商品品牌、属性、分类、价格、关键词和标签等搜索出来的结果形成的分类，仅用于前台。

5. 商品类型

商品类型不同于商品分类，是指依据某一类商品的相同属性归纳成的属性集合，商品类型包含的内容为扩展属性、参数、规格等，例如，手机类型都有屏幕尺寸、铃声、网络制式等共同的属性；书籍类型都有出版社、作者、ISBN 号等共同的属性。

6. 通用商品类型

通用商品类型是指 ECstore 系统内置的仅含有商品名、质量、销售价格、简介、库

存、品牌等基本属性的一种商品类型。

7. 商品规格

商品规格是指依据顾客的购买习惯而独立出来的一种商品的特殊属性。例如，顾客先选好了某一款衬衫，然后必须再选择颜色和尺码才可以订购，这里的颜色和尺码被称为规格。

8. 商品关键词

商品关键词是商品名称的有效补充，可以实现更多的搜索结果匹配机会。例如，索尼爱立信 W910i 手机中设置商品关键词"索爱 W910i"，则用户搜索"索爱 W910i"也可以找到这款手机。

9. 版块

版块是指网店前台页面的不同区域，如特价商品、销售排行榜、最新发货清单等，商家可以在后台的模板编辑中进行版块设置来修改前台表现样式。

10. 市场价

市场价是指顾客购买商品时的参考价格，不作为购买支付价格。

11. 销售价

销售价是指普通顾客在商店中购买商品的结算价格。

12. 会员价

顾客注册成为商店的会员之后，购买商品所享受的价格称为会员价。商家针对同一商品，可以根据会员等级不同设置不同的价格。

13. 商品配件

商品配件是指与此商品出现在同一个页面并且可同时购买的其他商品，如购买诺基亚 N95 手机，可同时购买手机电池、内存卡、蓝牙耳机等配件。

14. 相关商品

商家为了促进其他商品的销售而将其显示在当前商品的页面上，这些商品就叫做相关商品。

15. 商品

在 ECstore 系统中，商品是一个销售单位，在前台表现为一个商品详细页。

16. 货品

在 ECstore 系统中，货品与商品不相同，货品是一个库存单位，例如，"索爱 W910i"是一个商品，但红色的"索爱 W910i"是一个货品，黑色的是另一个货品。

17. 货号

货号是货品的唯一编号，可用于仓库管理。

18. 商品编号

商品编号是指商品的唯一编号,可用于商店前台的商品检索,一般使用数字编号,便于电话订购。

19. 标签

标签是一种分组标志,可用于商品、订单,店主可以利用标签筛选分组,例如,为某几个商品增加"热卖商品"的标签,可以通过版块设置,让这几个商品显示在前台首页的热卖商品区。

20. 购物车

购物车是指应用于网店的在线购买功能,它类似于在超市购物时使用的推车或篮子,可以暂时把挑选的商品放入购物车,删除或更改购买数量,并对多个商品进行一次结款,是网上商店里的一种快捷购物工具。

21. 支付方式

支付方式是指网上购物时顾客与商家的货款清算方式,如信用卡付款、支付宝付款、货到付款等。

22. 配送方式

配送方式是指商家将顾客购买的商品送到顾客手中所采用的运送方式,如中国邮政EMS、门店自取等。

23. 商品详细页

商品详细页是指店主所销售的商品在网店前台的详细信息展示页面,一般包括商品详细介绍、销售价格、商品属性、购买按钮、商品图片等部分。

(1) 商品列表页。是指用户通过搜索或点击商品分类进入的商品陈列页面,对顾客起到购物引导作用,一般包含商品名称、简介、价格等基本信息。目前ECstore系统有图文混排、橱窗以及文字列表三种显示方式。

1) 图文混排显示方式。是指网店前台采用商品横排罗列的形式,即每个商品占一行显示,依次向下罗列,一般包含商品名称、图片、简介等信息。

2) 橱窗显示方式。是指网店前台采用橱窗方格的形式,即每行多个商品,依次向右罗列,宽度超过限制则自动换行,一般包括商品名称、图片、简介等信息。

3) 文字列表显示方式。是指网店前台采用最简单的商品横排罗列的形式,即每个商品占一行显示,依次向下罗列,但不包含商品图片,只有文字清单式列表。

(2) 商品缩略图。是指商店将商品图片按一定比例进行尺寸压缩后的图片,一般用于首页、商品列表页、购物车页等需要简单展示商品图片的地方。

(3) 商品相册图。是指为形象地说明商店商品所使用的最大尺寸商品图片,在ECstore

系统中仅指商品相册中的大尺寸图片和图片放大器所使用的图片。

（4）商品详细页图。是指展示在商品详细页左上角的图片。

（5）图片放大镜。是指 ECstore 系统提供的商品图片展示新功能。顾客将鼠标移至商品详细页图片后，在右侧会出现细节放大效果。

（6）税率。是指顾客需要发票时所承担的税点。

（7）会员等级。ECstore 系统提供多级会员体系，不同等级的会员可以享受不同商品价格、不同积分规则以及不同的促销规则。

（8）优惠券。优惠券是一串代码，如 Anew200850 等，在购物的过程中输入，即可获得相应的优惠。分为下列两种优惠券：

1）A 类优惠券：一串可无限次使用的代码。

2）B 类优惠券：多串但每串只可使用一次的代码。

（9）促销规则。是指顾客购买商品时，满足一定条件就可以得到指定优惠的规则，如商场中常见的"满 500 送 100"或"满 300 立减 50"。

（10）促销活动。促销活动是一条或多条促销规则的集合。

（11）会员积分。会员积分是 ECstore 系统的一种购物优惠功能，会员顾客通过购买商品会累积一定的积分，并可根据商家设定的规则实现积分兑换与商品优惠。

（12）非会员购买。非会员购买是一种快速购物通道，即无须注册商店会员即可下订单购物。

（13）队列。是指多个相同动作的集合，如多条短信、多个邮件，当数量比较多时会采用队列的方式呈现，并按照一定规则逐渐进行。

（14）APP。中文称应用程序，是指将某些功能用独立的插件来实现的方式，这些应用可以自由安装与卸载，非常适用于二次开发与功能拓展，当有更新时会有提示并可在线操作，给商家带来极大方便。

（15）APP STORE。中文称应用中心或应用平台，是指聚集了多个不同分类、不同功能的应用的平台，可以选择后在线安装。此平台支持免费 APP，也支持收费 APP。

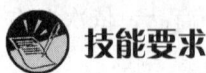 技能要求

网 店 开 设

步骤 1 管理员添加

（1）进入添加管理员界面。当商城的规模逐渐扩大时，对商城的管理也需要由专人负

责专门的工作,所以需要添加不同的管理员来管理不同工作,点击"操作员管理",如图1—25所示。

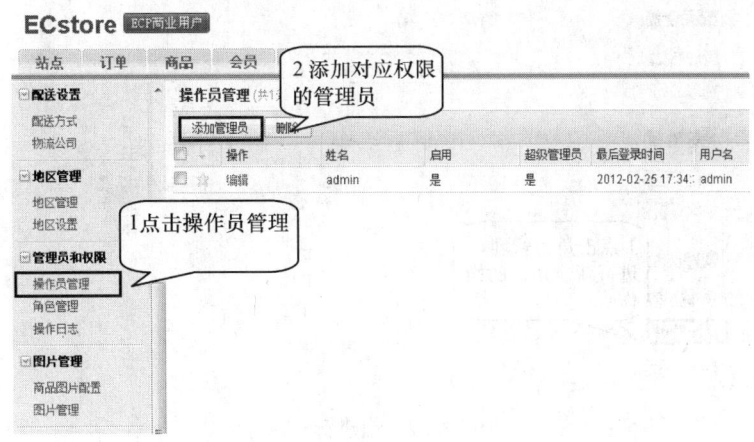

图1—25 操作员管理界面

(2)添加管理员信息。管理员是由超级管理员(Admin)来设置的,包括管理员的用户名与角色等,选择"添加管理员",如图1—26所示。

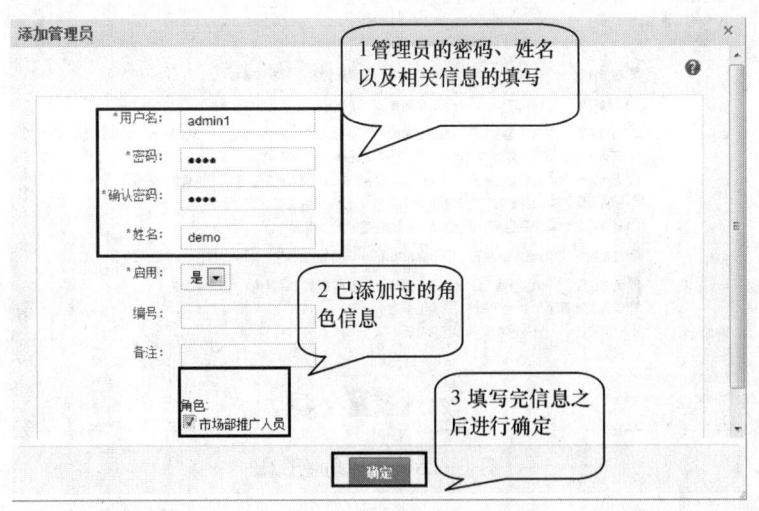

图1—26 添加管理员信息

步骤2 创建新角色

(1)新建角色。商城超级管理员(Admin)会根据不同管理员的工作职责与工作需要,为管理员添加相应的角色,如图1—27所示。

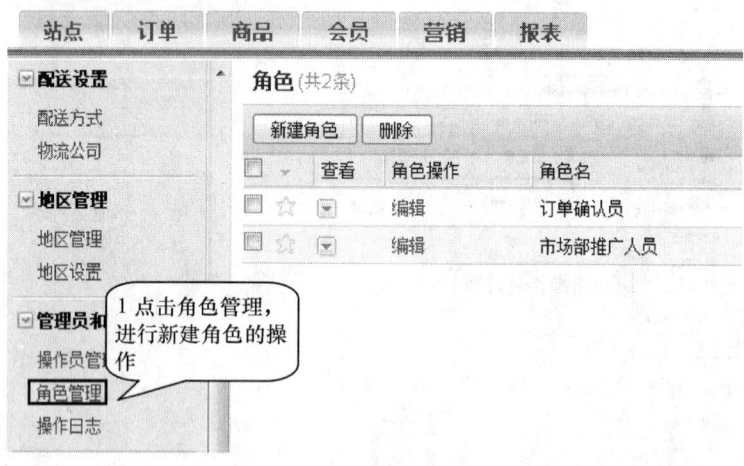

图1—27 创建新角色

（2）选择角色权限。点击"角色管理"选择"新建角色"，对角色进行管理，如图1—28所示。

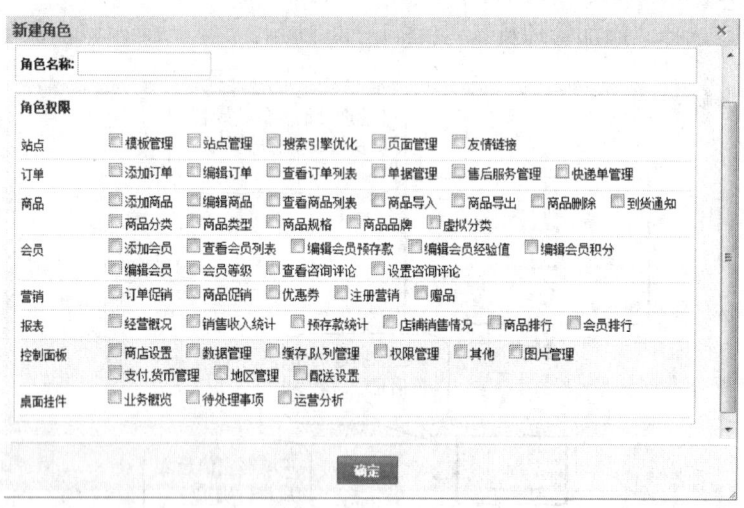

图1—28 选择角色权限

（3）删除管理员角色。创建的角色也是可以删除的，选中需要删除的角色，点击"删除"按钮，如图1—29所示。

（4）确认删除或取消删除。点击"确定"按钮，删除这个角色，如图1—30所示。

管理员对商城的管理都会记录在系统的操作日志中，点击"操作日志"，显示的管理员操作日志界面，如图1—31所示。

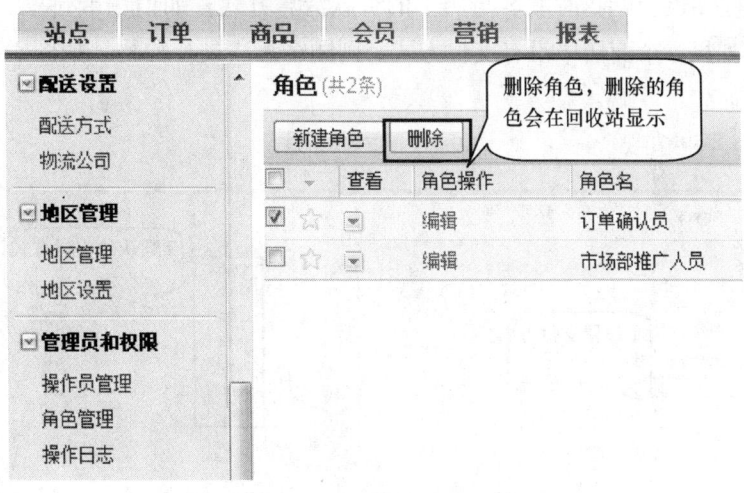

图1—29　删除管理员角色

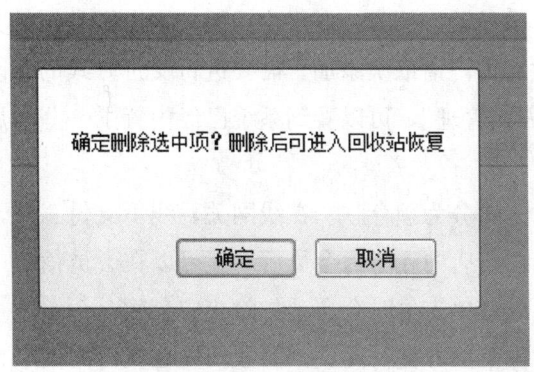

图1—30　确认删除角色

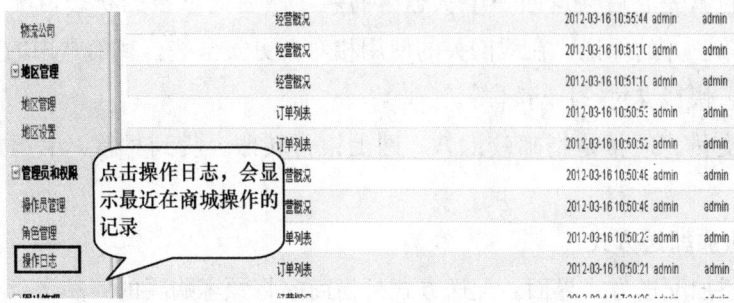

图1—31　管理员操作日志界面

步骤 3　设置支付方式

支付方式是指网上购物时顾客与店主的货款清算方式，如信用卡付款、支付宝付款、货到付款等。如果一个商店中没有支付方式，则顾客无法进行购物。如图 1—32 所示为设置支付方式页面。

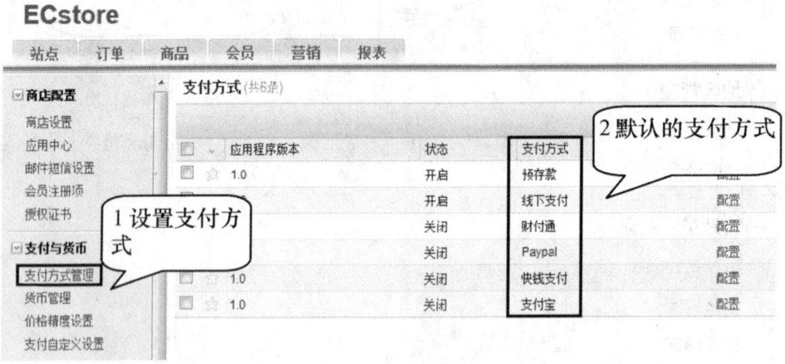

图 1—32　设置支付方式页面

选择后就会在订单中显示。例如，商店中需要分别设置常用的支付方式，可以线下支付、在线支付、预存款支付，请依次添加。需要进行支付方式的修改或添加时，依次点击"控制面板"→"支付方式管理"，可以看到系统已经内置了一些常用的支付方式，再配置一下账号就可以使用了。

一般情况下，支付方式分为预存款、在线网关、线下支付三种。

（1）预存款。顾客在商店中注册为会员后，就可以在会员信息中设置预存款；购物时选择此种支付方式，生成订单支付时会自动扣除相应金额。

（2）在线网关。又称第三方支付网关，商家预先在支付网关平台上申请账号，审核通过后在后台配置生效。当顾客也有相同的支付平台账号时，就可以选择在线网关支付，跳转到网关平台付款完成后会返回一个状态给商店，然后商家根据状态情况来进行后续操作。因为有了第三方的保证，在线网关的使用相对会更安全些。目前常用的在线网关有支付宝、财付通、快钱支付、Paypal 等。

（3）线下支付。通常是指邮政汇款、网上银行转账、货到付款、上门自提付款等方式。

步骤 4　添加配送方式

（1）进入添加配送方式界面。配送方式是指商家将顾客购买的商品送到顾客手中所采用的运送方式，如中国邮政 EMS、门店自取等，如图 1—33 所示。

（2）添加配送方式。设置配送方式的名称，从已经添加好的物流公司列表中选择，选

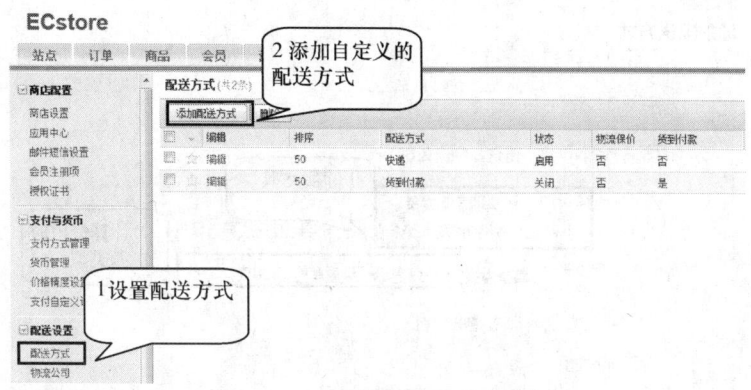

图1—33　设置配送方式界面

择后即关联生效，如图1—34所示。

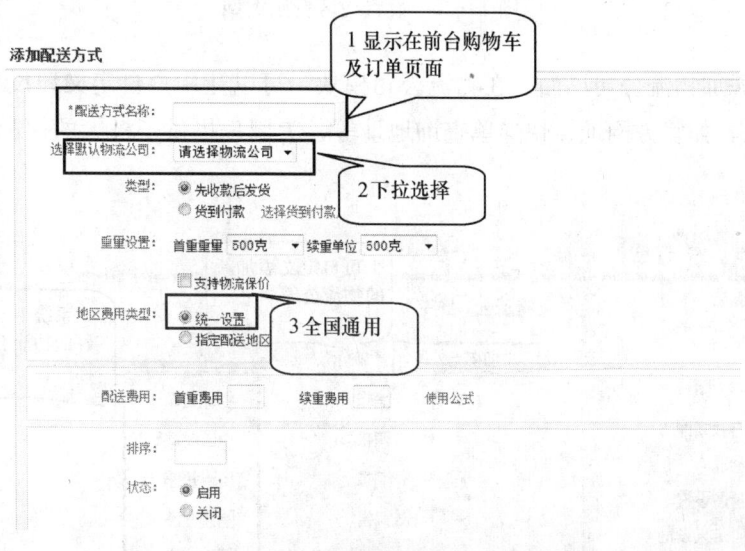

图1—34　设置配送方式名称

地区费用类型选择"统一设置"，则全国任何地区的会员购物时都会显示此种配送方式。计算费用时，如果是根据商品质量来计算，则可以分别选择首重与续重的单位，由系统自动计算。首重与续重均内置了多种常用单位，如图1—35所示。

我国不同地区的用户购物时，选择同一种配送方式（本例中为中国邮政 EMS）就会根据注册时的地址自动调用相应的计算方式，相同商品费用各不相同。

步骤5　物流公司设置

（1）添加物流公司

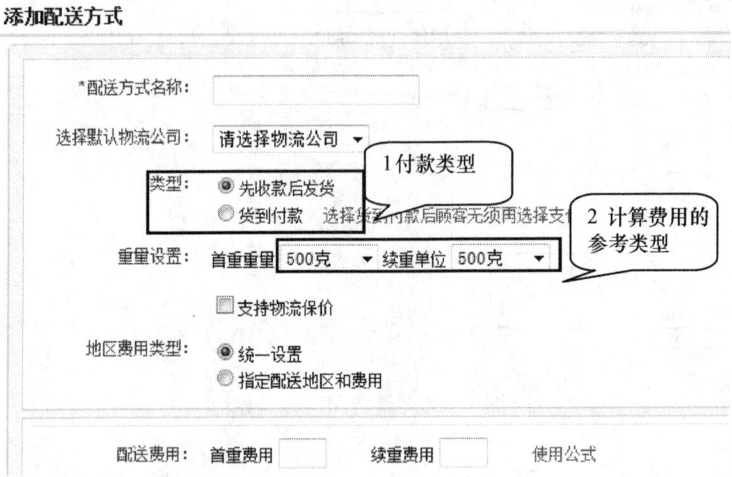

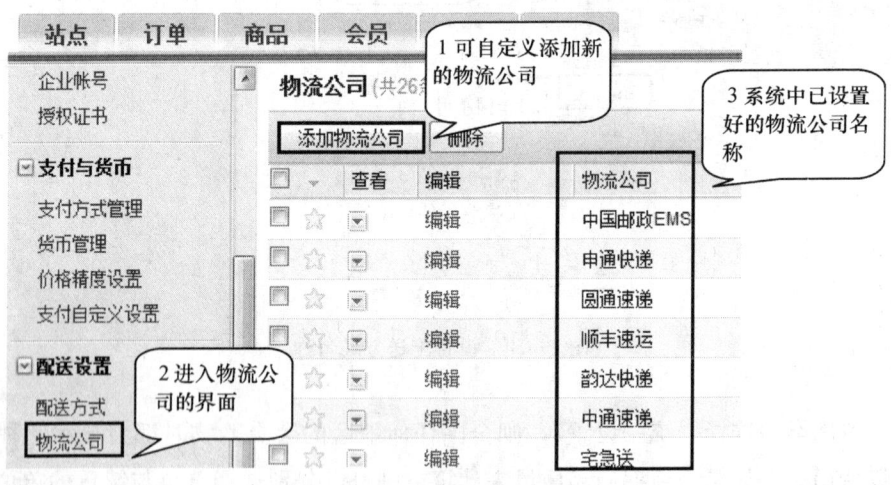

图 1—35　设置地区费用类型

1）进入添加物流公司界面。在物流公司模块，可以让用户自定义地设置物流公司的所有相关信息，如官方网址、快递单查询地址等，为用户提供了极大的便利，如图 1—36 所示。

图 1—36　添加物流公司界面

2）添加物流公司。在设置配送方式的过程中，需要选择对应的物流公司，例如，本地的用 A 物流公司，外地的用 B 物流公司。因此，在设置配送方式之前，需要先设置好物流公司，以方便在设置配送方式时进行选择。添加一个新的物流公司，以中铁快运为例，如图 1—37 所示。

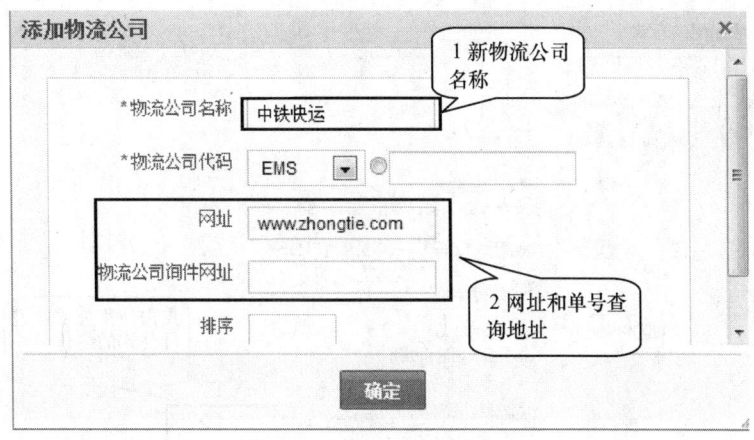

图1—37 添加物流公司

物流公司添加完毕,还需要与配送方式进行关联后才会生效。可在编辑已有配送方式或添加新的配送方式时进行关联。

(2) 配送运费的计算

1) 进入添加配送方式界面。点击"配送方式"并进入后,选择"添加配送方式"进行编辑,如图1—38所示。

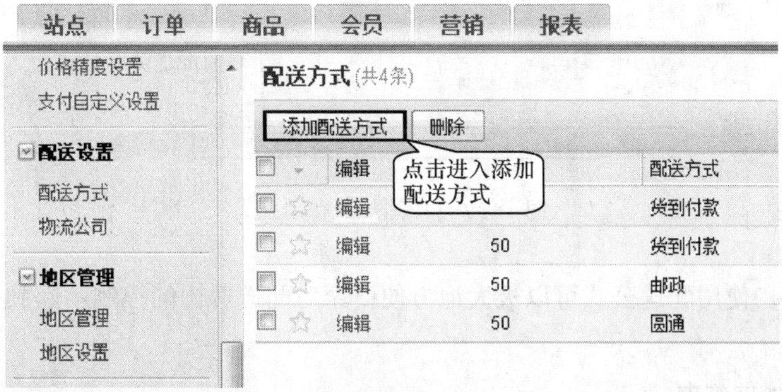

图1—38 添加配送方式界面

2) 选择使用公式。进入"添加配送方式"之后,点击"使用公式",即显示当前默认的配送公式,如图1—39所示。

点击"使用公式",配送公式内的数字即可修改,如图1—40所示为填写配送费用公式。

配送公式是ECstore系统中比较独特的一个功能,可用于自动计算配送价格。配送公式一般参考订单中的商品总价格(p)、订单中商品总质量(w)来按照一定的逻辑自动进

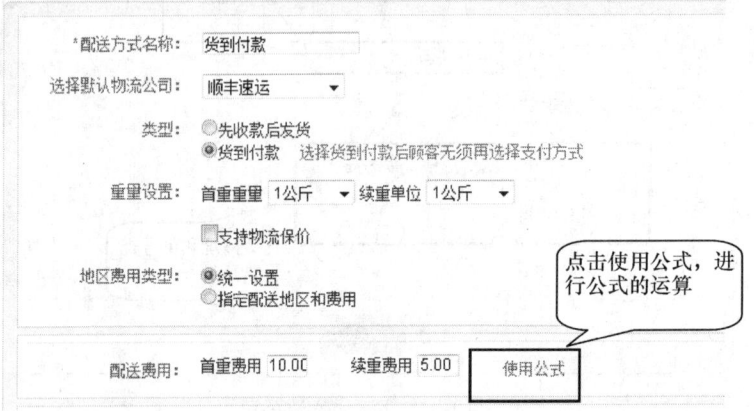

图1—39　添加配送方式—选择使用公式

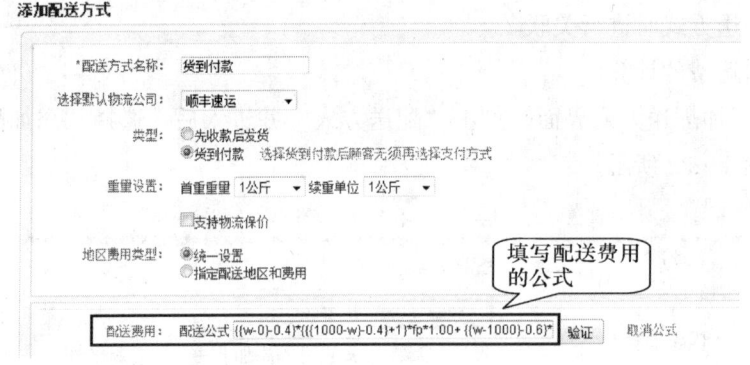

图1—40　填写配送费用公式

行运费的计算。使用配送公式可以极大地方便商家对配送费用的控制，起到一劳永逸的作用。

步骤6　地区管理

收货地区是商家出售商品过程中必不可少的，没有地区信息将无法对商品进行配送，销售就会出现严重的障碍，如图1—41所示为地区管理界面。

对于不同地区，如中国大陆、台湾、香港或者美国等不同的国家地区，软件在语言、会员注册地区、购物流程、订单处理机制等各方面都会有着一些差异。为了解决此问题，ECstore系统引入本地化这个管理概念，不同地区的商家只要使用相应的本地化插件，就会得到一套符合当地情况的设置方案。ECstore系统本地化默认包含"中国地区"方案，如图1—42所示，我国商家只要按照系统要求进行选择就可以完成地区设置。

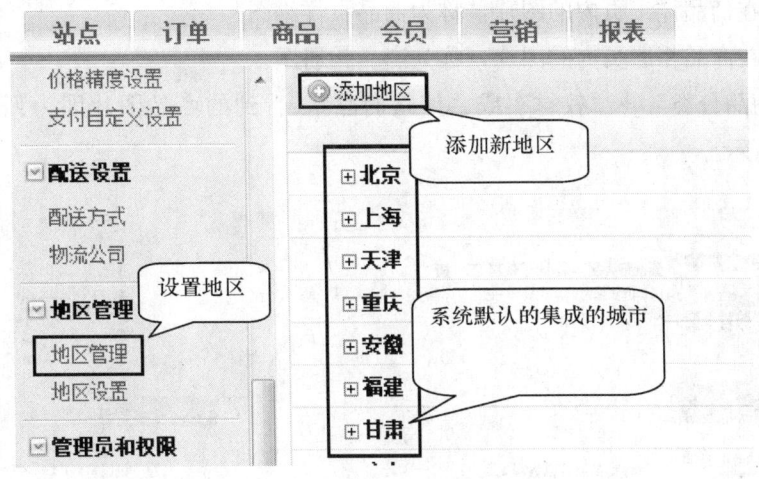

图 1—41　地区管理界面

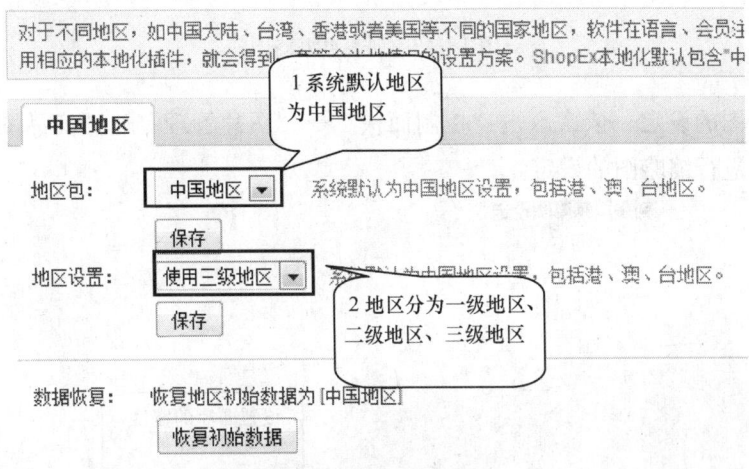

图 1—42　地区设置

商店商品图片配置

步骤 1　设置商品水印

（1）查看前台商品列表。一张商品图片上传后，会自动生成三张图片，分别出现在商店的三类页面中。

1）显示在商品列表页、首页商品版块内的图片，称为列表页缩略图。

2）显示在商品详细页内的图片，称为商品页详细图。

3）显示在商品相册页内的图片，称为商品相册图。

点击"商品分类"→"教材"或"搜索商品"，看到的商品图片即为列表页缩略图，如图1—43所示。

图1—43　列表页缩略图

（2）缩略图的设定。依次点击"控制面板"→"图片管理"→"商品图片配置"，如图1—44所示进行缩略图的设定。

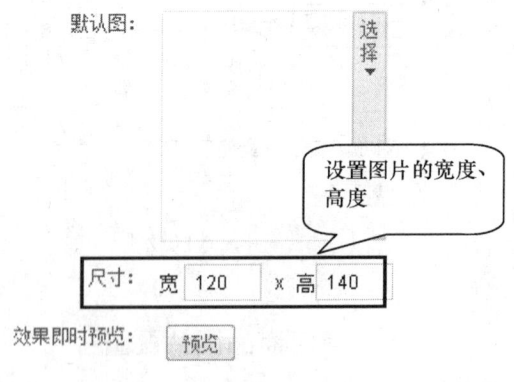

图1—44　缩略图设定

如果商品图片暂时未上传，商品列表中的图片会显示系统默认的缺省图。缺省图也可以自定义，自定义后本地上传即可。

（3）查看前台商品详细图。首先设定尺寸，点击某个商品进入详细页面，看到的图片即为详细页图片，如图1—45所示。

图1—45　前台商品详细页图片

（4）商品详细图设定。依次点击"控制面板"→"图片管理"→"商品图片配置"进行设置，如图1—46所示。

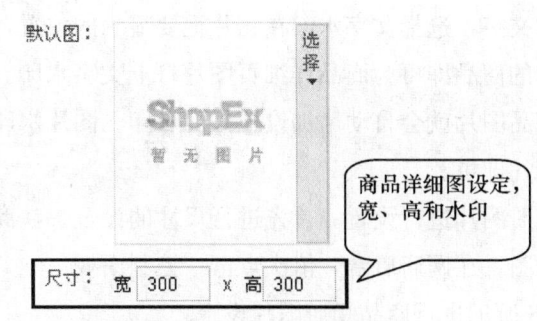

图1—46　商品详细图设定

如果商品图片暂时未上传,商品详细图会显示系统默认的缺省图。缺省图也可以自定义,自定义后本地上传即可。

在前台商品详细页图片上可以看到设置了水印的效果。

进行水印设置时,依次点击"控制面板"→"图片管理"→"商品图片管理"开启文字水印功能,如图1—47所示。

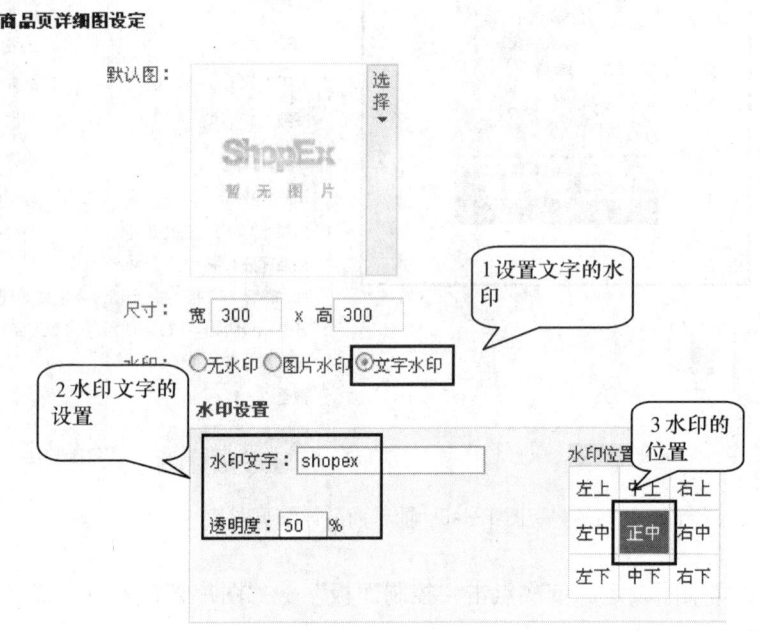

图1—47 水印设置

输入要显示的文字,选择文字水印在图片上要显示的位置,设定水印文字的大小和颜色。保存后再上传的商品即可为商品详细页图片打上文字水印。一般建议先设置水印,再上传商品,这样商品图片就会自动增加设置好的水印。图片水印的设置大体相同,只要上传一个准备好的图片即可。

(5)对商品相册图片进行设置。首先进行尺寸的设置,在商品详细页中继续点击图片时显示的即为相册图。在网店后台,依次点击"控制面板"→"图片管理"→"商品图片配置",按图1—48所示进行商品相册图片设定。

如果商品图片暂时未上传,商品相册图会显示系统默认的缺省图。缺省图也可以自定义,自定义后本地上传即可。需要注意的是,以上图片只有是本地上传的图片才会有实际效果,对远程图片无效。

其次,设置图片水印效果。在前台商品详细页图片上可以看到设置了水印的效果。

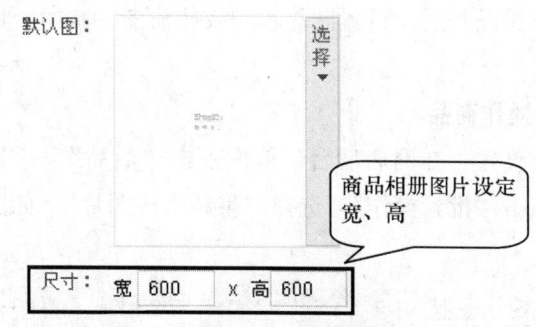

图1—48　商品相册图片设定

在网店后台，依次点击"控制面板"→"图片管理"→"商品图片配置"，如图1—49所示开启图片水印功能，上传水印图片，选择水印要显示的位置，设定图片水印透明度后，保存生效。

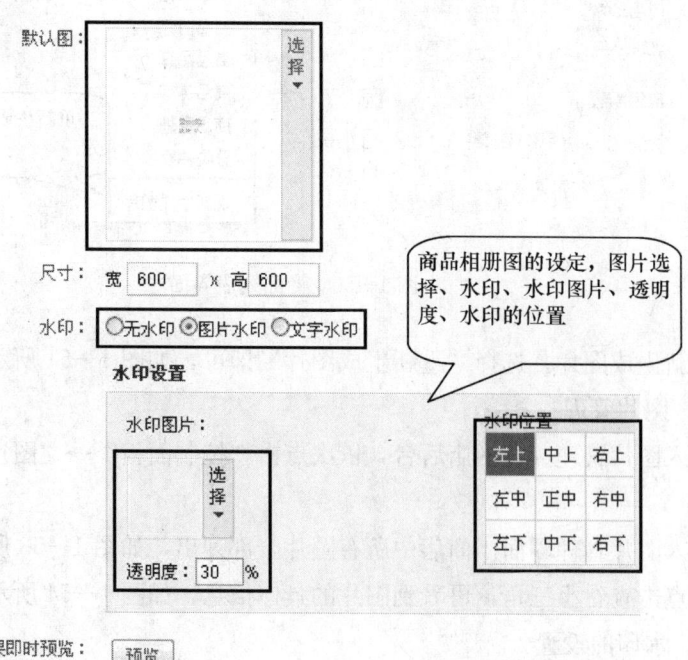

图1—49　商品图片配置

设置成功后，可查看一下效果，配置结束后，再上传的商品图片就会自动加上水印。如果已经上传了大量图片后才设置图片水印或相册图片水印，可以通过图片重新生成的方法增加水印。

步骤2　批量操作商品

（1）批量操作设置。在网店后台，依次点击"商品"→"商品列表"，勾选要重新生成图片的商品，点击"批量操作"，选择"重新生成图片"，如图1—50所示为商品列表界面。

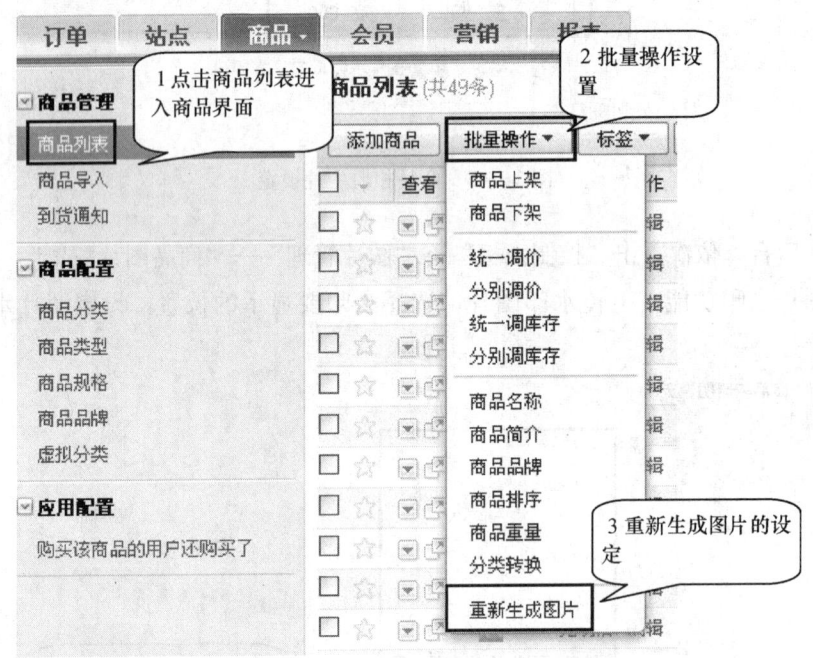

图1—50　商品列表界面

（2）重新生成图片。选择"重新生成图片"即可，如图1—51所示。

步骤3　图片管理

（1）进入图片管理。在网店后台，依次点击"控制面板"→"图片管理"，如图1—52所示。

（2）进入图片管理界面。商店中所有图片全部列出，如图1—53所示。

备注：点击查看小三角，可看到图片的具体信息，如图1—54所示。

步骤4　水印的设置

水印与缩略图同商品列表页的重新生成图片功能一致，如图1—55所示进行水印设置。

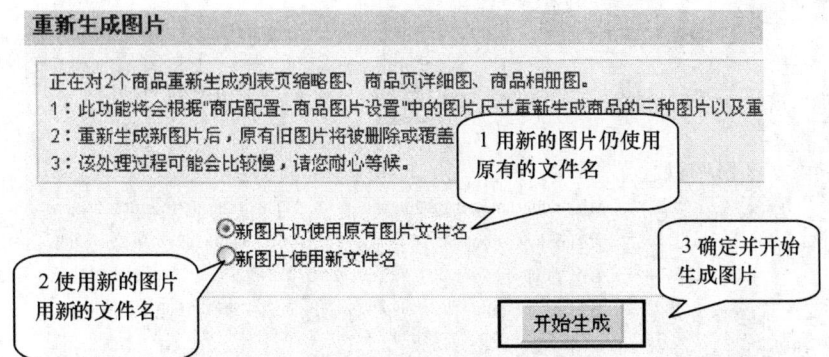

图 1—51 重新生成图片界面

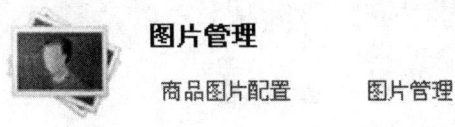

图 1—52 图片管理

图 1—53 图片管理界面

步骤 5　图片的上传

（1）上传图片。商店中其他任何地方可以上传的图片都会在"图片管理"中显示。相应的，"图片管理"中上传的图片也可以在其他任何地方调用。"图片管理"中上传图片有两种方式：一是点击图片管理界面中的"上传新图片"，如图 1—56 所示；二是"添加网络图片"。

图1—54 图片的具体信息

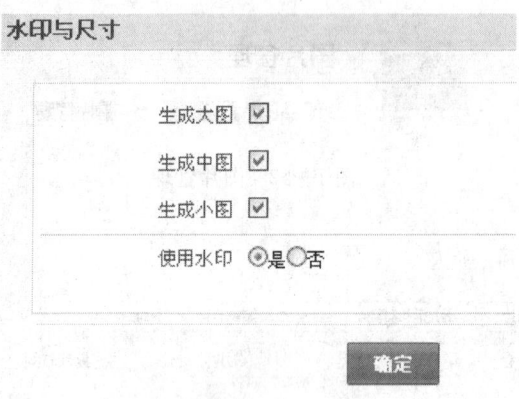

图1—55 进行水印设置

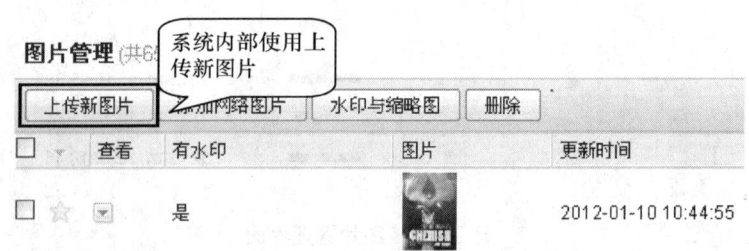

图1—56 上传新图片

在界面中会显示图片信息,如图1—57所示。

再次点击,即可浏览本地图片。可以单独上传一张,也可以同时上传多张,还可以多次上传一张,如图1—58所示。

(2)添加网络图片。在添加网络图片界面点击"添加",然后在对话框中输入网络图

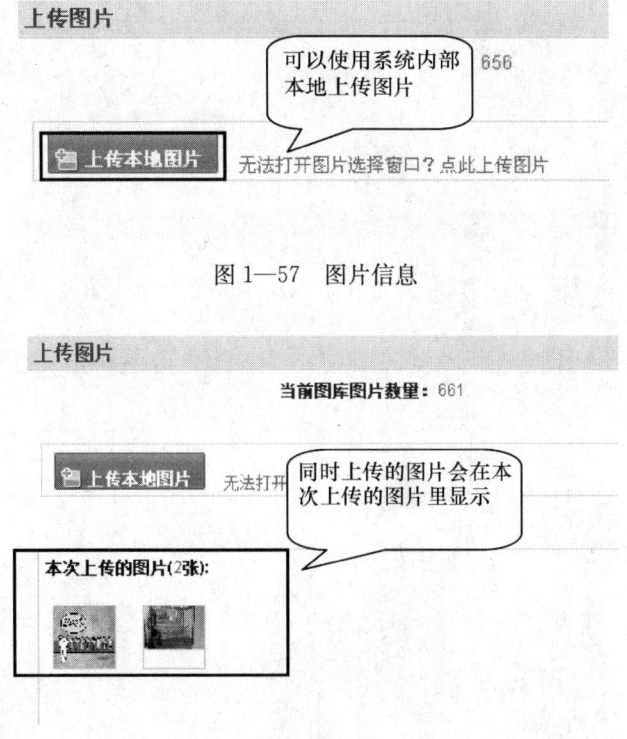

图1—57　图片信息

图1—58　浏览本地图片

片的地址，即可下载图片并上传，如图1—59所示。上传后，保存即可显示在列表中。

图1—59　添加网络图片

回到列表中，即可看到网络图片的信息。

第 2 章

网店维护与商品发布

第 1 节　网店内容维护　　/78
第 2 节　电子商务安全技术　　/99
第 3 节　商品管理与发布　　/106

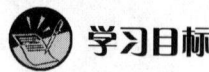 **学习目标**

➤ 了解网店维护的工作内容
➤ 了解电子安全技术的基本常识
➤ 熟悉网店商品发布的工作内容
➤ 掌握网店维护的基本方法与步骤
➤ 能够熟练进行网店商品发布操作

第1节 网店内容维护

 知识要求

本节介绍网店内容维护范畴的相关知识和技能。

一、网店介绍

网店给顾客的最初印象除了网店模板的风格、网店销售的产品及图片外，还有就是网店介绍。网店介绍的内容要包括店名、创业故事、经营理念、业务范围、管理团队、服务特色等。

网店介绍的文字要精辟、简洁，自然、流畅，有亲和力，能突出店铺或品牌的形象。网店介绍的文字属于正式的说明，最好不要掺杂网络流行的语言或符号。在介绍文字中巧妙地插入与产品相关的关键字，会有利于网站被检索到。如需在网店介绍中加入图片，应选择真实可信的图片，有利于赢得顾客的信任。

二、店铺公告

店铺公告通常放在店铺最醒目的位置，是顾客来店铺时首先会关注的内容之一。为了能借店铺公告给顾客留下深刻印象，店主们往往精心设计和制作店铺公告。

在制作店铺公告时应避免把它与店铺的广告相混淆，文字要简明扼要。可以在公告文字上加链接，把链接指向相关内容的详细页面。

店铺公告中发布的内容有以下几个方面：

（1）促销活动。包括购物优惠、店铺开张纪念日优惠、店铺会员优惠等活动开展的通知。

(2) 企业或店铺的新闻。包括企业的发展、分店开张或经营结构调整、店铺信用升级、新品研发和新品上市的新闻等。

(3) 问候语。包括新年、节日问候等增加人性和情感色彩的话题。

三、商品信息

商品信息由商品名称、商品价格、商品的特性、商品的文化内涵、商品搭配提示、商品的使用、保养与售后等内容组成。商品特性涉及商品的材质、大小、性能等内容，是顾客最关注的商品信息之一，需要特别重视。

四、促销信息

网店的促销信息是网店内容中维护最频繁的部分，包括文字和图片。网络促销手段五花八门，主要包括节日促销、会员折扣、特价处理、优惠套餐、团购、包快递等。

五、服务保障

服务保障包括质量承诺、售后维修、退换货政策、会员优惠等信息。商家对顾客给予商品和服务保障的承诺，会给顾客很大的安全感，促使顾客来购买或尝试。明晰的会员优惠政策能够增加店铺对顾客的吸引力，有助于提高客单价，培养顾客对店铺的忠诚度。

 技能要求

网 店 维 护

下面以 ShopEx 的 ECstore 产品为例介绍网店的维护。

打开 ECstore 网站页面，看到的即为模板的前台表现形式。网页设计师做好页面文件，经过联动处理便成为模板，它可以改变前台所有的内容布局、颜色、风格等。

ECstore 企业版拥有大量的前台模板，每一种模板对于前台展现都是颠覆性的改变，用户可以通过在线安装或者本地上传，将模板安装至系统进行使用。企业用户也可以根据自身的需求进行定制开发，打造仅属于自己的前台页面。

步骤 1　模板安装

在 ECstore 系统中，通过两种方式安装模板，即在线安装和本地上传安装。

(1) 在线安装

1）进入模板管理界面。模板安装的第一种方式为在线安装。依次点击"站点"→"模板管理"→"模板列表"，可以看到当前使用的模板与已经上传的模板，如图2—1所示。

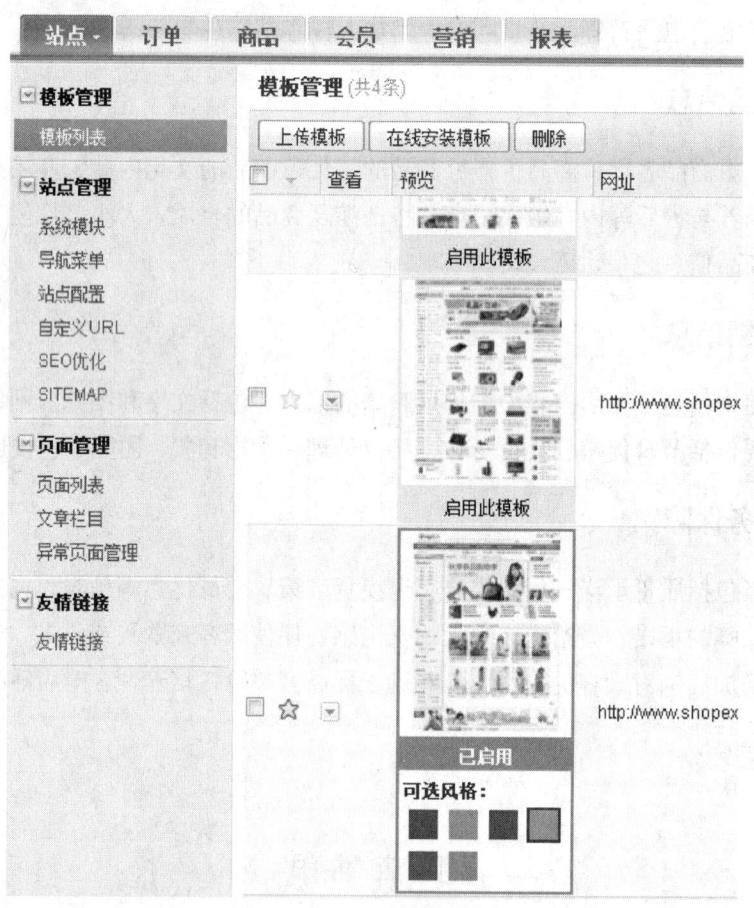

图2—1　模板管理界面

2）挑选模板。依次点击"站点"→"模板列表"→"在线安装模板"，系统会跳转到模板堂，可以根据自己的喜好选择模板，如图2—2所示。

选择后点击"安装模板"即可在线安装，如图2—3所示为模拟安装界面。

备注：模板堂是基于上海商派网络科技有限公司（ShopEx®）不同网店管理系统开发的。它是一个设计外包，是自由职业者设计模板的集散地。同时，模板堂有很多模板，可以免费下载使用，也有收费的模板，如图2—4所示。

（2）本地安装

1）进入上传模板界面。模板安装的第二种方式为本地上传安装。进入"站点"→

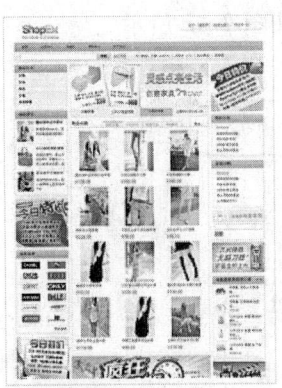 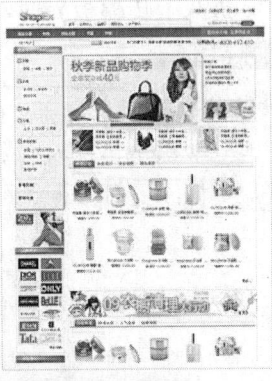 

图 2—2　模板选择界面

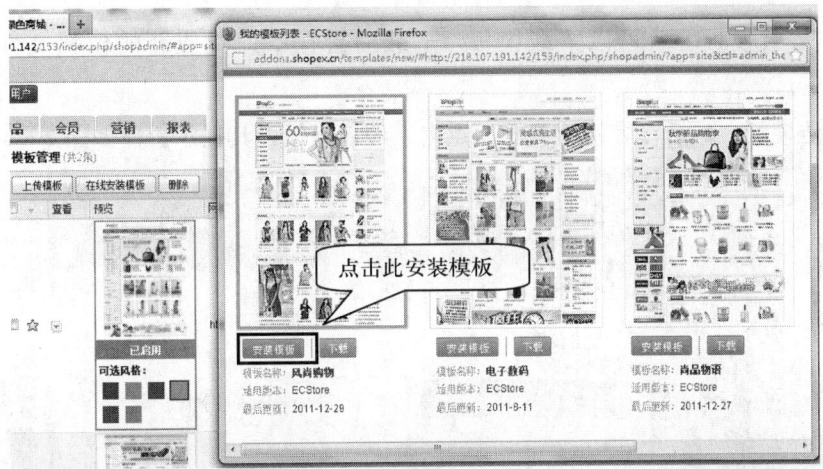

图 2—3　模拟安装界面

图 2—4　模板堂界面

"模板列表",点击"上传模板",进入上传模板界面,如图2—5所示。

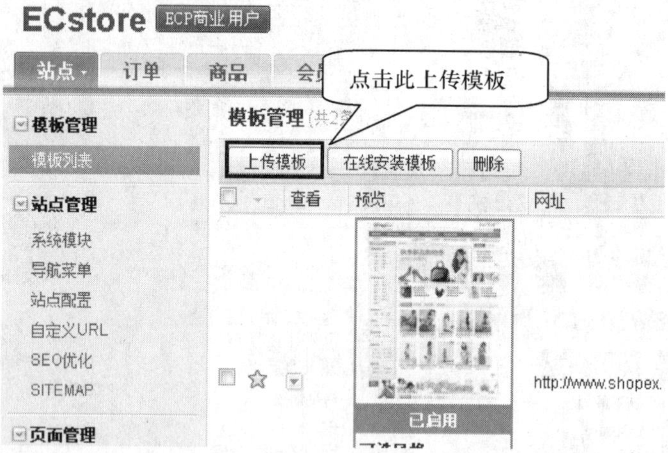

图2—5 上传模板界面

点击"安装模板"后可以下载模板,下载后会在本地生成新的模板文件,格式为".tgz"。

2)上传模板。然后在模板管理界面点击上传新模板,其提示窗口如图2—6所示。

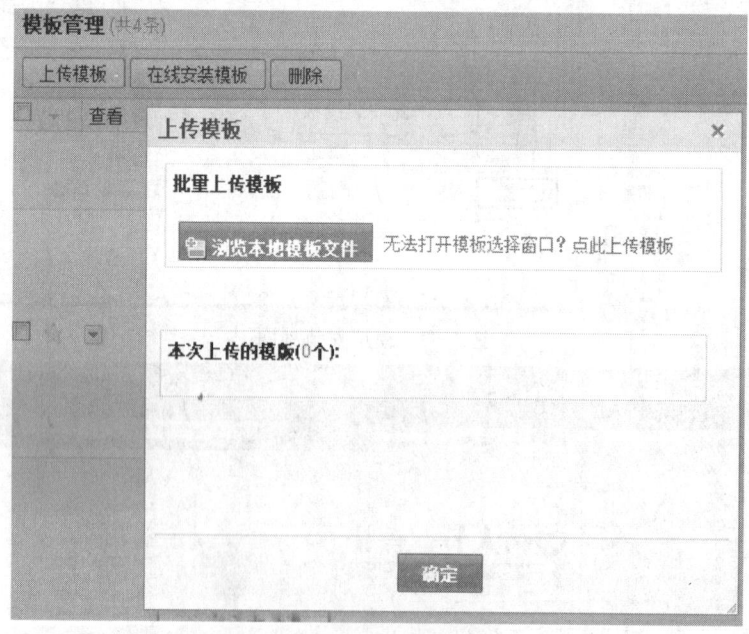

图2—6 上传模板提示窗口

浏览模板文件,模板文件格式为".tgz",如图2—7所示。

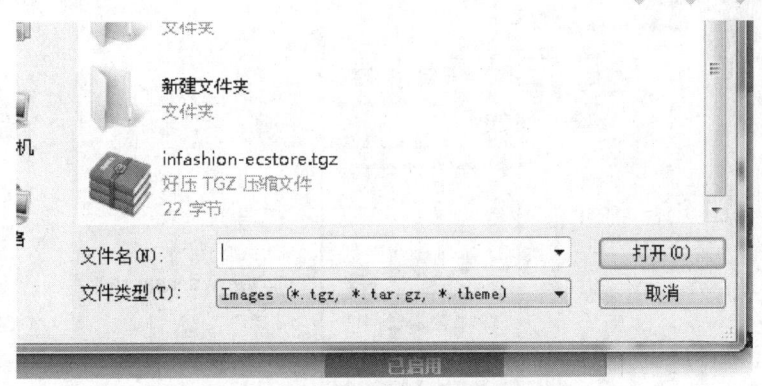

图 2—7　在上传模板中选择模板文件

模板上传成功后会，出现在模板列表中，如图 2—8 所示。

图 2—8　模板上传成功

步骤 2　模板的启用

下载并安装好模板后，需要启用模板才可以应用到商城中，如图 2—9 所示。

注意：启用新模板后，原启用模板自动停用。如果要删除某一个模板，点击"删除"按钮，即可删除此模板，模板删除后不可恢复，需要重新下载或者安装，如图 2—10 所示。

步骤 3　模板可视化编辑

模板页面由多个拼块组成，将其称为版块。设计师在完成一个模板后，通常其中已经包括了商店日常能用到的基本功能。上传模板后，直接启用即可，不需要再做特别的修改。模板的每一个页面都是由若干个版块组成的，如图 2—11 所示。

其中的每个区域就是一个版块，任何一个版块均可以编辑、删除、移动。把鼠标放在版块的深蓝色边缘，按住左键，拖动鼠标，就可以移动这个版块，如图 2—12 所示。

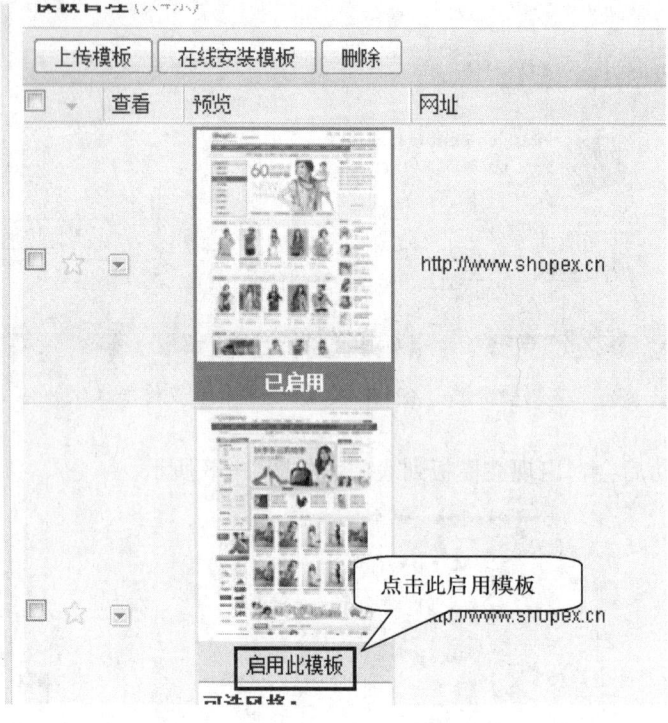

图 2—9 模板启用

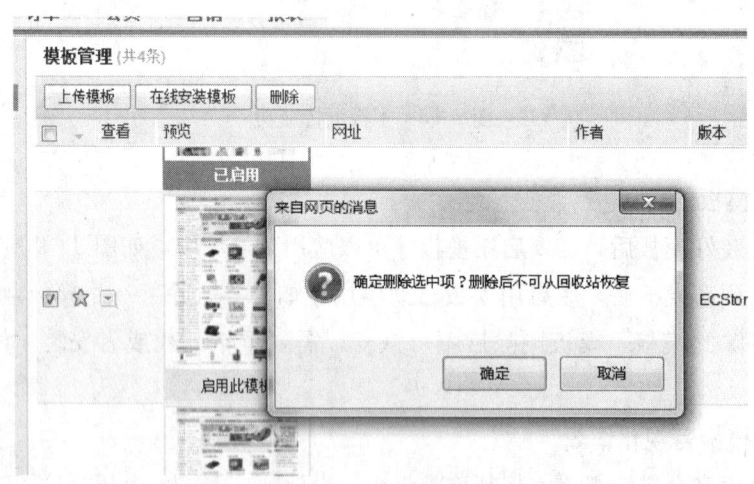

图 2—10 删除模板

一个页面是由多个版块组成的,每个版块内置了常用的功能,这些版块可以在页面中随意移动,从而组成不同的页面,即人们所说的可视化编辑。

(1) 版块移动。点击"可视化编辑",进入模板编辑窗口,如图 2—13 所示。

图 2—11 模板可视化编辑

图 2—12 版块界面移动

图 2—13 模板编辑窗口

如果有合适的地方，版块周围也同样会有橙色区域线，此时，松开鼠标，就完成了版块的移动，如图2—14所示。

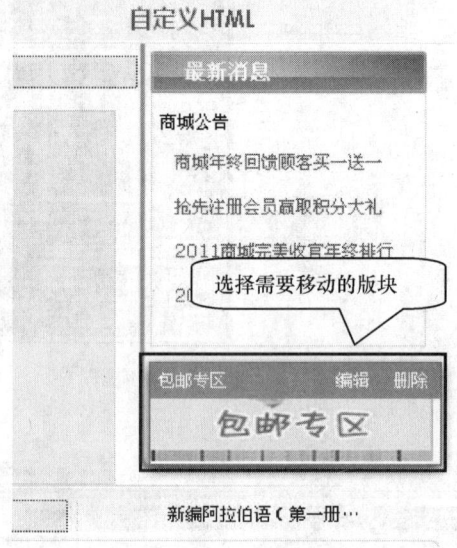

图2—14　版块移动1

按住鼠标左键，拖住需要移动的版块，向上移动，版块将要停留的位置会呈橘黄色，如图2—15所示。

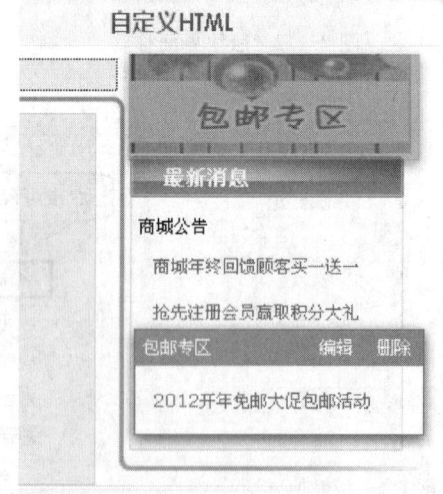

图2—15　版块移动2

当需要移动的版块移动到橘黄色区域时，放开鼠标，如图2—16所示。

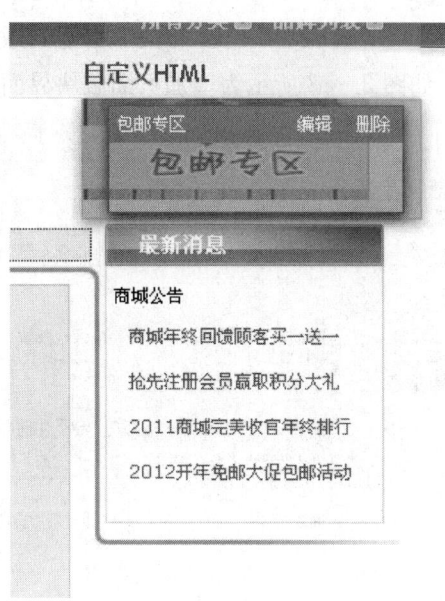

图 2—16　版块移动 3

移动完成，如图 2—17 所示。

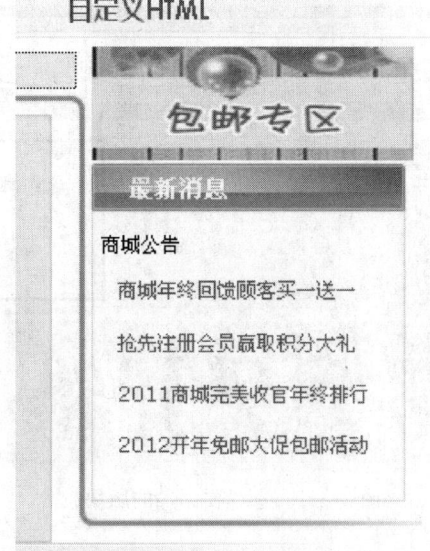

图 2—17　版块移动 4

（2）添加版块

1）选择页面版块。模板中按前台表现形式对版块进行了分类，分别是广告相关、商品相关、系统相关、辅助工具、导航相关、订单相关、自定义版块。每一分类包括了多种表现形式不同的具体版块，如图2—18所示为增加页面版块界面。

图2—18　增加页面版块界面

选取好需要添加的版块，点击在蓝色区域中添加，如图2—19所示。

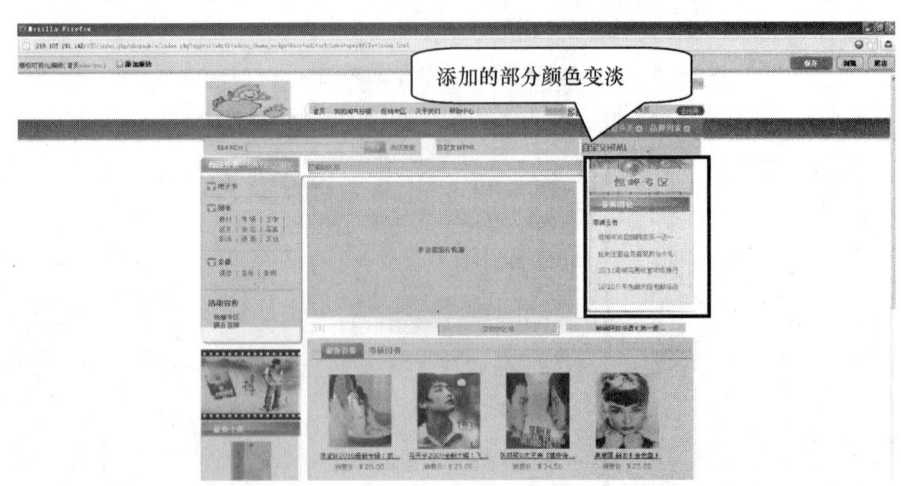

图2—19　选择要添加的版块

2）版块设置。添加好版块时，根据需求设置相应的数据，如图2—20所示。

3）保存版块。添加好版块后，点击"保存"按钮即可保存添加的版块。当然也可以对新添加版块的效果进行预览，点击"浏览"按钮，即可浏览效果，不保存直接点击"退出"按钮，如图2—21所示。

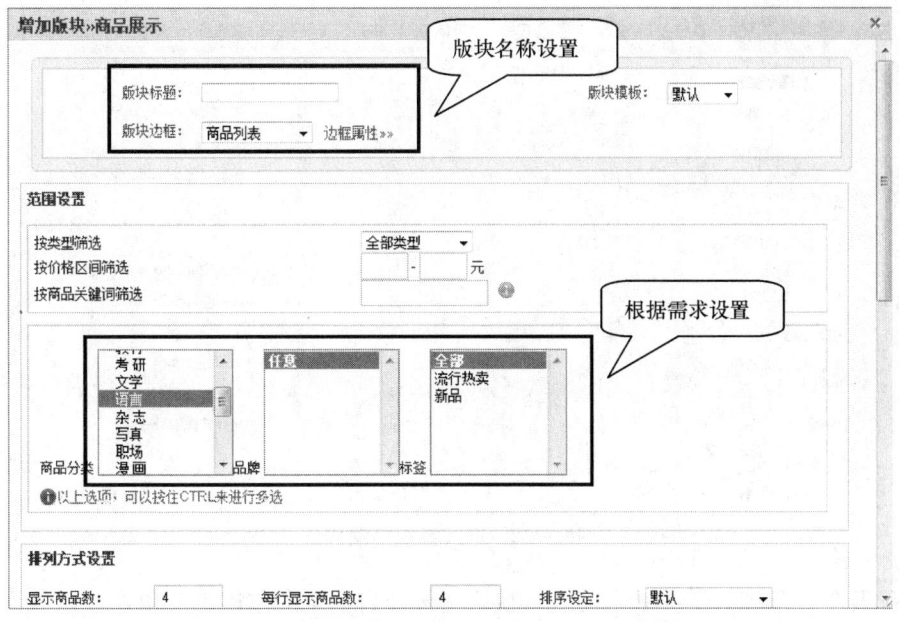

图 2—20　版块设置

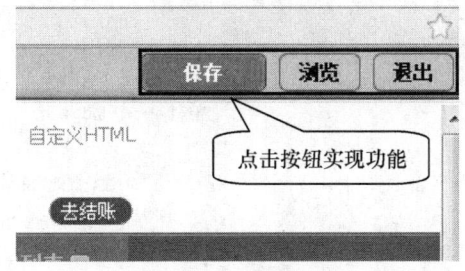

图 2—21　保存版块

站 点 管 理

步骤 1　系统模块操作

在网店系统中，功能是用模块的方式来实现，这些模块可以随时开启与关闭。对二次开发人员来说，也可以对模块进行相应的修改或调整。系统模块就是其中之一。系统模块设置操作步骤如下：

（1）进入模块界面。依次点击"站点"→"站点管理"→"系统模块"，如图 2—22 所示。

此界面中显示的是系统安装时内置的一些基本的模块。依次说明这些模块存在的位

图2—22 进入系统模块界面

置、名称及生效范围。这些基本模块，默认全部开启。点击左边小三角，可以查看此模块的一些描述信息，如图2—23所示。

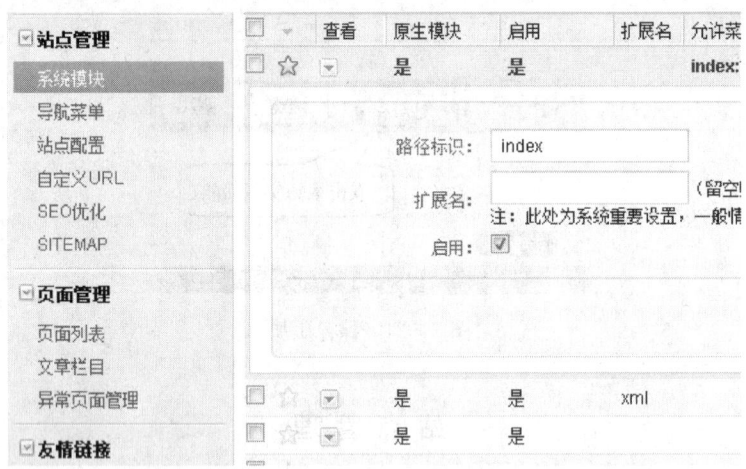

图2—23 模块描述信息界面

(2) 关闭模块的前台表现。如果关闭某个模块，则在前台的调用位置即显示错误。例如，关闭会员中心模块，如图2—24所示。

此时在前台注册或会员登录，跳转到会员中心时则会提示错误，如图2—25所示。

步骤2 导航菜单设置

(1) 进入导航菜单界面。打开一个ECstore网站，顶部菜单即导航栏目，如图2—26所示。

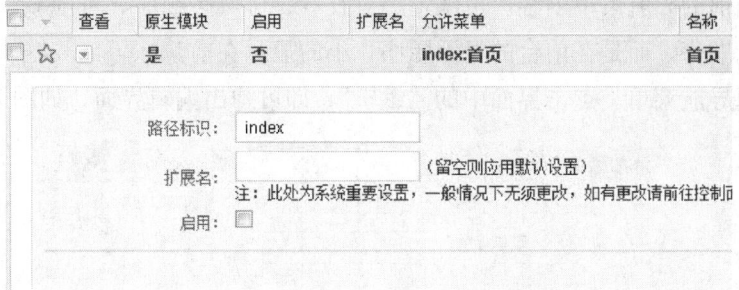

图 2—24 关闭模块

Forbidden

You don't have permission to access / on this server.

图 2—25 错误提示

图 2—26 顶部菜单（导航）

后台，依次点击"站点"→"站点管理"→"导航菜单"，如图 2—27 所示。

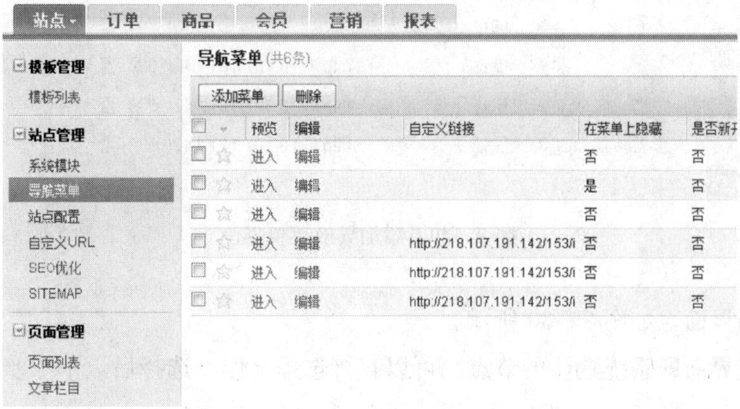

图 2—27 进入导航菜单界面

内容为当前的导航菜单内容。可编辑、可查看、可调整顺序、可隐藏。其中的排序并不是在后台的顺序，而是在前台的显示顺序，小的显示在前。

（2）编辑导航菜单。点击界面中的"编辑"，即可弹出编辑界面，如图2—28所示。

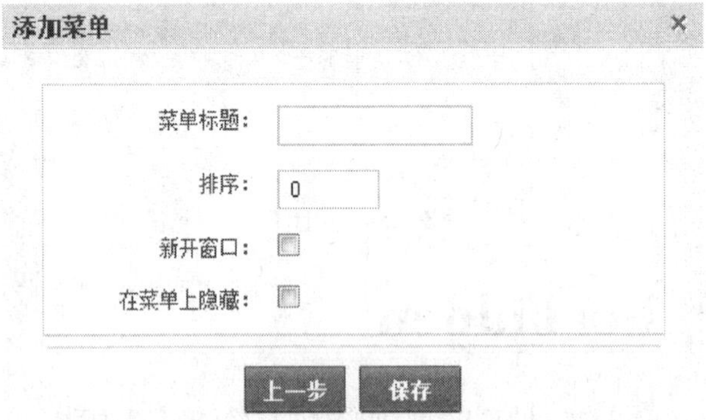

图2—28 编辑导航菜单界面

调整后，保存即可。

（3）添加导航菜单。点击界面中"添加菜单"，如图2—29所示。

图2—29 添加导航菜单界面

弹出添加界面，如图2—30所示。

其中系统界面即系统默认的节点，可以直接选择操作，选择后，下一步会跳转到编辑界面，如图2—31所示。

自定义链接则是其他内容，例如，论坛的链接，如图2—32所示。

保存后即可。

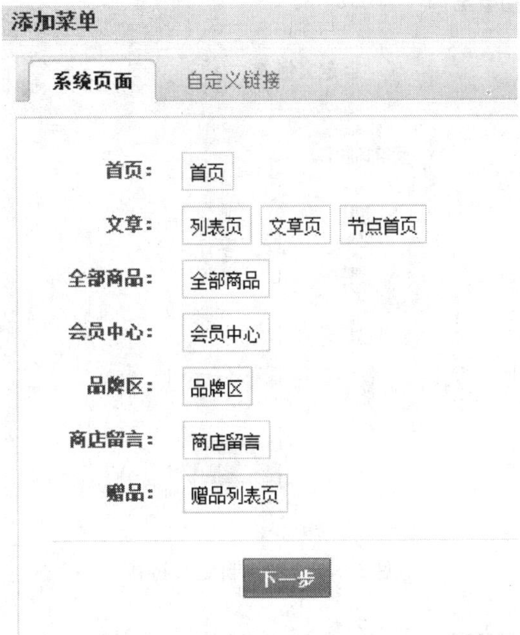

图 2—30 添加导航菜单界面

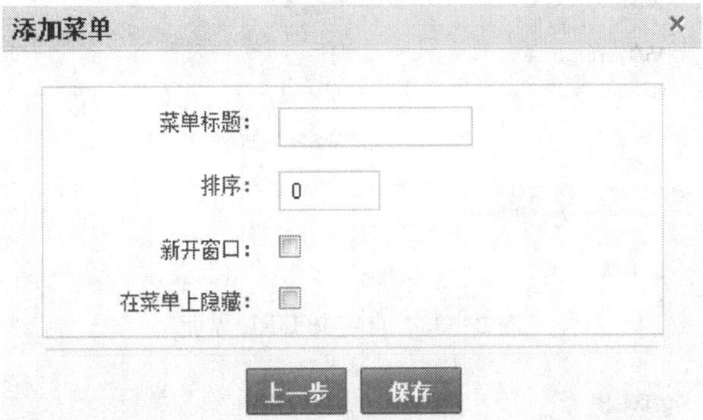

图 2—31 保存添加菜单

步骤 3 自定义 URL 设置

依次点击 "站点" → "站点管理" → "自定义 URL",如图 2—33 所示。

例如,添加一条规则新链接可以修改为任意内容,包括汉字、各种符号等,只要你能想到,就可以使用。启用后保存,如图 2—34 所示。

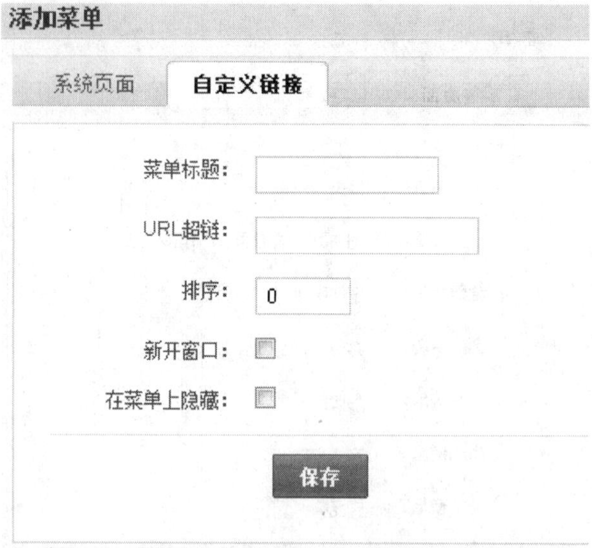

图 2—32　菜单自定义链接

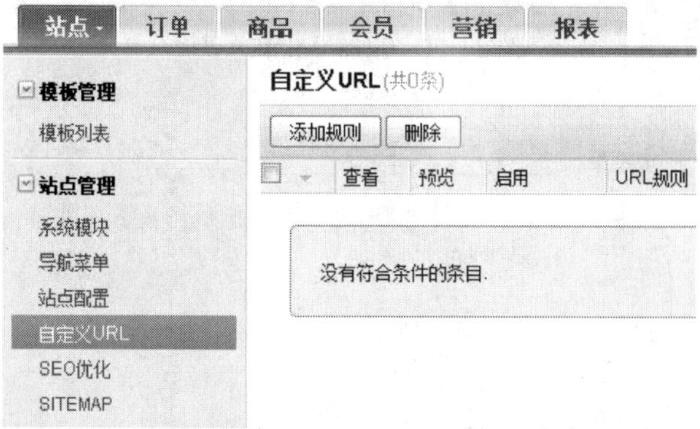

图 2—33　自定义 URL 界面

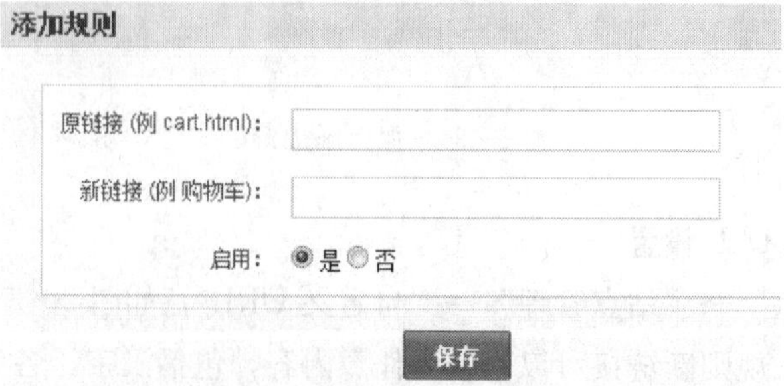

图 2—34　添加规则

页面管理

页面管理包括三方面的操作：

（1）页面列表设置。页面列表中的内容为商店中所有的文章及单独页，在这里可以编辑原来的文章与页面，也可以添加新的文章与页面。

（2）文章栏目设置。文章栏目主要是描述整个商店总的文章架构及单独页的所属分类，良好的文章架构会给用户非常好的阅读享受。

（3）异常页面管理。异常页面管理一般是指在某些特殊情况下出现的提示信息，让用户知道当前状况，并提供接下来可以进行的其他操作。

步骤1　列表功能操作

后台，依次点击"站点"→"页面管理"→"页面列表"，如图2—35所示。常用的功能是添加、编辑与预览。

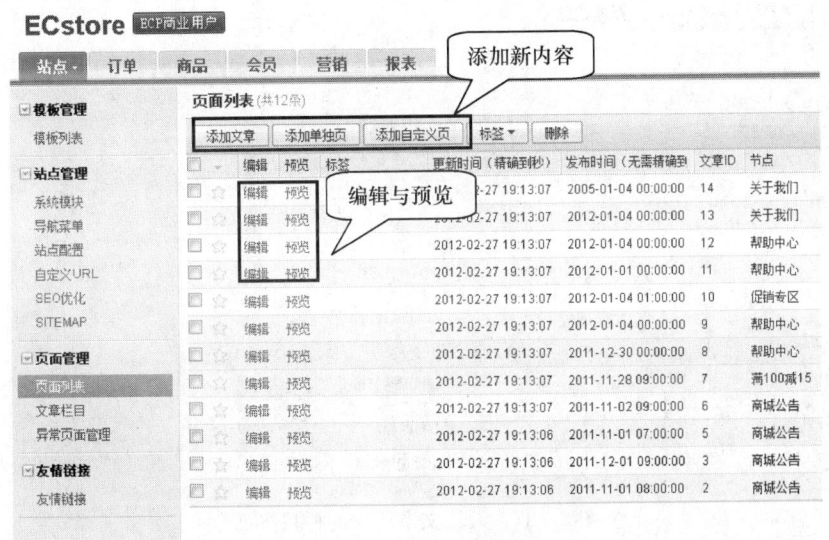

图2—35　页面列表

步骤2　添加文章

点击"添加文章"，如图2—36所示。

进入文章添加界面，如图2—37所示。在添加文章前需要先准备好文章的内容，并设置好文章所属的栏目。

设置好以后，编辑以及预览活动，如图2—38所示。

图 2—36 添加文章

图 2—37 设置文章所属的栏目界面

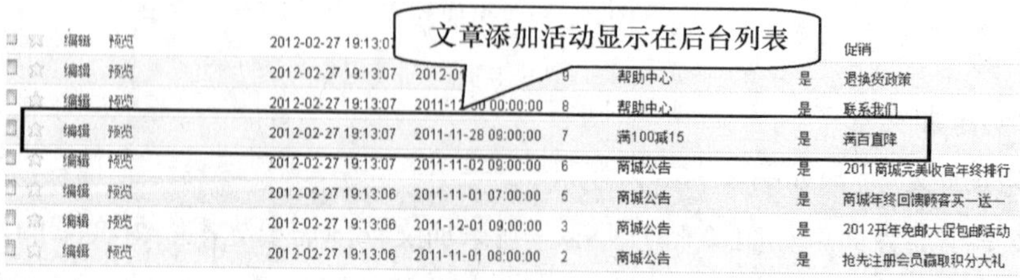

图 2—38 编辑及预览活动

步骤3 文章栏目设置

(1) 添加节点。添加相应的节点名称以及访问路径以便于找到相关路径。后台，依次点击"站点"→"页面管理"→"文章栏目"，如图2—39所示。

图2—39 添加节点

这里的节点相当于商品分类，可以有多级分类。文章相当于单个商品，可以编辑与添加。

1) 查看文章。在后台查看此节点下所有文章。

2) 浏览。在前台查看此节点下的所有文章。

3) 展开节点。将所有节点及节点下的子节点全部展开，此页面默认是展开状态。

4) 收起节点。只显示顶级节点。

5) 编辑排序。可在列表状态下编辑所有节点的显示顺序及节点展开下的编辑排序。

(2) 编辑节点。点击某个要编辑的节点，出现编辑页面，如图2—40所示。

步骤4 异常页面管理设置

点击"站点"→"页面管理"→"异常页面管理"，提示系统出错修改页面，如图2—41所示。

修改其中的提示信息，如图2—42所示。

无法找到页面时的提示信息，如图2—43所示。

此页面一般用于点击某个页面，而这个页面不存在时的提示。

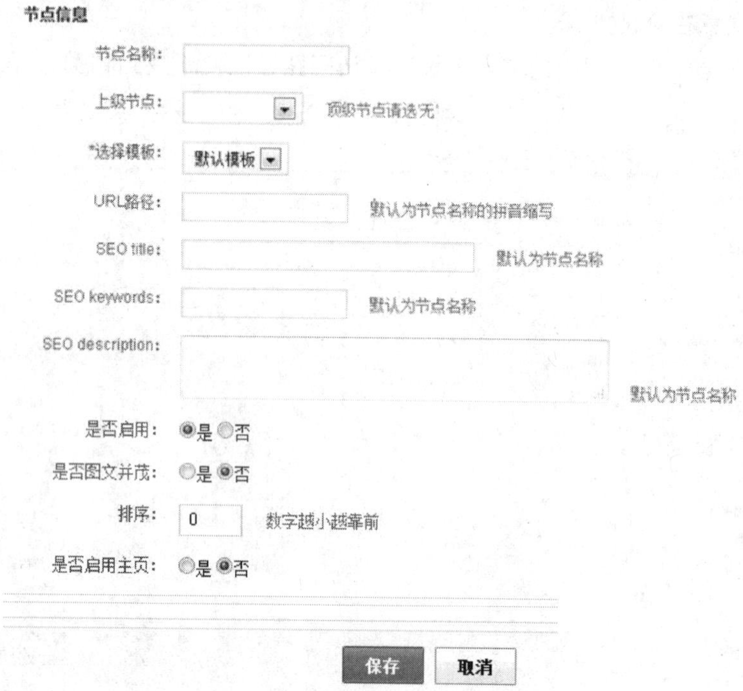

节点信息

节点名称：

上级节点： 顶级节点请选无

*选择模板： 默认模板

URL路径： 默认为节点名称的拼音缩写

SEO title： 默认为节点名称

SEO keywords： 默认为节点名称

SEO description： 默认为节点名称

是否启用：●是 ○否

是否图文并茂：○是 ●否

排序： 0 数字越小越靠前

是否启用主页：○是 ●否

保存　取消

图 2—40　编辑节点

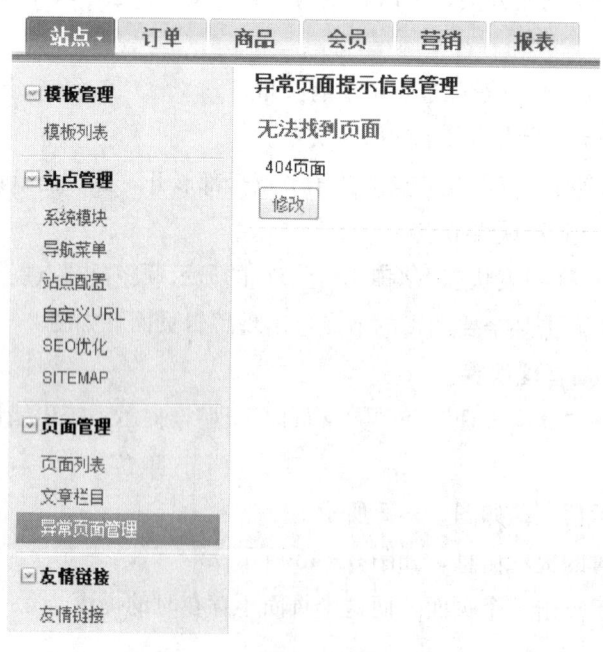

图 2—41　异常页面管理设置

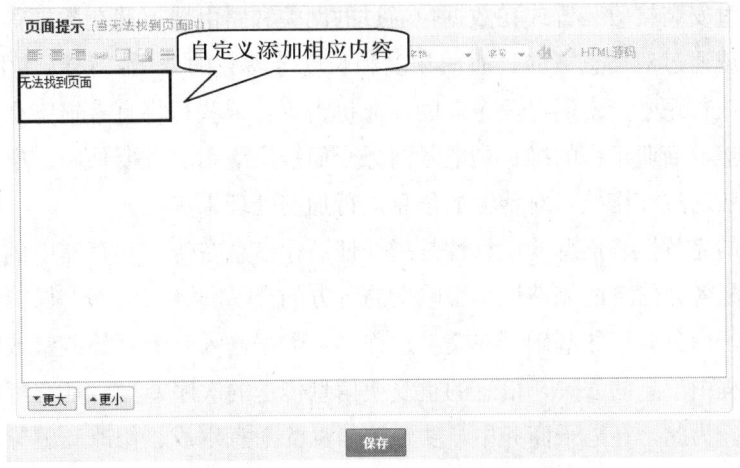

图 2—42 异常页面管理操作提示 1

图 2—43 异常页面管理操作提示 2

第 2 节 电子商务安全技术

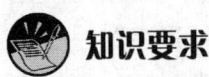

一、电子商务安全

1. 电子商务安全的概念

电子商务的安全性要求主要包括以下五个方面。

(1) 信息的保密性。信息的保密性是指商业信息在传输过程中或存储中不被他人窃取。电子商务作为一种贸易手段,其信息直接代表着个人、企业或国家的商业机密。传统的纸面交易是通过邮寄封装的信件或通过可靠的通信渠道发送商业报文来保守机密的。电子商务是在一个完全开放的网络环境中开展的,攻击者可能采取各种手段破坏信息的保密性。例如，通过安装接收装置或在数据包通过的网关和路由器上截获数据等方式获取传输的机密信息，或通过对信息流向、通信频度和长度等参数的分析，获得其中有用的信息，包括消费者的银行账号、密码以及企业的商业机密等，这些都将直接损害企业或消费者的合法利益。显然，商业机密的维护是电子商务全面推广应用的重要保障。电子商务中信息的保密性，一般通过加密技术对传输的信息进行加密处理来实现。

（2）信息的完整性。信息的完整性是指保证商业信息在传输和存储中的一致性。在电子商务中，交易各方信息的完整性将影响交易各方的交易和经营策略。保持交易各方信息的完整性是电子商务应用的基础。在交易过程中，数据输入时的意外差错或欺诈行为，或者数据传输过程中信息的丢失、信息的重复或信息传送的次序差异，都有可能导致交易各方信息的差异。为此，在电子商务中，要预防信息的随意生成、修改和删除，同时，防止数据传送过程中信息的丢失和重复，并保证信息传送次序的统一。信息的完整性，一般可通过提取信息数据摘要的方式来获得。

（3）信息的有效性。在电子商务中，各种贸易信息是以电子形式进行存储和传输的，保证这些信息的有效性，直接关系到个人、企业或国家的经济利益，是开展电子商务的前提。交易一旦签订就应该受到保护，防止被篡改或伪造。因此，要对硬件故障、网络故障、操作错误、应用程序错误、系统软件错误及计算机病毒所产生的潜在威胁加以控制和预防，以保证贸易数据在确定的时刻、确定的地点是有效的。

（4）信息的不可抵赖性。信息的不可抵赖性是指商业信息的发送方和接收方均不得否认已发送或已收到的信息。交易抵赖包括多个方面，例如，发送者事后否认曾经发送过某条信息或内容，接收者事后否认曾经收到过某条消息或内容，购买者下了订货单却不承认，商家卖出的商品因质量或价格原因而不承认原有的交易等。在传统的纸面交易中，交易双方通过在交易合同、契约或贸易单据等书面文件上手写签名或加盖印章，来确定合同、契约、单据的可靠性，并预防抵赖行为的发生，即人们常说的"白纸黑字"。一旦交易开展后便不可撤销，交易中的任何一方都不能否认其在该交易中的作用。然而，在无纸化的电子商务方式下，无法通过手写签名和加盖印章来确认已经发送或接收过的信息。这时，可以采取交易方对发送的信息进行数字签名的方式来对交易活动进行确认，一经确认，就不得否认自己的交易行为，以此来保证信息的不可抵赖性。

（5）交易者身份的真实性。交易者身份的真实性是指交易双方确实是存在的，不是假冒的。由于网上交易中，各参与主体无法面对面地完成商业活动，因此，交易者身份的真实性是保证电子商务顺利进行的关键。CA认证和数字证书是保证交易者身份真实性的主要手段，即通过CA认证机构颁发的数字证书，对交易主体的身份进行鉴别，为交易者身份的真实性提供保证，使交易双方能够在相互不见面的情况下确认对方的身份。

2. 电子商务安全管理

电子商务发展到目前，随着相关技术和设施的逐步成熟，越来越突出的问题不再局限于技术领域，而扩展到了企业管理、经济体制、政府参与、公众意识更新等更加广泛复杂的层面。因引，实现电子商务的关键因素不只是技术，还包括电子商务制度建设、人员管理、诚信体系建设、法律法规保证等诸多社会因素。逐步建立起协调发展的电子商务社会环境已经成为电子商务健康发展所面临的严峻挑战。建立健全电子商务安全管理制度和法律法规，对促进电子商务的发展具有重要的现实意义。

（1）电子商务安全管理制度。电子商务系统是面向社会的服务系统，参与电子商务的自然人或法人都有责任和义务保持系统的正常运行，不得随意破坏。对于从事网上交易的企业来说，保证商务活动的安全特别重要。电子商务安全管理约束机制的建立，一方面，需要用具体的文字对各项安全管理办法做出各项明确的规定；另一方面，要将责任落实到个人，实行岗位职责的有效管理与全程监督，这是保证电子商务活动取得成功的环境基础。安全管理规章制度包括从业人员管理制度、信息保密制度、跟踪、审计、稽核制度、系统日常维护制度、数据备份制度、病毒防护制度和信息签发制度等。安全管理制度能否实施到位，既是管理水平的具体体现，也是关系到电子商务系统安全顺利运作的重要保证。

（2）电子商务安全的法律保障。市场经济又是法治经济，电子商务的发展需要建设和完善相关的法律体系。虽然从技术角度而言有各种保证电子商务交易的安全措施，但是人们对在网上交易是否安全仍然心存疑虑，法律问题只有通过法律法规才能加以解决。如合同执行、赔偿、个人隐私、资金安全、知识产权保护、税收等问题，这些问题都是人们最为担心的，处理不当将会严重影响电子商务的应用与普及。因此，研究、制定与电子商务相关的法律法规，采取相应的法律保障措施势在必行。电子商务的核心问题是"数据信息"，知识产权法律制度作为保护以信息为内容的知识产权的法律手段，应当成为电子商务法律问题研究中的重要课题。

二、电子商务安全技术

1. 电子签名

2004年8月28日由第十届全国人民代表大会常务委员会第十一次会议通过的，于2005年4月1日起施行的《中华人民共和国电子签名法》第二条对电子签名作了定义："本法所称电子签名，是指数据电文中以电子形式所含、所附，用于识别签名人身份并表明签名人认可其中内容的数据。本法所称数据电文，是指以电子、光学、磁或者类似手段生成、发送、接收或者储存的信息。"该法第三条对电子签名的法律效力作了规定："民事活动中的合同或者其他文件、单证等文书，当事人可以约定使用或者不使用电子签名、数据电文。当事人约定使用电子签名、数据电文的文书，不得仅因为其采用电子签名、数据电文的形式而否定其法律效力。"

2. 数字证书

数字证书是网络通信中标识参与各方身份信息的一种电子文件，它把公钥值和某一用户或实体的身份信息进行绑定，并由一个可信的中间机构 CA 进行签名，其作用类似于现实生活中的身份证。它由一个权威机构发行，用来识别交易各方的身份。数字证书可以证明用户或实体身份的合法性和对密钥的所有权。它需要由社会公认的可信证书机构 CA 负责分发并签名，CA 在发放证书前负责审核用户或实体的身份及对密钥的合法拥有权。

数字证书将证书持有人的公开密钥与其身份信息进行绑定，能够让交易各方对持证人的合法身份进行验证。证书除了用来向其他用户或实体证实自己的身份外，由于每个数字证书上都带有持证人的公钥，因而它还具有密钥分发的作用。网络用户或实体的数字证书可看做是其身份证和护照的电子等价物，它包含一些可以验证拥有者身份的安全信息，其中最重要的信息是用户的公钥，它或者用于给证书拥有者加密信息，或者被其他用户用来验证证书拥有者的数字签名。CA 在发放证书时利用其签名私钥对证书信息进行了签名，这样就在证书的用户公钥和用户信息之间建立一个可信机制。用户采用用户名密码和 CA 证书密码验证身份的方式时，能享受信息服务和使用交易服务中的洽谈等交易功能。CA 自身的数字证书为其产生的证书提供了三个方面的安全与信任保障。

(1) 证书上 CA 的有效数字签名可以保证证书的完整性。

(2) CA 是唯一可使用其签名私钥的实体，因而，可以确信只有 CA 才能产生证书的合法签名。

(3) CA 的签名私钥具有唯一性和机密性，因而，它不能否认对数字证书的签名。

3. 主要的加密技术

加密技术，是指采用数学方法对原始信息（通常称为"明文"）进行再组织，使得加密后在网络上公开传输的内容对于非法接收者来说成为无意义的文字（加密后的信息通常称为"密文"）。加密技术是保证网络安全最基本的措施。从不同的角度根据不同的标准，可以把密码体制分成若干类。

(1) 按应用技术或历史发展阶段划分。加密技术的历史悠久，它经历了一个比较漫长的发展阶段，根据加密工具和实现方法来界定，加密技术可以分为手工密码体制、机械密码体制和计算机密码体制三种。加密技术是保证电子商务安全的重要手段，许多密码算法现已成为网络安全和商务信息安全的基础。

1) 手工密码体制。以手工或者以简单器具辅助完成数据加密/解密工作的密码体制，称为手工密码体制。第一次世界大战前主要采用这种密码体制。

2）机械密码体制。以机械密码机或电动密码机来完成加密/解密工作的密码体制，称为机械密码体制。这种密码体制出现在第一次世界大战，并在第二次世界大战中得到普遍应用。

3）计算机密码体制。以计算机软件编程进行数据的加密/解密，适用于计算机数据保护和网络通信等。

（2）按加密密钥和解密密钥是否相同划分。目前，获得广泛应用的两种加密技术是对称密钥加密体制和非对称密钥加密体制。它们的主要区别在于所使用的加密和解密的密码是否相同。

1）对称密钥加密体制，又称单钥或私钥加密体制。这种体制的加密密钥和解密密钥相同或者本质上相同（即从其中一个可以很容易地推出另一个）。典型代表如美国的数据加密标准（Data Encryption Standard，简称 DES）和国际数据加密算法（International Data Encryption Algorithm，简称 IDEA）等。它具有很高的保密强度，但其密钥必须通过安全途径传递，密钥管理成为影响系统安全的关键性因素，该体制难以满足开放式网络的安全性需求。

2）非对称密钥加密体制，又称双钥或公钥加密体制。在这种体制中，收发双方使用不同的密钥，加密密钥可以公开，解密密钥由用户自己保存，其典型代表是 RSA 体制。公钥加密体制具有密钥分配简单、保存量少的特点，可以完成数字签名和数字鉴别，能满足素不相识的通信双方进行通信时的保密性需求。

3）混合密码体制，即数字信封技术。在这种体制中，发送方随机生成对称密钥，用对称密钥加密要发送的信息，并用接收方的公钥加密对称密钥，将二者一起发送给接收方。接收方用其私钥进行解密得到对称密钥，并用对称密钥来解密密文。

（3）按明文形态划分。明文可以有多种表现形式，既可以是模拟信息，也可以是数字信息，对应于不同形式的明文信息，其加密技术也不尽相同。

1）模拟密码体制。用于对模拟信息进行加密和解密，如对动态范围之内，连续变化的语音信号进行加密等。

2）数字密码体制。用于对数字消息进行加密和解密，如对两个离散电平构成 0、1 二进制关系的电报信息加密等。

（4）按保密程度划分。不同强度的加密技术，其抗破译的能力是不相同的。它与加密采用的算法和破译者所掌握的数据计算和处理能力有关。

1）理论上保密的密码体制。无论攻击者获取多少密文和拥有多强的计算能力，由密文始终不能得到明文或密钥的密码体制，称为理论上保密的密码体制（或理论上不可破的密码体制)。如一次一密的加密体制就属于这种。

2) 实际上保密的密码体制。理论上可破,但在现有客观条件和计算能力下,无法通过计算来破译密码的密码体制,称为实际上保密的密码体制。

3) 不保密的密码。在获取一定数量的密文后可以达到破译目的的密码体制,叫做不保密密码。如早期的单表代替密码、后来的多表代替密码以及明文加少量密钥等密码,现在都要成了不保密的密码。

(5) 按编制原理划分。按编制原理可分为移位、代替和置换三种体制以及它们的组合形式。任何一种密码,不论其形态多么复杂,变化多么巧妙,都是按照这三种基本原理编制出来的。

4. 专用密钥/对称密钥算法

专用密钥算法又称对称密钥加密或私钥加密,即信息的发送方和接收方用一个密钥去加密和解密数据。它最大的优势是加/解密速度快,适合对大数据量进行加密,但密钥管理困难。

使用对称加密技术将简化加密的处理,每个参与方都不必彼此研究和交换专用设备的加密算法,而是采用相同的加密算法并只交换共享的专用密钥。如果进行通信的双方能够确保专用密钥在密钥交换阶段未曾泄露,那么机密性和报文的完整性就可以通过使用对称加密算法对机密信息进行加密以及通过随报文一起发送报文摘要或报文散列值来实现。

5. 公共密钥/非对称密钥算法

(1) 基本思路。1976年,Diffie和Hellman研究出一种新的算法,即使用一个加密算法E和一个解密算法D,它们彼此完全不同,根据已选定的E和D,即使已知E的完整描述,也不可能推导出D,即加密算法完全公开,也不至于危及解密密钥的安全。这给密码技术带来了新的变革。

这种新算法需有以下三个条件:第一个条件:$D〔E(P)〕=P$;第二个条件:由E来推断D极其困难;第三个条件:用已选定的明文进行分析,不能破译E。第一个条件说明,采用解密算法D用于密码报文$E(P)$上,可以得到原来的明文P。第二个条件是显而易见的。第三个条件也是必需的。在满足这三个条件的情况下,加密算法E可以公开。

Diffie和Hellmam提出的公共密钥的思想,实际是要求每个用户都有两把密钥:加密密钥和解密密钥。公开的是加密密钥,而解密密钥由用户自己秘密保存,加密密钥是作为公钥文件发给各个用户的。公共密钥算法的提出在密码学发展史上是一件大事。两年后的1978年,几乎在同一时间提出了"RSA公钥"和"背包公钥"两个密码系统。

RSA是由3位发明者Rivest、Shamir、Adleman姓名的第一个字母联合构成的,RSA公钥密码的依据是著名的欧拉定理。背包公钥是由Merkle和Hellman提出的,它是基于著名的背包问题。现在许多网络，例如 Apple Talk 的 AFP，X.400 MHS，NetWare4 公共管理程序等，都采用了公共密钥的加密技术。

（2）公共密钥算法的优势。与传统的加密方法相比，公钥思想有许多优越性。传统的专用密钥算法其通信密钥与通信双方私下约定的加，解密的密钥一样，属于对称密钥。在网络通信的环境下便暴露出它所固有的缺点。对称密钥算法常用的是 DES 算法，它只具有一个密钥，即加密和解密时用的是同一个密钥。而公钥算法利用的是非对称的密钥，即利用两个足够大的质数与被加密原文相乘产生的积来加密和解密。这两个质数无论是用哪一个与被加密的原文相乘（模乘），即对原文件加密，均可由另一个质数再相乘来进行解密。但是，若想用这个乘积来求出另一个质数，就要进行对大数分解质因子，分解一个大数的质因子是十分困难的，若选用的质数足够大，这种求解几乎是不可能的。

（3）"私钥"和"公钥"。采用私密的安全介质保密存储起来，不对任何外人泄露，这个密钥称为"私钥"；另一个密钥可以公开发表，用数字证书的方式发布在称之为"网上黄页"的目录服务器上，用 LDAP 协议进行查询，也可在网上请对方发送信息时主动将该公钥证书传送给对方，这个密钥称为"公钥"。

（4）公/私密钥对的用法。公/私密钥对的用法是，当发方向收方通信时发方用收方的公钥对原文进行加密，收方收到发方的密文后，用自己的私钥进行解密，其中他人是无法解密的，因为他人不拥有自己的私钥，这就是用公钥加密，私钥解密一般用于通信；而用私钥加密文件公钥解密则一般用于签名，即发方向收方签发文件时，发方用自己的私钥加密文件传送给收方，收方用发方的公钥进行解密。

在实际应用操作中发出的文件签名并非是对原文本身进行加密，而是要对原文进行所谓的哈希（Hash）运算，即对原文做数字摘要。因此，该密码算法又称单向散列运算，其运算结果称为哈希值或称数字摘要，也有人将其称为"数字指纹"。哈希值有固定的长度，运算是不可逆的，不同的明文其哈希值是不同的，而同样的明文其哈希值相同并且是唯一的，原文一旦发生任何改动，其哈希值就要发生变化。数字签名是用私钥对数字摘要进行加密，用公钥进行解密和验证。

（5）公共密钥算法的劣势。公共密钥最大的优点是大大地简化了密钥的分配与管理。但也存在不少问题，由于不知道加密者的身份，故需对信息实施诸如签名之类的确认机制（称为数字签名技术），运算速度低。专用密钥算法的优点是执行速度快，对于同量的信息加密而言，DES 算法比 RSA 算法快 1 000 倍。

6. 数字时间戳

（1）数字时间戳的基本概念。在各种政务和商务文件中，时间是十分重要的信息。在书面合同中，文件签署的日期和签名一样均是十分重要的防止文件被伪造和篡改的关键性内容。

在电子文件中,同样需对文件的日期和时间信息采取安全措施,而数字时间戳服务(DTS:Digital Time-stamp Service)就能提供电子文件发表时间的安全保护。

数字时间戳服务是网上安全服务项目,由专门的机构提供。时间戳(Time-stamp)是一个经加密后形成的凭证文档,它包括以下三个部分。

1) 需加时间戳的文件的摘要(Digest)。

2) DTS 收到文件的日期和时间。

3) DTS 的数字签名。

(2) 数字时间戳工作过程。时间戳产生的过程:用户首先将需要加时间戳的文件用 Hash 编码加密形成摘要,然后将该摘要发送到 DTS,DTS 在收到文件摘要的日期和时间信息后再对该文件加密(数字签名),然后送回用户。由 Bellcore 创造的 DTS 采用如下的过程:加密时先将摘要信息归并到二叉树的数据结构;再将二叉树的根值发表在报纸上,这样能更有效地为文件发表时间提供佐证。注意:书面签署文件的时间是由签署人自己写上的,而数字时间戳则不然,它是由认证单位 DTS 来加的,以 DTS 收到文件的时间为依据。因此,时间戳也可作为科学家的科学发明文献的时间认证。

在电子交易中,无论是数字时间戳服务(DTS)还是数字证书(Digital ID)的发放,都不是靠交易的双方自己能完成的,而是需要有一个具有权威性和公正性的第三方来完成。认证中心(CA)就是承担网上安全电子交易认证服务、能签发数字证书,并能确认用户身份的服务机构。认证中心通常是企业性的服务机构,扮演着一个买卖双方签约、履约的监督管理的角色,买卖双方有义务接受认证中心的监督管理。认证中心的主要任务是受理数字证书的申请、签发及对数字证书的管理。认证中心依据认证操作规定(CPS:Certification Practice Statement)来实施服务操作。

第3节 商品管理与发布

知识要求

与传统零售业不同,网络零售的商品是以网页的形式来展示的。顾客是通过搜索商品名称、比较商品价格、比较商品描述及商品图片、比较店铺信誉和特色服务等因素来寻找和购买商品的。因此,商品发布是网店日常运营的主要工作内容之一,也是最重要的工作步骤。

　　商品发布的操作很简单。难度在于发布的内容。如何撰写商品的描述、如何配商品图片、如何定价、如何促销……每个步骤都需要大量的产品知识、销售知识和心理学知识作为基础。

　　了解顾客的心理，就知道怎么样写商品描述能够打动顾客，店铺用什么样的色彩能吸引顾客逗留，如何促销能推动顾客购买的决心。简单地说，商品发布就是把顾客想知道的内容以清晰完美的图文方式展示在顾客面前，利用销售的技巧和网络技术，把顾客吸引到店中，并把店铺的浏览量转为成交量。

一、商品信息管理要素

1. 商品名称

　　要在互联网上寻找相关的信息，使用关键字搜索是最快也最省力的方式，在交易平台上海量的商品里面，顾客要想尽快找到自己需要的商品信息，也会使用到各种关键字。因此，网店中商品名称的命名和设置非常重要。在设置商品名称时，一定要注意尽量把可能被顾客用于检索的关键词都包括进去。

　　（1）关键字的类型。

　　1）属性关键字。属性关键字是指商品的名称或俗称、商品的类别、规格、功用等介绍商品基本情况的字或者词。但是，由于消费者的语言表达和搜索习惯不同，可能会使用不同的属性关键字搜索，因此，在商品有多种习惯称呼的情况下，为符合更多人的搜索需求，可选择商品最常用的1～2个习惯称呼来作为商品的属性关键字。如"直供五常稻花香大米"可改成"直供五常稻花香大米/香米"，"十字绣靠垫"可改为"十字绣靠垫/抱枕/枕头"等。

　　2）促销关键字。促销关键字是指关于清仓、折扣、甩卖、赠礼等信息的字或者词，这类词往往是最容易吸引和打动消费者的信息，因此，经常推出各种促销活动，并将"特价""清仓""×折""大降价"等关键字体现在商品名称中，可以有效地吸引更多人的关注，提高商品和店铺的浏览量。

　　3）品牌关键字。品牌关键字包括商品本身的品牌和店铺的品牌两种，例如，玉兰油、GNC、骆驼等是商品的品牌关键字。质数堂、爱上花园、菩提工坊等就属于店铺的品牌关键字。增加商品品牌关键字可以给消费者提供更精确的搜索信息。增加店铺品牌关键字可以在相近搜索结果中强化店铺的品牌，有利于提高店铺的知名度。

　　4）评价关键字。评价关键字的主要作用是对看的人产生一种心理暗示，一般都是正面的、褒义的形容词，如×钻信用、皇冠信誉、百分百好评、市场热销等，这类关键字其实也是一种口碑关键字，增加这类关键字不仅能够满足消费者寻找可靠的产品质量、可信的商家的需求，同时，还更容易获得消费者的好感和认同，打消消费者的顾虑，让消费者在不知不觉中做出成交的决定。

（2）关键字的组合。将前面四种关键字进行修改和重组，这件商品的名称被搜索到的概率就会大很多。

选择哪些关键字来组合效果最好，要靠分析市场、分析商品、分析目标消费群体的搜索习惯来最终确定，找到最适合的一种组合方式。

促销关键字＋属性关键字

品牌关键字＋属性关键字

评价关键字＋属性关键字

从上面这三种组合方式我们又可以得到更多种组合方式，例如：

促销关键字＋品牌关键字＋属性关键字

品牌关键字＋评价关键字＋属性关键字

评价关键字＋促销关键字＋属性关键字

……

尝试的组合可以多种多样，但是，不管这些组合怎样变化，永远不变的是任何时候都不能丢了属性关键字，否则就会本末倒置，效果适得其反。

（3）关键字的位置。网店的关键字主要应出现在四处：商品名称、商品描述、店铺名称和店铺描述。

（4）热门关键字。第三方电子商务平台会定期筛选出一些近期受消费者关注较多，或准备用于大型促销活动的关键字来作为热门关键字推荐，或者在商品属性类目里用醒目的颜色标识出来，以吸引消费者的关注。

热门关键字不仅为消费者提供搜索的捷径，也为商家提供带动店铺浏览量的机会。店内商品名称如能及时更新，加入热门关键字，就会得到更多关注和商机。热门关键字是店铺推广的最佳免费工具。有些投机店铺乱用关键字，在商品名称、店铺描述等位置加入与经营范围、产品无关的，但与热门店铺名相关的关键字。这种做法只会给顾客不诚信的印象，甚至得不偿失。

2. 商品分类

商品分类，是指为了一定目的，选择适当的分类标志，将商品集合总体科学地、系统地逐级划分为门类、大类、中类、小类、品类以至品种、花色、规格的过程。

3. 商品描述

图片与文字在展示商品时各有所长，应互为补充。要在商品描述里补充名称及图片没能完整表达出来的内容，让消费者在购买之前对商品有更全面和客观地了解。完整的商品描述应从以下几方面入手。

（1）从多个角度考虑。既要考虑到商家的立场，也需要充分考虑到顾客的需要。

（2）商品描述要有专业性，要有自信。专业又自信、产品出色的企业是值得顾客信赖的。

（3）尽可能多地涉及其他产品。给顾客充分的选择余地，也寻找更多的商机。

（4）要在重要位置说明店铺内的促销活动。激发顾客的购买欲，更多购买还能享受更多优惠和折扣。

（5）已购买顾客的好评。在口碑传播的今天，是很有说服力的。不妨把好评截图附在商品描述的最后。

商品描述中有 8 项内容是必不可少的，见表 2—1。

表 2—1　　　　　　　　　商品描述中的 8 项必不可少的内容

项目	说明
商品详情	商品相关信息里面的内容可以非常丰富，一切有利于销售的、有利于体现商家专业性的内容都可以放在商品描述的这部分内容里。将商品的细节展示得更加详细，提供自助购物指导、常见问答、保养知识、使用方法、联系方式等更为专业和周到的服务，展示以往顾客的评价，打消消费者的担心和疑虑等都是很好的促销手段。
商品的型号规格	商品的品牌、型号、材质、规格、功能、功效、包装、价格等商品基本信息以及生产加工工艺、产品优势等有利于销售的商品信息。
功能配置	产品的功能介绍、技术和设计优势等，用图文结合的方式展现不仅清爽醒目，容易加深顾客的印象，而且页面也更加美观和专业。
交易说明	交易说明可以用"买家必读""购物须知"等方式来体现，相当于交易双方的君子协议，今后在交易过程中一旦出现某种状况，双方都有一个可以参考的依据，这也是独立于平台规则以外的一种双边协议，顾客一旦拍下，即代表对该条款的认可，同时，把合作条件放进交易说明里也是一种有效的纠纷规避方式。
服务保障	服务保障包括质量承诺、售后维修、会员优惠等信息，这些信息既是给顾客安全感，也是用返利的方式来增加店铺的黏性。
购物保障	购物保障是商家对商品和服务的承诺，不管是商品质量还是物流配送过程或者是售后维修，只要顾客购买他们的商品出现了上述的问题，基本上都能够得以解决，这就给到顾客很大的安全感，促使他们下决心来购买和尝试。

续表

项目	说明
配送说明	关于邮寄的费用和物流配送周期的说明,因为顾客毕竟不是专业的卖家,可能对发往各地的运费标准和到货周期不是很清楚,所以,做到预先告知既是商家的职责,也是优质服务的一种体现。 平邮的到货周期一般较长,客服善意地提醒急着收货的顾客最好不要选择这种邮寄方式,也可以避免将来因物流问题出现争议和纠纷。
相关信息	相关信息里面的内容可以非常丰富,一切有利于销售的、有利于体现商家专业性的内容都可以放在商品描述的这部分内容里。

总之,将商品的细节展示得更加详细,提供自助购物指导、常见问答、保养知识、使用方法、联系方式等更为专业和周到的服务,展示以往顾客的评价,打消消费者的担心和疑虑等都是很好的促销手段。

4. 图片处理(动画与视频)

网络零售的商品陈列是以网页的形式展现的,无法亲眼看到实物是它的一个条件限制,顾客对商品的第一印象就来自于商家上传的照片,因此,商品图片对于商家来说至关重要,如何使商品呈现出其商业价值,也是衡量商家经营能力和敬业态度的标准之一。

店铺里所有照片处理方式和风格保持一致,看起来会更美观整齐,更专业。商品照片和产品照片不同,产品图片通常只要求如实拍出产品的原貌,色彩还原准确、清晰、构图合理。但是,商品图片因为需要刺激消费者的购买欲,达到销售的目的,因此,在此基础上还要求画面美观,有视觉冲击力,能提升商品的价值和品味,提高商品的性价比,挖掘出顾客潜在的消费需求。

商品图片主要以展示商品特性为主,过于花哨的背景或装饰反而会削弱商品原本想传达的信息,所以,网络商品图片要由简洁的背景和清晰的主体构成。一张合格的商品照片需要在画面、用光和构图上有美感,通过抓住商品的形、色、质,如实反映商品的本质特征。照片应避免过度美化和夸张,否则顾客会因商品图片与产品不符而要求退货,甚至进行投诉。

拍摄商品图片,商品细节图片、真人试用效果图、商品带包装的图片都是必不可少的。商品细节图片能够满足顾客了解商品细节的需求。真人试用效果图能立体展示产品,丰富顾客的想象。如果再配上搭配效果图,不仅有利于商品的推广,还能拉动相关搭配服饰等商品的销售。但商品图片不宜过大,数量不宜过多,否则会影响网页打开的速度,影响顾客体验。现在还可以在商品详情中展示视频,这对较多功能操作的小家电等商品的销售很有帮助。

5. 价格与优惠

网上商品的价格一般都要比传统方式销售时要低，加上购物、支付和物流的便捷，使电子商务的竞争日趋激烈。残酷的价格竞争促使店铺使用各种促销手段把顾客引入店中。

（1）打折促销。打折促销是网上最常用的促销手段。打折促销的方式分为直接打折、折扣券、会员折扣及限期折扣（节假日或店铺纪念日）等。打折促销有时使用变相折扣促销的方式。变相折价促销，是指在不提高或稍微增加价格的前提下，提高产品或服务的品质，较大幅度地增加产品或服务的附加值，让消费者感到物有所值。由于网上直接价格折扣容易造成消费者对商品品质的怀疑，因此，利用增加商品附加值的促销方法会更容易获得消费者的信任。例如，包运费和商品绑定。

（2）网上赠品促销。赠品促销目前在网上的应用不算太多，一般情况下，在新产品推出试用、产品更新、对抗竞争品牌、开辟新市场时利用赠品促销可以达到比较好的促销效果。赠品促销的优点：可以提升品牌和网站的知名度；鼓励人们经常访问网站以获得更多的优惠信息；能根据消费者索取赠品的热情程度总结分析营销效果和产品本身的反应情况等。

6. 捆绑销售

将几种商品组合在一起设置成价格优惠的套餐销售。通过促销套餐可以让买家一次性购买更多的商品，提升店铺销售业绩，提高店铺购买转化率，提升店铺曝光率。

淘宝的付费增值服务"搭配套餐"和"满就送"都是针对商品的促销工具，设置"搭配套餐"可以使一件商品搭配不超过四件的其他商品来进行捆绑销售，"满就送"分为满就减现金、满就送礼品、满就送积分、满就免邮费等几种促销让利方式，这些增值工具不仅使店铺的促销活动更加的专业，而且还能够提升店铺的曝光率，节省人力成本，提升客单价，促使顾客一次性购买更多的商品，提高转化率，让更多的顾客来消费。

7. 客户反馈

已购买顾客的好评，在口碑传播的今天，是很有说服力的。不妨把好评截图附在商品描述的最后。

二、商品的分类、编码及目录

商品分类是指为了一定目的，选择适当的分类标志，将商品集合总体科学地、系统地逐级划分为门类、大类、中类、小类、品类以至品种、花色、规格的过程。商品大类是指具有若干共同性质和特征的商品总称，它们各自包括若干商品，如针棉织品、五金电料、塑料制品、橡胶制品等，一般根据商品生产和流通的行业来划分。商品品种是按商品的性能、成分等方面特征来划分，是指具体商品的名称。在商品分类工作中，常是先选定一个主要标志，将商品分成大类，然后再根据不同情况，选择适宜的标志将商品依次划分为中类、小类以至细目等，这样形成的互相联系互相制约的整体，就是商品分类体系。

1. 商品分类的原则

（1）目的性原则。必须明确要分类的商品所包括的范围，商品分类要从有利于商品生产、销售、经营习惯的角度出发，最大限度地方便消费者的需要，并保持商品在分类上的科学性。

（2）包容性原则。能划分规定范围内的所有商品，并留有补充新商品的余地。

（3）唯一性原则。分类后的每一种品种，只能出现在一个类别里，或每个下级单位只能出现在一个上级单位里。

（4）区别性原则。以商品的基本特征为基础，选择适当的分类依据，从本质上显示出各类商品之间的明显区别，保证分类清楚。在某一商品类别中，不能同时采用两种或多种分类标准进行分类。

（5）合理性原则。商品分类要以系统工程的原理为根据，体现出目的性、层次性，使分类结构合理。

2. 商品分类的意义

商品分类可使研究对象把每个商品的个性特征归结为商品类的特征，商品分类有利于了解商品特性。商品分类是进行商品统计工作和编制商品目录的基础，有利于实现商品现代化管理；有助于商业经营管理，便于安排商品生产和消费者选购；有利于商品标准化的实施和商品质量标准的制定，有助于国民经济各部门各项管理的实施；有利于商品学的教学工作和开展商品研究工作。

3. 商品分类的方法有两种

（1）线分类法。线分类法也称层级分类法，它是将初始的分类对象按所选定的若干个属性或特征逐次分成相应的若干个层级的类目，并排成一个有层次的逐渐展开的分类体系，各层选用的标志可以不同，但各层之间从纵向看，呈线性隶属关系。例如，橡胶制品按用途分为日用橡胶制品、劳动保护橡胶制品等。在日用橡胶制品中按用途又可分为胶鞋、容器等，所划分的各层之间形成有机的联系。在线分类法中，由某一上位类类目划分出的下位类类目的总范围应与上位类类目范围相同，当一个上位类类目划分成若干个下位类类目时，应选择一个划分标志，分类要依次进行，不应有空层或加层。线分类法是商品分类中常采用的方法。最常用于线分类体系的编码方法是层次编码法。

（2）面分类法。面分类法也称平行分类法，它是将拟分类的商品集合总体，根据其本身的属性或特征，分成相互之间没有隶属关系的面，每个面都包含一组类目。每个面又可分成许多彼此独立的若干个类目，使用时可根据需要将这些"面"中的类目组合在一起形成一个复合类目。例如，把服装用的面料、款式、穿着用途分为三个互相之间没有隶属关系的"面"，每个"面"又分成若干个类目。使用时，将有关类目组配起来，如纯毛男式西装、纯棉女士连衣裙等。面分类法应遵循的基本原则是根据需要，选择分类对象的本质属性作为类对象的标志，每个面有严格的固定位置，面的选择以及位置的确定应根据实际需要而定。

商品分类时必须明确拟分类的商品集合所包括的范围。

4. 商品分类的主要标志

（1）按商品用途分类。如生产资料商品、生活资料商品、工具、家纺等。

（2）按商品原料分类。如商品的原材料、丝绸、皮革、金属等。

（3）按生产方法分类。如商品的生产加工方法、编织、铸造等。

（4）按商品的化学成分分类。如商品的主要成分或特殊成分、聚乙烯、树脂等。

5. 商品编码及其意义

商品编码是指赋予某种商品（或某类商品）某种代表符号或代码的过程，或对某一类商品赋予统一的符号系列称为商品编码化或商品代码化。在商品分类编码中，普遍采用的符号是条形码。

商品编码是在商品分类的基础上，对各类、各种商品都赋予具有一定规律性的、便于人和计算机识别与处理的商品代码的过程，商品编码往往是商品目录的组成部分，商品分类与代码共同构成了商品目录的完整内容。

6. 商品编码的原则

（1）唯一性原则。唯一性是指商品项目与其标识代码一一对应，即一个商品项目只有一个代码，一个代码只标识同一商品项目。商品项目代码一旦确定，永不改变，即使该商品停止生产、停止供应了，在一段时间内（有些国家规定为 3 年）也不得将该代码分配给其他的商品项目。

（2）无含义原则。无含义代码是指代码数字本身及其位置不表示商品的任何特定信息。在 EAN 及 UPC 系统中，商品编码仅仅是一种识别商品的手段，而不是商品分类的手段。无含义原则使商品编码具有简单、灵活、可靠、充分利用代码容量、生命力强等优点，这种编码方法尤其适合于较大的商品系统。

（3）全数字型原则。在 EAN 及 UPC 系统中，商品编码全部采用阿拉伯数字。

7. 商品编码的种类

商品编码按其所用的符号类型分为数字代码、字母代码、字母数字混合代码和条形码四种，在商品分类编码中，普遍采用的是数字代码和条形码，《全国主要产品分类与代码》（GB/T 7635—2002）和《社会商业商品分类与代码》（SB/T 10135—1992）标准都采用的是数字型编码标准,数字型商品编码的方法有四种:顺序编码法、层次编码法、平行编码法和混合编码法。

8. 商品编码的结构

(1)标准版商品条码的代码结构。对于我国商品条码的代码而言,由690、691、692三个前缀码构成的EAN-13码有如下四种结构,见表2—2。

表2—2　　　　　　　　　　　EAN-13码的两种结构

结构种类	厂商识别代码	商品项目代码	校验码
结构一	$X_{13}X_{12}X_{11}X_{10}X_9X_8X_7$	$X_6X_5X_4X_3X_2$	X_1
结构二	$X_{13}X_{12}X_{11}X_{10}X_9X_8X_7X_6$	$X_5X_4X_3X_2$	X_1
结构三	$X_{13}X_{12}X_{11}X_{10}X_9X_8X_7X_6X_5$	$X_4X_3X_2$	X_1
结构四	$X_{13}X_{12}X_{11}X_{10}X_9X_8X_7X_6X_5X_4$	X_3X_2	X_1

注:X_i($i=1\sim13$)表示从右至左的第i位数字代码。

以上四种结构的代码均由三部分组成,即厂商识别代码、商品项目代码和校验码。

厂商识别代码是中国物品编码中心按照国家标准的规定,在EAN分配的前缀码的基础上增加4位或5位数编制的,用于对厂商的唯一标识。

商品项目代码是取得中国物品编码中心核准的商品条码系统成员资格的企业,按照国家标准的规定,在已获得的厂商识别代码的基础上,自行对本企业的商品项目进行的编码,包括5位或4位数。

校验码是根据前12位数按《商品条码　零售商品编码与条码表示》(GB 12904—2008)附录B规定的方法计算得出的。在实际工作中,校验码一般不用人工计算,由制作条码原版胶片或制作条码标签的设备自动生成。

(2)缩短版商品条码的代码结构。与上述标准版商品条码的代码相比较,缩短版商品条码的代码(EAN-8码)只有一种结构,包含三个部分,见表2—3。

表2—3　　　　　　　　　　　缩短版商品条码的代码结构

前缀码	商品项目代码	校验码
$X_8X_7X_6$	$X_5X_4X_3X_2$	X_1

EAN-8码中商品项目识别代码是由中国物品编码中心在前缀码的基础上编制并直接分配给厂商特定商品项目的代码;校验码的计算方法与EAN-13码相同。EAN-8码的使用是有限制的;按照《商品条码管理办法》的规定,商品条码印刷面积超过商品包装表面面积或者标签可印刷面积四分之一时,系统成员才可以申请使用缩短版商品条码。

9. 商品目录及其意义

商品目录，是指国家或部门根据商品分类的要求，对所经营管理的商品编制的总明细分类集，也是零售企业根据企业的销售目标，把应该经营的商品品种，用一定的书面形式，经过一定的程序固定下来，成为企业制定商品购销计划及组织购销活动的主要依据。商品目录是以商品分类为依据的，因此，也称商品分类目录或商品分类集。商品分类是在商品逐级分类的基础上，用表格、符号和文字全面地记录商品分类体系和编排顺序的书本式工具。商品目录包括全部商品目录和必备商品目录，必备商品目录确定以后，再根据顾客的特殊需要和临时需要加以补充与完善，便成了商店全部商品目录。

10. 商品目录的种类

商品目录由于编制目的和作用不同，种类很多。编制商品目录离不开商品分类，只有在商品科学分类的基础上编制商品目录，才能使其眉目清晰，才有助于管理工作的科学化。

（1）按商品目录的适用范围分类。

1）国家商品目录。由国家和指定专门机构编制，是国民经济各部门进行计划、统计、财务、税收、物价等工作时必须遵循的准则。

2）部门商品目录。由本行业主管部门编制，是该部门所有企业共同遵循的准则。

3）企业商品目录。由本企业或单位自己编制，一般在本企业、本单位使用。

4）国际商品目录。由国际组织或地区性国际集团编制。

（2）按商品业务性质分类。外贸商品目录、内贸商品目录、海关统计商品目录、企业经营管理商品目录。

相关链接：

商务信息的安全是进行电子商务的前提。

商品信息管理，是指用户可以通过商品信息管理模块来维护自身在网站上出售的商品信息。

信息储存和数据储存应用的设备是不同的，但信息储存强调储存的思路。

信息的整理是将获取和储存的信息条理化和有序化，一般包括明确信息来源、浏览信息、添加文件名、分类、初步筛选等步骤。网络商务信息资料分类的方法可分为前分类法和后分类法。

商务信息整理中，进行栏目内容编辑的工作程序及步骤，正确的顺序：1）更新信息的内容；2）按栏目模板制作网页；3）测试所制作的网页；4）发布所修改的网页。

信息加工是指对收集来的信息进行去伪存真、去粗取精、由表及里、由此及彼的加工过程。针对不同的处理目标，信息加工的方法有很多，概括起来可分为五大类：统计学习方法、机器学习方法、不确定性理论、可视化技术和数据库技术。

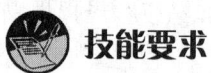

技能要求

商品的批量操作

步骤1　批量上架

选择一件或多件已经下架的商品，点击"批量操作"选择"商品上架"，即可对商品进行批量上架操作，如图2—44所示。

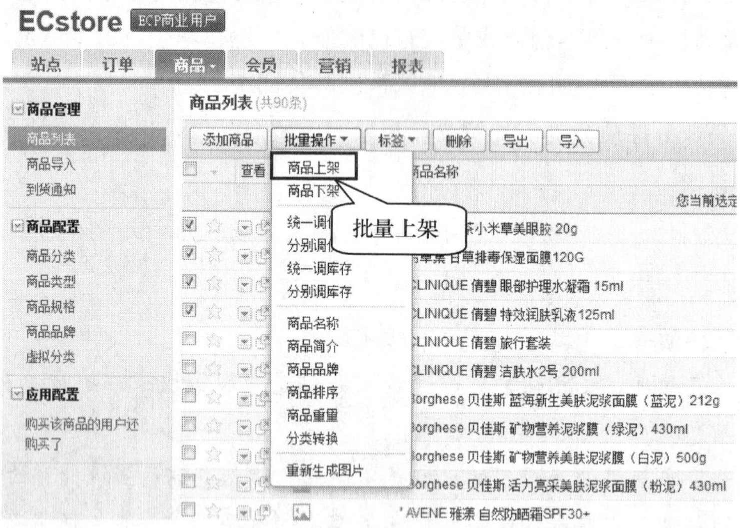

图2—44　批量上架

步骤2　批量下架

选择一件或多件已经上架的商品，点击"批量操作"选择"商品下架"，即可进行商品批量下架操作，如图2—45所示。

网店维护与商品发布

图 2—45　批量下架

商品到货通知

步骤 1　进入商品列表界面

一般情况下，在添加商品时会设置一定量的库存，可据实际情况设置，也可设置一个 25 位的数字。点击"商品"进入商品列表界面，如图 2—46 所示。

图 2—46　商品列表界面

步骤 2　编辑商品库存

点击商品后边的"编辑"，进入商品编辑界面，对库存进行设置，如图 2—47 所示。带有规格的商品的库存设置是分别设置的，如图 2—48 所示。

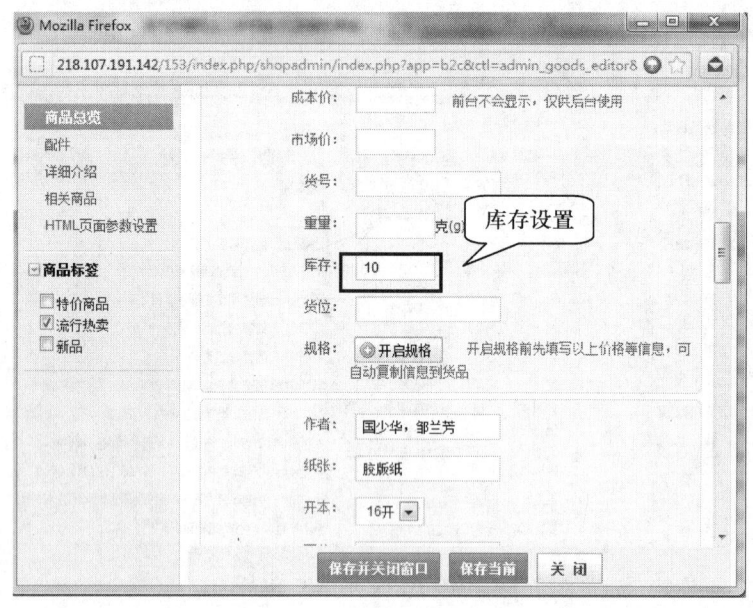

图 2—47 编辑商品库存

图 2—48 带有规格的商品库存设置

步骤 3　查看正常库存时购买显示

此时，在网店前台会显示正常的可售状态，如图 2—49 所示。

步骤 4　触发商品到货通知

到货通知触发的条件：无库存时不可销售。在添加或编辑商品时，对无库存的情况要选择不可销售，点击"商品"→"编辑"，进入商品编辑界面，如图 2—50 所示。

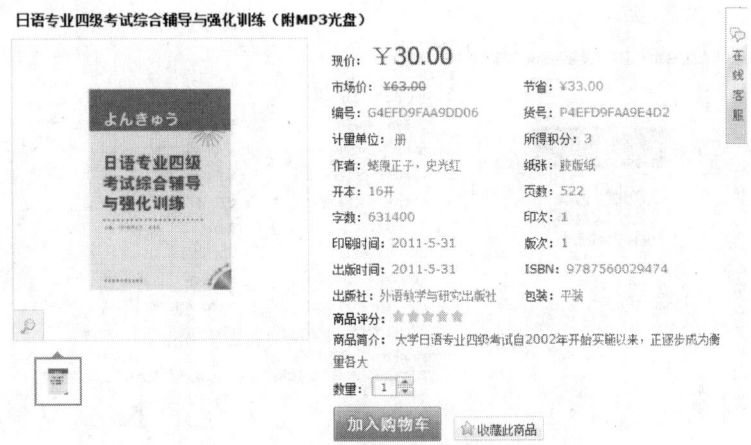

图 2—49 商品可售状态

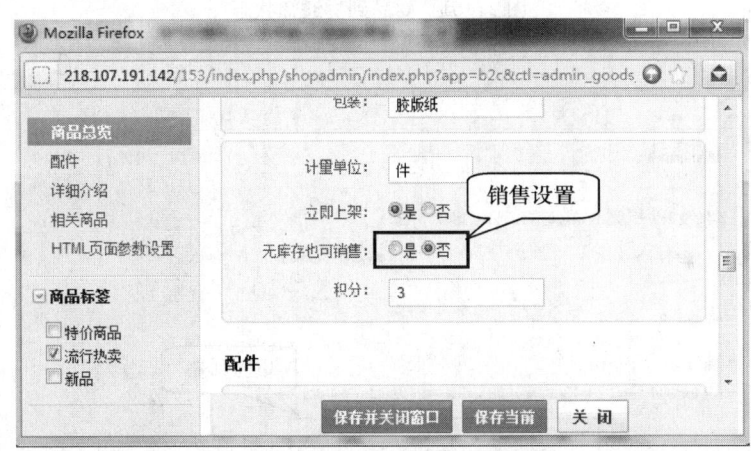

图 2—50 商品到货通知编辑

步骤5 查看前台到货通知

这样，当实际库存成为 0 的时候，就会触发。触发时，在商品详细页，正常的购买按钮就变为到货通知，不能正常购买，如图 2—51 所示。

步骤6 向管理员发送到货通知

点击"到货通知"按钮，会提示输入邮件信息，提交后的信息就会出现在系统后台商品－到货通知列表处，如图 2—52 所示。

步骤7 查看到货通知

后台，依次点击"商品"→"商品管理"→"到货通知"，可以看到当前的到货通知列表，如图 2—53 所示。

图 2—51　商品到货通知状态

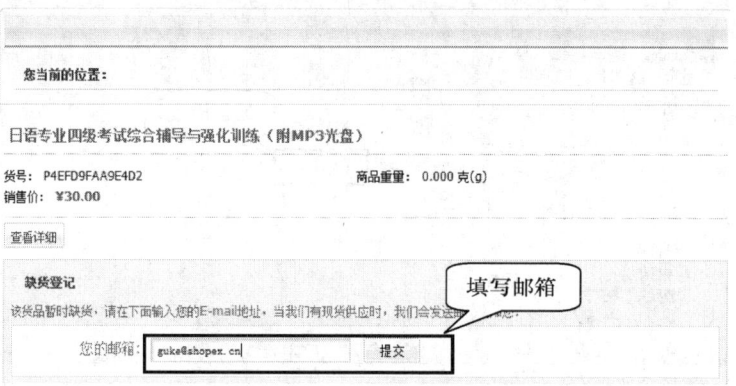

图 2—52　向管理员发送到货通知

图 2—53　查看到货通知

步骤8　发送到货通知

选中需要发送的会员,点击"发送到货通知",系统自动为该会员发送到货通知,如图2—54所示。

图2—54　发送到货通知

第 3 章

网络营销

第 1 节　网络营销基础　　　/124
第 2 节　网络营销常用方法　/146
第 3 节　数据库营销　　　　/157
第 4 节　网络广告　　　　　/164

 **学习目标**

➢ 了解网络营销的基本概念和目的
➢ 熟悉网络市场调研的方法、网络广告意义、类型，以及网络广告的发布与管理方法
➢ 掌握网络营销的常用方法及用途
➢ 能够熟练运用网络营销的相关知识进行网络销售

第 1 节　网络营销基础

 **知识要求**

一、市场营销基础知识

1. 市场营销的定义

市场营销（Marketing）又称为市场学、市场行销或行销学，是指创造、沟通与传送价值给顾客及经营顾客关系以便让组织与其利益关系人受益的一种组织功能与程序；是个人或集体通过交易其创造的产品或价值，以获得所需之物，实现双赢或多赢的过程。它包含两种含义：一种是动词理解，指企业的具体活动或行为，这时称为市场营销或市场经营；另一种是名词理解，指研究企业的市场营销活动或行为的学科，称为市场营销学、营销学或市场学等。市场营销学作为一门独立的经济管理学科诞生于 20 世纪的美国。

2. 市场营销的核心概念

市场营销涉及其出发点，即满足顾客需求，还涉及以何种产品来满足顾客需求，如何才能满足消费者需求，即通过交换方式，产品在何时、何处交换，谁实现产品与消费者的连接。可见，市场营销的核心概念应当包含需求及相关的欲求、需要，产品及相关的效用、价值和满足，交换及相关的交易和关系，市场、市场营销及市场营销者。以消费者为中心是市场营销学的"革命"的标志。与顾客建立长期合作关系是关系营销的核心内容。市场营销控制有三种类型：年度计划控制、利润控制、策略控制。市场营销的手段有几十种之多，麦卡锡把这些手段归为 4 个因素，简称"4P"，即产品（Product）、价格（Price）、分销（Place）和促销（Promotion）。

（1）需求及相关的欲求和需要。

1) 需要（Needs）。指消费者生理及心理的需要，如人们为了生存，需要食物、衣服、房屋等生理需要及安全感、归属感、尊重和自我实现等心理需要。消费者未能得到满足的感受状态称为需要，市场营销者不能创造这种需要，而只能适应它。

2) 欲求（Wants）。指消费者深层次的需求。不同背景下的消费者欲求不同，例如，中国人需求食物则欲求大米饭，美国人需求食物则欲求汉堡包。人的欲求受社会因素及机构因素，诸如国家、职业、团体、家庭及宗教等影响。因而，欲求会随着社会条件的变化而变化。

3) 需求（Demand）。指有支付能力和愿意购买某种物品的欲求。可见，消费者的欲求在有购买力作后盾时就变成为需求。许多人想购买奥迪牌轿车，但只有具有支付能力的人才能购买。因此，市场营销者不仅要了解有多少消费者欲求其产品，还要了解他们是否有能力购买。

（2）产品及相关的效用和价值的满足。

1) 产品（Product）。是指用来满足顾客需求和欲求的物体。产品包括有形与无形的、可触摸与不可触摸的。有形产品是为顾客提供服务的载体。无形产品或服务是通过其他载体，诸如人、地、活动、组织和观念等来提供的。市场营销者切记，销售产品是为了满足顾客需求，如果只注意产品而忽视顾客需求，就会产生"市场营销近视症"。

2) 效用、价值和满足（Utility，Value，Satisfaction）。消费者如何选择所需的产品，主要是根据对满足其需要的每种产品的效用进行估价而决定的。效用是消费者对满足其需要的产品的全部效能的估价。同时，产品价格高低亦是因素之一。如果顾客追求效用最大化，他就不会简单地只看产品表面价格的高低，而且还会看每一元钱能产生的最大效用。效用越大，则更能满足顾客需求。

（3）交换、交易和关系。

1) 交换（Exchange）。人们有了需求和欲求，企业亦将产品生产出来，还不能解释为市场营销，产品只有通过交换才使市场营销产生。人们通过自给自足或自我生产方式、偷抢方式或乞求方式获得产品都不是市场营销，只有通过等价交换使买卖双方彼此获得所需的产品，才产生市场营销。交换是市场营销的核心概念。

2) 交易（Transactions）。交换是一个过程，而不是一种事件。如果双方正在洽谈并逐渐达成协议，则称为在交换中。如果双方通过谈判并达成协议，交易便发生。交易是交换的基本组成部分，是指买卖双方价值的交换，它是以货币为媒介的，而交换不一定以货币为媒介，它可以是物物交换。交易涉及两件有价值的物品、双方同意的条件、时间及地点以及用于维护和迫使交易双方执行承诺的法律制度。

3) 关系（Relationships）。交易营销是关系营销大观念中的一部分。精明能干的市场营销者都会重视同顾客、分销商等建立长期信任和互利的关系。而这些关系要靠不断承诺及为对方提供高质量产品、良好服务及公平价格来实现。

(4) 市场、市场营销及市场营销者。

1) 市场（Markets）。市场由一切有特定需求或欲求并且愿意和可能从事交换来使需求和欲望得到满足的潜在顾客组成。一般说来，市场是买卖双方进行交换的场所。但从市场营销学角度看，卖方组成行业，买方组成市场。

2) 市场营销（Marketing）。从市场营销的角度看，市场就是商品交换关系的总和。市场营销的任务是辨别和满足人类和社会的需要。对营销所作的最简明的定义是满足需求的同时而获利。美国营销协会（AMA）从管理角度所下的定义：营销既是一种组织职能，也是为了组织自身及利益相关者的利益而创造、传播、传递给顾客价值，管理顾客关系的一系列过程。我们从社会和管理角度对营销下定义：营销是个人和集体通过创造，提供出售，并同别人交换产品和价值，以获得其所需所欲之物的一种社会管理过程。

3) 市场营销者（Marketers）。市场营销是与市场有关的人类活动，亦是为满足消费者需求和欲望而利用市场来实现潜在交换的活动。市场营销者则是从事市场营销活动的人。市场营销者既可以是卖方，也可以是买方。作为买方，他力图在市场上推销自己，以获取卖者的青睐，这样买方就是在进行市场营销。当买卖双方都在积极寻求交换时，他们都可称为市场营销者，并称这种营销为互惠的市场营销。在市场营销中，通常把寻求交易时积极的一方称为市场营销者，不积极的一方称为目标公众。

相关链接：

市场营销观念的演变与发展，可归纳为六种，即生产观念、产品观念、推销观念、市场营销观念、社会市场营销观念和关系营销。生产观念、产品观念、推销观念一般称为旧观念，是以企业为中心、以企业利益为根本取向和最高目标来处理营销问题的观念；市场营销观念、社会市场营销观念、关系营销称为新观念，又分别称为以消费者为中心的顾客导向观念和以社会长远利益为中心的社会导向观念。关系市场营销观念是较之交易市场营销观念而形成的，是市场竞争激化的结果。传统的交易市场营销观念的实质是卖方提供一种商品或服务以向买方换取货币，实现商品价值，是买卖双方价值的交换，双方是一种纯粹的交易关系，交易结束后不再保持其他关系和往来。在这种交易关系中，企业认为卖出商品赚到钱就是胜利，顾客是否满意并不重要。而事实上，顾客的满意度直接影响到重复购买率，关系到企业的长远利益。由此，从80年代起美国理论界开始重视关系市场营销，即为了建立、发展、保持长期的、成功的交易关系进行的所有市场营销活动。

营销者掌握的信息较多，而消费者了解的情况较少，对有关商品的知识甚为有限，在交易中处于不利地位，这称为消息不对称。

4C营销策略是指顾客欲望与需求、满足欲望与需求所需要的成本、加强沟通和方便购买。

在贝瑞和帕拉苏拉曼提出的三级关系营销理论中，一级关系营销在维持客户关系方面所采取的主要手段是增加目标客户的财务利益。

互联网作为载体和渠道，事件营销屡试不爽，没有事件营造事件，有了好的营销事件必将不可错过，这种方法就是事件营销。

二、网络营销的概念

1. 网络营销的定义

网络营销（On-Line Marketing或E-marketing）就是以国际互联网络为基础，利用数字化的信息和网络媒体的交互性来辅助营销目标实现的一种新型的市场营销方式。它是企业营销实践与现代信息通信技术、计算机网络技术相结合的产物，是以电子信息技术为基础，以计算机网络为媒介和手段而进行的各种营销活动的总称。简单地说，网络营销就是以互联网为主要手段进行的，为达到一定营销目的的营销活动。网络营销之所以成为一种新的营销模式，是因为互联网拥有巨大的用户群。适合网络营销的商品主要有三大类：实体商品、数码商品和在线服务。

2. 网络营销的分类

（1）按应用范围不同划分。

1）广义的网络营销。笼统地说，网络营销就是以互联网为主要手段（包括Intranet企业内部网、EDI行业系统专线网及Internet国际互联网）开展的营销活动。

2）狭义的网络营销。狭义的网络营销是指组织或个人基于开放便捷的互联网络，对产品、服务所做的一系列经营活动，从而达到满足组织或个人需求的全过程。

3）社会化媒体营销。社会化媒体营销就是利用社会化网络、在线社区、博客、百科或者其他互联网协作平台媒体来进行营销、销售、公共关系和客户服务维护开拓的一种方式。一般社会化媒体营销工具包括论坛、微博、博客、SNS、图片分享网站和视频分享网站等。

4) 整合营销。也称为整合营销传播（Integrated Marketing Communication，IMC），其精髓有两点：一是整合和协调各种传播渠道；二是各个渠道必须传递关于公司及产品的清晰的、一致的、令人信服的信息。

5) 统合营销/全程营销。统合营销（Unified Marketing，UM）或全程营销的重点有三方面：一是营销必须连接实体接触点和数字接触点；二是营销过程由整个品牌形象转移至统合消费者体验；三是营销人必须与消费者进行持续的对话。

（2）按具体推广方式划分。按具体推广方式划分，网络营销包括口碑营销、网络广告、媒体营销、事件营销、搜索引擎营销（SEM）、E－mail营销、数据库营销、短信营销、电子杂志营销、病毒式营销、问答营销、QQ群营销、博客营销、微博营销、论坛营销、社会化媒体营销、针对B2B商务网站的产品信息发布以及平台营销等。

（3）按与顾客互动交流划分。包括在线咨询、网上订单、购物车、E－mail邮件及邮件列表、Help或FAQS（常见问题解答）以及企业论坛（BBS）或顾客交流社区等。

3. 网络营销的基本原则

网络营销有以下一些基本原则。

（1）简洁的外观及清晰的功能。不论是企业的官方网站，还是自己的网店，都需要设计得简洁明快、导航清晰、功能完善且科学、美观地呈现，力求视觉上给人以好的感觉，功能流程上清晰明了。

（2）友善的用户体验。要强调的是营销型网站是以营销为目的的网站，应采用合理的架构，减少网页打开的速度，提供人性化的操作步骤与流程，尽可能地方便用户的使用，页面之间有良好的链接。

（3）优化的内容标签。搜索引擎作为网站推广的重要方法，在企业网站的建设中要考虑是否有利于搜索引擎发现并收纳，其中需要使每个页面都要有与企业品牌、定位或产品相对应的标题、关键词及描述。

（4）良好的内容设计。要精心设计完美的网页内容，使之能更好地促进客户了解产品或服务，方便用户找到问题的答案，并提供各种必要的信息，如操作指南及支付配送方式等。

（5）便利的在线沟通服务。对于营销型的网站来说，要利用网络的交互性，更好地为营销服务，例如提供在线的QQ、在线的客服及在线的留言回答等。

（6）完善的网站监测。作为营销型的网站，要有完善的网站监测，对网站访问的来源、去向及客户的信息要随时掌握情况并做详细的统计分析，以跟踪到客户的动向及网店运营状况，便于后期对网站做进一步的改善与调整。

(7) 可信的资质证明。网站有必要通过一些信息提高自己的公信力,如相关的证件和证书、相关的媒体报道、ICP 编号、行业资质及典型用户的案例。

(8) 详细的联系方式。为便于客户联系和找到企业,网站应该提供企业的详细联系方式、邮政编码、电子邮箱、咨询或投诉电话及对应的地图等信息。

(9) 完善的在线支付和购买功能。一个功能完善的电子商务网站应该包括在线支付和购买功能。如果在自己的网站无法提供相应的功能,则可以借助第三方平台。

(10) 方便的购买流程帮助。为便于用户完成订购,需要提供购买流程的详细介绍和说明,并对相应的重要环节加以强调。

4. 网络营销的特点

网络营销呈现出以下的主要特点。

(1) 跨时空。营销的最终目的是占有市场份额,由于互联网能够超越时间约束和空间限制进行信息交换,使得服务不受时空限制进行交易,因此,企业有了更多时间和更大的空间,可每周 7 天、每天 24 h 随时随地提供全球性服务。

(2) 表现力丰富。互联网可以呈现多种媒体形式的信息,如文字、声音、图像及视频等信息,且使得为达成交易进行的信息交换能以多种形式存在和交换,可以充分发挥营销人员的创造性和能动性。

(3) 交互性。互联网通过展示商品图像、商品信息资料库提供有关的查询以及留言及社区服务等功能,可实现网店与用户双方进行互动与双向沟通。特别是,社会化媒体环境的网络营销更加重视与用户的互动。

(4) 个性化。网络营销通常通过一对一、理性的、消费者主导的、非强迫性的及循序渐进式的方式进行,是一种低成本与个性化的促销,并通过信息提供与交互式交谈,与消费者建立长期良好的关系。

(5) 成长性。互联网使用者数量快速成长并遍及全球,使用者多属年轻、中产阶级、高教育水准,由于这部分群体购买力强而且具有很强市场影响力,因此是一项极具开发潜力的市场渠道。

(6) 整合性。在进行网络营销时,要考虑线上与线下渠道的整合以及线上各渠道的整合。企业应该将各种不同营销渠道统一设计规划和协调实施,以统一的风格向消费者传达信息,避免不同传播中不一致性产生消极影响。

(7) 高效性。互联网可储存大量的信息、代消费者查询,可传送的信息数量与精确度远超过其他媒体,并能顺应市场需求,及时更新产品或调整价格,还能及时有效地了解并满足顾客的需求,随时掌握销售情况。

(8) 经济性。通过互联网进行信息交换,代替以前的实物交换,一方面,可以减少印刷与邮递成本,可以无店面销售、免交租金,节约水电与人工成本;另一方面,还可以减少用户的时间及交通成本。

5. 网络营销的职能

网络营销的基本职能表现以下一些方面。

(1) 品牌塑造。网络营销的重要任务之一就是在互联网上塑造并推广企业的品牌,并让企业的网下品牌在网上得以延伸和拓展。网络品牌建设是以企业网站建设为基础,通过一系列的推广措施,达到顾客和公众对企业的认知和认可。网络品牌价值是网络营销效果的表现形式之一,通过网络品牌的价值转化实现持久的顾客关系和更多的直接收益。

(2) 网站推广。获得必要的访问量是网络营销取得成效的基础。对于中小企业,由于经营资源的限制,开展大规模线下营销活动机会比较少,因此通过互联网手段进行网站推广的意义显得尤为重要。对于大型企业,网站推广也非常重要,因为他们面临的竞争更激烈,更多的用户及更大量的访问是许多大型企业的长期追求目标之一。网站推广的方法很多,如网摘推广(用户把喜欢的文章收藏到一些网络收藏夹当中,无形之中,帮你推广了网站)、关系推广等。

(3) 信息发布。网络营销的基本思想就是通过各种互联网手段,将企业营销信息以高效的手段向目标用户、合作伙伴及公众等群体传递,因此,信息发布就成为网络营销的基本职能之一。互联网为企业发布信息创造了优越的条件,不仅可以将信息发布在企业网站上,还可以利用各种网络营销工具和网络服务商的信息发布渠道向更大的范围传播信息。

(4) 销售促进。市场营销的基本目的是为最终增加销售提供支持,网络营销也不例外。各种网络营销方法大都直接或间接具有促进销售的效果,同时,还有许多有针对性的网上促销手段,这些促销方法并不限于对线上销售的支持,事实上,网络营销对于促进线下销售同样很有价值,所以以网络营销对线上网店及线下实体店都有重要的价值。

(5) 产品/服务销售。网上销售是企业销售渠道在网上的延伸,一个具备网上交易功能的企业网站本身就是一个网上交易场所。网上销售渠道建设并不限于企业网站本身,还包括建立在专业电子商务平台上的网上商店以及与其他电子商务网站不同形式的合作等。因此,网上销售并不仅仅是大型企业才能开展,不同规模的企业都有可能拥有适合自己需要的在线销售渠道。

(6) 客户服务。互联网提供了更加方便的在线客户服务手段,从形式最简单的FAQ(常见问题解答)到电子邮件、邮件列表以及在线论坛和各种即时信息服务等。在线客户服务具有成本低、效率高的优点,在提高客户服务水平方面可发挥重要作用,同时也直接影响到网络营销的效果,因此在线客户服务是网络营销的基本工作内容之一。

(7) 客户关系加强。客户关系对开发客户的长期价值具有至关重要的作用,以顾客关系为核心的营销方式成为企业创造和保持竞争优势的重要策略。网络营销为建立客户关系、提高客户满意度和客户忠诚度提供了更为有效的手段。网络营销良好的交互性和客户服务,在增进客户关系的同时也能使网络营销取得长期的良好效果。

(8)市场调研。网上市场调研具有调查周期短、成本低的特点,网上调研不仅为制定网络营销策略提供支持,也是整个市场研究活动的辅助手段之一,合理利用网上市场调研手段对于市场营销策略具有重要价值。网上市场调研与网络营销的其他职能具有同等地位,既可以依靠其他职能的支持来开展,同时也可以相对独立进行,网上调研的结果反过来又可以为其他职能发挥功效提供支持。

以上网络营销的各个职能之间并非相互独立的,而是相互联系、相互促进的,网络营销的最终效果是各项职能共同作用的结果。开展网络营销需要用全面的观点,充分协调和发挥各种职能的作用,让网络营销的整体效益最大化。

相关链接:

网络营销的核心标准

(1)以网站帮助企业实现经营目标为网站建设目标。营销型企业网站一定是为了满足企业的某些方面的网络营销功能,比如面向客户服务为主的企业网站营销功能,以销售为主的企业网站营销功能,以国际市场开发为主的企业网站营销功能等。

(2)良好的搜索引擎表现。企业网站另一个重要功能是网站推广功能,而搜索引擎是目前网民获取信息最重要的渠道,如果企业网站无法通过搜索引擎进行有效推广,那么,这个企业网站从一定程度上来讲,其营销性会大打折扣。

(3)良好的客户体验。企业网站最终面对的是潜在客户与客户或与本公司业务有关联的任何组织和个人,如何提升企业网站的客户体验是营销型企业网站必须考虑的重要问题。

(4)重视细节。细节也是客户体验中一个重要的元素,由于其重要性所以我们单独将其作为营销型企业网站的一个因素,在营销型网站的流程制定、内容维护、网站管理等都需要体现出来细节问题。

(5)网站监控与管理。营销型网站的另一个因素是网站本身的监控功能与管理功能,简单来说,网站总需要加一段流量监测的代码,更多的管理特点就不多做介绍了。

6. 网络营销的常用方法

常用的网络营销方法有以下若干种。

（1）搜索引擎整合营销。SEM（Search Engine Marketing）包括竞价广告和搜索引擎优化（SEO：Search Engine Optimization）。现阶段在中国的竞价广告主要是百度和 Google 的竞价排名推广，是一种按照点击付费的推广方式；搜索引擎优化则通过对网站进行符合搜索引擎标准的方法进行优化，从而提高在百度、Google 等搜索引擎上的自然排名，并获得流量达到推广的目的。由于搜索引擎作为网民上网的主要入口，因此在网络营销中占重要地位。

（2）交换链接。交换链接或称互惠链接，是具有一定互补优势的网站之间的简单合作形式，即分别在自己的网站上放置对方网站的 Logo 或网站名称并设置对方网站的超级链接，使得用户可以从合作网站中发现自己的网站，达到互相推广的目的。

（3）网络广告。通过网络平台发布广告是推广企业品牌、产品或服务的高效渠道，也是网络营销的基本手段之一。横幅广告（Banner）曾经是网上广告的主流（虽然不是唯一形式），后来各种新的广告形式不断出现（详见本章第 4 节）。由于新的广告形式的表现形式越来越丰富，也较好地提高了网络广告的吸引力。

（4）信息发布。信息发布既是网络营销的基本职能，又是一种实用的操作手段。通过互联网，不仅可以浏览到大量商业信息，同时还可以自己发布信息。最重要的是将有价值的信息及时发布在自己的网站上，以充分发挥网站的功能，比如新产品信息、优惠促销信息等。

（5）许可 E－mail 营销。基于用户许可的 E－mail 营销比传统的推广方式或未经许可的 E－mail 营销具有明显的优势，比如可以减少广告对用户的滋扰、增加潜在客户定位的准确度、增强与客户的关系、提高品牌忠诚度等。开展 E－mail 营销的前提是拥有潜在用户的 E－mail 地址，这些地址企业可以从用户、潜在用户资料中自行收集整理，也可以利用第三方的潜在用户资源。

（6）邮件列表。邮件列表实际上也是一种 E－mail 营销形式，邮件列表也是基于用户许可的原则，用户自愿加入、自由退出。稍微不同的是，E－mail 营销直接向用户发送促销信息，而邮件列表是通过为用户提供有价值的信息，在邮件内容中加入适量促销信息，从而实现营销的目的。邮件列表的主要价值表现在四个方面：作为公司产品或服务的促销工具、方便和用户交流、获得赞助或者出售广告空间、收费信息服务。

（7）个性化营销。个性化营销主要指用户定制自己感兴趣的信息内容、选择自己喜欢的网页设计形式、根据自己的需要设置信息的接收方式和接受时间等。个性化服务在改善顾客关系、培养顾客忠诚度以及增加网上销售方面具有明显的效果。为了获得某些个性化服务，应注意在个人信息可以得到保护的情况下用户才愿意提供有限的个人信息，这是开展个性化营销的前提保证。

（8）会员制营销。会员制营销已经被证实为电子商务网站的有效营销手段，国外许多网上零售型网站都实施了会员制计划，该计划几乎已经覆盖了所有行业。虽然国内的会员制营销还处在发展初期，不过已经可以看出电子商务企业对此表现出的浓厚兴趣和其旺盛的发展势头。

（9）开设网上商店。商家既可以将网店建立在第三方提供的电子商务平台上，也可以由商家自行经营网上商店。网上商店除了通过网络直接销售产品这一基本功能之外，还是一种有效的网络营销手段。从企业整体营销策略和顾客的角度考虑，网上商店的作用主要表现在两个方面：一方面，网上商店为企业扩展网上销售渠道提供了便利的条件；另一方面，建立在知名电子商务平台上的网上商店增加了顾客的信任度。

（10）病毒营销。病毒营销并非真的以传播病毒的方式开展营销，而是通过用户的口碑宣传网络，信息像病毒一样传播和扩散，利用快速复制的方式传向数以千计、数以百万计的受众。

（11）网络视频营销。通过数码技术将产品营销现场实时视频图像信号和企业形象视频信号传输至互联网上。客户只需上网登录贵公司网站就能看到对公司产品和企业形象进行展示的电视现场直播。

（12）其他营销方法。营销方法层出不穷，除了上述方法之外，还有 BBS 营销、IM（即时通信）营销、博客营销、微博营销、轻博客营销、LBS 营销、团购营销、图片分享营销、问答式威客营销、电子杂志营销、网络游戏营销及社交网络营销等。

三、网络营销的目的

网络营销的目的主要包括提高网站流量、销售转化率及客户黏性。

1. 提高网站流量

通常说的网站流量（Traffic）是指网站的访问量，是用来描述访问一个网站的用户数量以及用户所浏览的网页数量等指标。网站流量统计主要指标包括独立访问者数量（Unique Visitors）、重复访问者数量（Repeat Visitors）、页面浏览数（Page Views）、每个访问者的页面浏览数（Page Views Per User）、某些具体文件/页面的统计指标，如页面显示次数、文件下载次数等。

（1）流量指标。

1）用户行为指标。主要关心用户是如何来到网站的、在网站上停留了多长时间、访问了哪些页面等，主要的统计指标包括用户在网站的停留时间、用户来源网站（也叫"引导网站"）、用户所使用的搜索引擎及其关键词及不同时段的用户访问量情况等。

2）用户浏览网站的方式。主要包括用户上网设备类型、用户浏览器的名称和版本、访问者计算机分辨率显示模式、用户所使用的操作系统名称和版本及用户所在地理区域分布状况等。

（2）流量分析。网站流量分析，是指在获得网站访问量基本数据的情况下，对有关数据进行统计、分析，从中发现用户访问网站的规律，并将这些规律与网络营销策略等相结合，从而发现目前网络营销活动中可能存在的问题，并为进一步修正或重新制定网络营销策略提供依据。

（3）独立访问者数量。在网站流量分析中，独立访问者数量（独立用户数量）对网络营销主要有下列作用。

1）独立用户数量比较真实地描述了网站访问者的实际数量。
2）网站独立访问者数量可用于不同类型网站访问量的比较分析。
3）网站独立访问者数量可用于同一网站在不同时期访问量的比较分析。
4）以独立用户为基础可以反映出网站访问者的多项行为指标。

2. 提高销售转化率

（1）转化率概念。转化率（CR：Conversion Rate）是指用户进行了相应目标行动的访问次数与总访问次数的比率。相应的行动可以是用户登录、用户注册、用户订阅、用户下载、用户购买等一系列用户行为，因此网站转化率是一个广义的概念。简而言之，就是当访客访问网站的时候，把访客转化成网站常驻用户，也可以理解为访客到用户的转换。

以用户登录为例，如果每100次访问中，就有10个登录网站，那么此网站的登录转化率就为10%，而最后有2个用户订阅，则订阅转化率为2%，有一个用户下订单购买，则购买转化率为1%。转化率不仅仅是注册转化率或者订单转换率，要全面理解网站转化率的概念。

（2）提高销售转化率的基本方法。

1）采取薄利多销策略。在降低商品价格的同时扩大销售量，则可以获得较高的转化率，其实团购采取的也是这个思路。

2）争取获得更多的好评。评价包括好评率和顾客的评语，这可以提高消费者的信心指数。特别是新上架的商品，好评率和评语对这个商品以后的转化率有至关重要的影响。

3）有鲜明的商品与网店定位。要对你的产品与网店有清晰的定位，让消费者一下就知道你是哪类网店并出售哪类商品。同时，定位也包括商品价位的定位，例如，如果你店里的定位是卖单价50元左右的产品，那么你上架单价500元的商品，其转化率就不会高。

4）搞好店面的整体规划。这既包括你店面的风格，也包括你店面的商品归类，只有某一类商品相关性更高一点，转化率才会高。

5）注意商品的照片效果与排版。好的商品图片不仅可以表明商品的许多特性及优点，还可以使消费者产生更多的购买欲望。随着网络带宽的不断提高，一些网店已开始采取大幅面、高清度的商品图片。当然，有时图片中的模特挑选也是很重要的。

6）具有清晰的产品描述。很多卖家总是在关注着自己有多少流量，认为有流量才有交易量，但却忽略了产品的描述，让来访的潜在消费者搞不清楚商品的细节，从而可能失去了一次销售机会。

7）提供便捷的购物流程。在网店设计过程中，要使购物流程尽量符合用户的习惯，网站的相应功能要实用，网站的层次设计要合理，让客户进入网站以后可以方便地完成整个购物流程。

8）提供完善良好的服务。完善的服务包括许多方面，如及时的咨询回复、方便的支付方式、快捷的商品配送及良好的售后服务等。各类网络营销及网络推广策略也都可以算是提高销售转化率的方法。

3. 提高客户黏性

在网络营销中，客户黏性是指用户对网站的忠诚度。用户是互联网的基础，黏性则是用户的基础。电子商务网站的客户黏性程度分为四种：高黏度、中黏度、低黏度及无黏度，网络营销当然需要让网站具有更高的黏度。

（1）多举办各类活动，营造热烈氛围。网站可以经常组织形式多样的活动，如促销、抽奖、折扣、团购等，让用户有新鲜感，还可以通过投票、点评、领取优惠券及返现等多种形式营造热闹氛围。

（2）提供人性化服务，加强客户关系。电子商务网站与用户之间应该要多沟通，网站经营者要多关注用户的合理欲求，并尽自己的最大努力为客户提供人性化的服务，拉近与用户之间距离。

（3）完美呈现商品信息，增加感官刺激。电子商务属于非接触性购物，价格、商品描述、图片成为影响用户下单的关键节点。特别是图片信息，是用户最直接的器官感受。图片越唯美，对用户冲击力越强，用户浏览欲、购买欲与分享欲就越强。

（4）多提供动态提醒，促使用户回访。你的网站上有新的商品或促销、优惠活动时，必须在第一时间让你的用户知道。可以设计更多与用户互动的元素，包括邮件订阅、短信通知等，让用户随时了解网站最新动态。

四、网络市场调研

1. 网络市场调研的定义

市场调研是营销链条中非常重要的一个环节，调研策划方案、决策等都是建立在前期的市场调研基础上。没有市场调研，就把握不了市场，从而就不可能较准确地做出决策。

市场调研是指以科学的方法，系统地、有目的地收集、整理、分析和研究所有与市场有关的信息，特别是有关消费者的需求、购买动机和购买行为等方面的市场信息，从而提出解决问题的建议，以作为营销决策的基础。

传统的市场调研，一方面，要投入大量的人力物力，如果调研面较小，则不足以全面掌握市场信息，而调研面较大，则时间周期长，调研费用大；另一方面，在传统的市场调研中，被调查者始终处于被动地位，企业不可能针对不同的消费者提供不同的调查问卷，而针对企业的调查，消费者一般也不予以反应和回复。网络市场调研就是基于互联网对网络营销决策相关的数据系统地进行计划、收集与分析，并把分析结果向管理者沟通的过程。这些相关的数据包括顾客需要、市场机会、竞争对手、行业潮流、分销渠道以及战略合作伙伴等方面的情况。这些信息又可以按照原始资料和二手资料分为借助网站用户注册和填写免费服务申请表格收集的原始资料和利用各种网站的搜索引擎收集的二手资料。

2. 网络市场调研的特点

与传统市场调研相比，网络市场调研有以下特点。

（1）互动性。这种互动不仅表现在消费者对现有产品的发表意见和建议，更表现在消费者对尚处于概念阶段产品的参与，这种参与将能够使企业更好地了解市场的需求，而且可以洞察市场的潜在需求。

（2）及时性。网络的传输速度快，一方面调研的信息传递到用户的速度加快；另一方面，用户向调研者的信息传递速度也加快了，这就保证了市场调研的及时性。同时，投票等网络市场调研通常可以随时查看调研统计结果。

（3）便捷性。无论是对调查者还是被调查者，网络调查其便捷性都是非常明显的。调查者可以随时随地地在互联网上快速地组织发起调查，被调查者可以快速地使用任何一种上网设备参与调查。同时，对于反馈的数据，调查者也可以快速便捷地进行整理和分析。

（4）经济性。调查者及被调查者都可以直接利用网络进行操作，除了上网费外，可以大量地节省电话费、传真费及纸张等的浪费，且统计迅速快捷，从而大大地降低市场调研的人力和物力耗费。

3. 网络市场调研需注意的问题

利用互联网进行市场调查需对以下几个方面的问题应给予足够重视。

（1）多种方式激励用户参与调研。网络市场调研的关键之一是如何鉴别并吸引更多的访问者，使他们有兴趣在企业站点上进行双向的网上交流，为此需要注意以下几点。

1）奖励访问者以激发其参与调研的积极性。如果厂商能够提供一些奖品、免费商品或给访问者购买商品一定的折扣优惠，会容易从访问者那里得到更多想要知道的信息，包括姓名、住址和电子邮件地址等。这种策略被证明是有效可行的。

2）利用免费资源吸引调查者填写个人信息。在企业站点上不仅仅需要展示产品的图片、文字等，而且需要有针对性地提供公众感兴趣的内容。以大量有价值的与企业产品相辅相成的信息和免费软件吸引大量的访问者，促使访问者乐于告诉你有关其个人的真实情况。

3）公布保护个人信息声明。在电子商务活动中，为了研究用户的上网、购买习惯或者提供个性化的服务，往往需要用户注册，并要求填写姓名、电话、个人兴趣、性别及职业等详细内容。但是无论什么样的消费者对个人信息都有不同程度的自我保护意识，所以调研人员要让用户了解调研目的，并让他们确信其个人信息不会被公开或者用于其他任何场合。

4）与知名网站合作以增加参与者数量。为了吸引更多的人访问企业站点，可以采取与其他网站合作，以吸引更多的访问者。例如与多类型公司互联，即与主题有相似之处而又非竞争对手的网站建立联盟。

（2）在网络上开展市场调研。市场调研人员在网络上进行网络调研应注意以下问题。

1）认真设计在线问卷以吸引访问者。在线调查是一个了解顾客的很好的渠道，但必须要有一个好的设计。一份完整的网上调查问卷通常包括如下几个部分：卷首语、问题指导语、问卷主体以及结束语。在线调查问卷不宜过长，并且应以简捷的选择项为主，避免使访问者失去耐心，影响调查效果。在设计调查提纲和调查问卷时，按照事物或现象的类别设计调查指标，然后再按分类指标搜集资料、整理资料，这种分类方法称为前分类法。

2）监控在线服务。企业站点的访问者能利用互联网上的一些软件程序来跟踪在线服务。企业的营销调研人员则可以通过监控在线服务来观察访问者主要浏览哪类企业、哪类产品的主页、挑选和购买何种产品以及他们在每个产品主页上耗费的时间长短等。通过研究这些数据，分析得出顾客的地域分布、产品偏好、购买时间、购买习惯以及行业内产品竞争状况等信息，为决策提供一定的依据。

3）有针对性地跟踪目标顾客。可通过各种方式跟踪用户，向他们发出有关产品和服务的信息或询问，并请求回复。也可以在电子调查表中设置让顾客自由发表意见和建议的版块，请他们发表对企业、产品、服务、竞争对手等各方面的看法和期望。通过这些信息，调研人员可以把握产品的市场动向以及消费者的消费心理、消费爱好及消费倾向的变化，根据这些变化来调整企业的产品结构和市场营销策略。

4）传统市场调研和电子邮件相结合。可以在其他各种传统的传播媒体上，如报纸、电视或有关杂志上刊登相关的调查问卷，并公告企业的电子邮箱和网址，让消费者通过电子邮件回答所要调研的问题，以此收集市场信息。采用这种方法，调研的范围比较广、灵活性较强，同时可以减少企业市场调研中相应的人力和物力的消耗。

5）通过产品的网上竞卖掌握市场信息。对于企业推出的新产品，可以通过网上竞卖了解消费者的倾向和心理，掌握市场趋势，从而制定相应的市场营销策略。也可以通过其他的网上竞卖活动收集信息，如通过一些二手产品的网上竞卖来了解消费者的品牌偏好、各产品在消费者心中的卖点等信息。通过网上竞卖，企业市场调研人员可以掌握有关的市场信息，并以此为依据对未来市场趋势做出理性的分析与判断。

4. 网络调研问卷的特点

网络调研问卷有以下基本的特点。

（1）目的性。即询问的问题与调查主题密切相关，重点突出。

（2）可接受性。即问卷设计科学合理，要容易让被调查者所接受。

（3）简明性。即询问内容要简明扼要，回复时也简短省时。

（4）匹配性。即要将调研的问题通过相对应的题目很好地反映出来，否则可能会疏忽一些重要的调研项目。

（5）处理便捷性。即设计问卷题目时，要便于后期的检查、数据处理、统计分析，以提高市场调研工作的效率。

（6）先易后难性。考虑问卷的流程安排，被调查者感兴趣的问题或一般问题放在前面，需要思考的问题放在问卷中间，敏感性的问题放在最后。

5. 网络调研的优势

网络市场调研是企业网络营销的利器，与传统市场调研方法相比，利用互联网进行市场调研有以下优势。

（1）网络调研信息的及时性和共享性。网络调研的过程是动态的，通常可以随时看到阶段性结果及最终结果。网上调研又是开放的，任何网民都可以参加投票和查看结果，这就保证了网络调研的共享性。

（2）网络调研方式的便捷性和经济性。只要能上网，调查者可随时发起调查，被调查者可随时参与调查，且统计往往可以由机器自动或辅助完成。同时，网络调研非常经济，它可以节约传统调查中大量的人力、物力、财力和时间的耗费。

（3）网络调研过程的交互性和充分性。在网上调查时，被访问者可以及时就问卷相关的问题提出自己的看法和建议，可减少因问卷设计不合理而导致的调查结论出现偏差等问题。同时，网络调研又具有留置问卷或邮寄问卷的优点，被访问者有充分的时间进行思考，可以自由地在网上发表自己的看法。

（4）网络调研结果的可靠性和客观性。被调查者一般都对企业产品有一定的兴趣，是在完全自愿的原则下参与调查，调查的针对性强，更可靠。同时，网络市场调研可以避免传统市场调研中人为因素干扰所导致的调查结论的偏差，因为被访问者是在完全独立思考的环境中接受调查的，能最大限度地保证调研结果的客观性。

（5）网络调研无时空和地域的限制性。传统的市场调研往往会受到区域与时间的限制，而网络市场调研可以 24 h 全天候进行，而且不会受到区域的限制。

（6）调研信息的可检验性和可控制性。首先，网上市场调查问卷可以附加全面规范的指标解释，有利于消除被访者因对指标理解不清或调查员解释口径不一而造成的调查偏差；其次，问卷的复核检验由计算机依据设定的检验条件和控制措施自动实施，可以有效地保证对调查问卷 100% 的复核检验，保证检验与控制的客观公正性；最后，通过对被调查者的身份验证技术可以有效地防止信息采集过程中的舞弊行为。

6. 网上市场调研实施方法

网络市场调研方法根据收集数据的性质不同分为网络营销直接调研法和网络营销间接调研法两种方式。所谓网络营销直接调研法是利用互联网直接收集一手资料的方法，而网络营销间接调研法主要是利用互联网的媒体功能，从互联网上收集二手资料的方法。

（1）网络营销直接调研的方法。网络营销直接调研的方法根据不同的分类标准有不同的分类。根据调研的方法不同可分为网上问卷调研法、网上观察法、网上试验法和专题讨论法。

1）网上问卷调研法。网上问卷调研法是将问卷在网上发布，被调查对象通过互联网完成问卷调查。网上问卷调查一般有两种途径：一种是将问卷放置在网站上，等待访问者访问时填写问卷；另一种是通过 E-mail 方式将问卷发送给被调查者，被调查者完成后将结果通过 E-mail 返回。这种方式的好处是可以有选择性地控制被调查者，缺点是容易遭到被访问者的反感，有侵犯个人隐私之嫌。

2）网上观察法。网上观察法是一种实地研究方法。不过在网络中，实地特指一些具体的网络空间。一般是指调研人员通过电子邮件向互联网上的个人主页、新闻组或邮件列表发出相关查询进行网上观察的一种调研方法。

3）网上实验法。网上实验法则是选择多个可比的主体组，分别赋予不同的实验方案，控制外部变量，并检查所观察到的差异是否具有统计上的显著性。这种方法与传统的市场调查所采用的原理是一致的，只是手段和内容有差别。

4）专题讨论法。专题讨论法是通过 Usenet 新闻组、电子公告牌（BBS）、邮件列表讨论组、SNS、IM（如QQ、MSN等）或微博等进行，从而获得资料和信息的一种调研方法。专题讨论法遵循一定的步骤：首先，确定要调查的目标市场；其次，识别目标市场中要加以调查的讨论组；再次，确定可以讨论或准备讨论的话题；最后，登录相应的讨论组，通过过滤系统发现有用的信息或创建新的话题，让大家讨论，从而获得有用的信息。

（2）网络营销间接调研的方法。网上间接调查主要利用互联网收集与企业经营相关的市场、竞争者、消费者以及宏观环境等信息。企业用得最多的还是网上间接调查方法，这种方法较容易收集到信息，方便快捷，能广泛地满足企业管理决策的需要。

1）利用搜索引擎收集资料。搜索引擎一般按分类、网站和网页来进行搜索。使用搜索引擎，要注意选择最恰当的关键词或搜索条件，同时能够熟悉运用搜索的基本数学规则：如使用"＋"号，使用"－"号和使用"　"号等。

2）利用公告栏收集资料。该方法提供一块公共电子白板，每个用户都可以在上面书写，可发布信息、留言、发表意见或回答问题，也可以查看其他人的留言。公告栏的用途多种多样，既可以作为留言板，也可以作为聊天、讨论的场所。还可以用于商业方面，如发布工商产品的求购信息等。

3）利用新闻组收集资料。新闻组（英文名 Usenet 或 Newsgroup）类似于一个公告板，由成千上万个致力于不同主题的新闻组组成，所有的人都可以随意发表自己的观点、阅读别人的意见、补充修改别人的观点，且这种交流不限于几个人之间，同时可能有成千上万的人在讨论一个大家所关心的问题。

4）利用 E－mail 收集资料。E－mail 是 Internet 上应用最广的服务，用户可以用非常低廉的价格、以非常快速的方式与世界上任何一个角落的网络用户联络，这些电子邮件可以是文字、图像或声音等各种方式。

五、网上销售产品策略

1. 适合在网上销售的产品

适合在网上销售的产品种类很多，适于网上销售的产品一般应具有以下一种或几种特征：知识型产品、受众（用户）范围较为宽泛，不特定的产品，能被普遍接受的标准化产品。

（1）一般性日常消费品。如日常的吃喝住行所用到的一些产品，其消费量比较大，用户往往需要经常性地消费。

（2）低值易耗品及配件。一些产品价格不是很高，但一定时间后需要再次购买，如墨盒、打印纸、U盘及SD卡等，需求量也不小。

（3）电子虚拟商品。网上适合销售非实体商品，如计算机软件、音乐、电子图书及电话充值卡等，它们通过网络传输是非常便利的，还可以采用免费赠送等方法引起消费者的兴趣，还可让用户免费试用后再决定是否购买整个软件。

(4) 不易破损的产品。一方面，一些产品（如书籍、音像制品、服装及电子消费品等）本来就有较大的消费市场，且在网上可以有较大的折扣与销售；另一方面，这类产品通常在运输、配送过程不易破损，为网络销售带来了便利。

(5) 创意独特的新产品（炒新）。利用互联网沟通的广泛性、便利性，创意独特的新产品的别致之处可以更主动地向更多的人展示。满足了那些品位独特、需求特殊的顾客的先睹为快的心理。

(6) 有收藏价值的商品（炒旧）。在网络上，可使这类商品为大众所共识，世界各地的人都能有幸在网上一睹其芳容，这无形中增加了许多商机，通过网上淘金收获的机会肯定大得多。

(7) 服务等无形产品。这类产品包括旅馆预订、鲜花预订、演出票务服务、旅游服务、银行业务和各类咨询服务等。借助于网络，这类服务显得更加方便、快捷、有效，且用户可以随时随地地自由查询及比较。

当然，是否适合网上销售并不是固定的。如有些不易保存的商品过去由于物流速度太慢不适合在网上销售，但现在速度上去了则可以。

2. 扩大产品组合策略的应用方法

扩大产品组合策略是开拓产品组合的广度和加强产品组合的深度。开拓产品组合广度是指增添一条或几条产品线，扩展产品经营范围；加强产品组合深度是指在原有的产品线内增加新的产品项目。扩大产品组合的具体方式有以下几个方面。

(1) 在维持原产品品质和价格的前提下，增加同一产品的规格、型号和款式。

(2) 增加不同品质和不同价格的同一种产品。

(3) 增加与原产品相类似的产品。

(4) 增加与原产品毫不相关的产品。

扩大产品组合的优点：第一，满足不同的偏好的消费者多方面需求，提高产品的市场占有率；第二，充分利用企业信誉和商标知名度，完善产品系列，扩大经营规模；第三，充分利用企业资源和剩余生产能力，提高经济效益；第五，减小市场需求变动性的影响，分散市场风险，降低损失程度。

3. 缩减产品组合策略的应用方法

缩减产品组合策略是削减产品线或产品项目，特别是要取消那些获利小的产品，以便集中力量经营获利大的产品线和产品项目。缩减产品组合有以下两种方式。

(1) 减少产品线数量，实现专业化生产经营。

(2) 保留原产品线削减产品项目,停止生产某类产品,外购同类产品继续销售。

缩减产品组合的优点:第一,集中资源和技术力量改进保留产品的品质,提高产品商标的知名度;第二,生产经营专业化,提高生产效率,降低生产成本;第三,有利于企业向市场的纵深发展,寻求合适的目标市场;第四,减少资金占用,加速资金周转。

4. 产品延伸策略的应用方法

产品延伸策略是指全部或部分地改变公司原有产品的市场定位。具体做法有向下延伸、向上延伸和双向延伸三种。

(1) 向下延伸。指企业原来生产高档产品,后来决定增加低档产品。企业采取这种决策的主要原因如下:第一,企业发现其高档产品的销售增长缓慢,不得不将其产品大类向下延伸;第二,企业的高档产品受到激烈的竞争,必须用侵入低档产品市场的方式来反击竞争者;第三,企业当初进入高档产品市场是为了建立其质量形象,然后再向下延伸;第四,企业增加低档产品是为了填补空隙,不使竞争者有隙可乘。

(2) 向上延伸。指企业原来生产低档产品,后来决定生产高档产品。主要理由如下:第一,高档产品畅销,销售增长较快,利润率较高;第二,企业估计高档产品市场上的竞争者较弱,易于被击败;第三,企业想使自己成为生产种类全面的企业。

(3) 双向延伸。从上下两个方面同时延伸。一方面,增加高档产品;另一方面,增加低档产品,扩大市场阵地。

5. 产品的定价策略知识

(1) 影响定价的主要因素。

1) 市场需求及变化因素。在其他因素不变前提下,消费者对某一商品需求量的变化与这一商品价格变化的方向相反,如果商品的价格下跌,需求量就上升,而商品的价格上涨时,需求量就相应下降,这就是所谓的需求规律。

2) 市场竞争格局因素。在现代经济中可分为四种竞争格局:完全竞争(价格完全由供求关系决定)、完全垄断(指某种产品或服务完全被一个企业所独占)、垄断性竞争(这是一种介于完全竞争和完全垄断之间的竞争)及寡头竞争(指一个行业中几家少数的企业生产和销售,价格实际上由他们共同控制)。在不同市场竞争条件下企业定价的自由度有所不同。

3) 政府的干预因素。在现代经济生活中,世界各国政府对价格的干预和控制是普遍存在的,只是干预与控制的程度不同。我国政府除了通过宏观控制货币发行、财政收支、信贷、积累与消费的关系影响价格的总水平外,还对有关国计民生的重要产品规定了企业的定价权限。

4) 商品的特点因素。商品的自身属性、特征等诸方面因素是企业制定价格时必须考虑的因素。包括商品的种类、标准化程度、商品的易腐、易毁和季节性、时尚性、需求弹性、生命周期阶段等。

5）企业状况因素。企业状况主要指企业的生产经营能力和企业经营管理水平对制定价格的影响。不同的企业由于规模和实力的不同、销售渠道和信息沟通方式不同、企业营销人员的素质和能力高低的不同等，对价格的制定和调整应采取不同的策略。

(2) 企业定价的主要步骤。

1）确定定价目标。企业价格的制定是一种有计划有步骤的活动。企业的主要定价目标有投资收益率目标、市场占有率目标、稳定价格目标、防止竞争目标、利润最大化目标、渠道关系目标、渡过困难目标、塑造形象目标（也叫社会形象目标）。

2）测定需求。消费者需求量直接影响产品的单位成本，企业在产品定价时必须参照市场需求大小，同时还要测定需求价格弹性。

3）估算成本。企业商品价格的最高限度取决于市场需求及有关限制因素，而最低价格不能低于商品的经营成本费用，这是企业价格的下限。

4）分析竞争状况。对竞争状况的分析，包括三个方面的内容：分析企业竞争地位、协调企业的定价方向及估计竞争企业的反应。

5）选择定价方法。可选择的方法如下：第一，成本导向定价法，即按照产品成本加一定的利润定价；第二，竞争导向定价法，即以竞争对手的定价为依据的定价方法如随行就市定价法、追随定价法及密封递价法等；第三，需求导向定价法，即根据消费者对商品的需求强度和对商品价值的认识程度来定价。

6）选定最后价格。在以上步骤的基础上选择最后的产品价格。

(3) 企业定价策略。

1）新产品定价策略。主要有两种策略可供选择，撇脂定价策略和渗透定价策略，即在产品生命周期的最初阶段，前者把产品价格定得很高，以期获得较高的收益；后者把价格定得相对较低，薄利多销，尽快争取最大可能的市场占有率。

2）产品组合定价策略。当产品只是某一产品组合的一部分时，因为各种产品之间存在需求和成本的相互联系，而且会带来不同程度的竞争，企业要研究出一系列价格，使整个产品组合的利润实现最大化。

3）商品阶段定价策略。即在对"商品经济生命周期"分析的基础上，依据商品生命周期不同阶段的特点而制定和调整价格。

4）折扣定价策略。是企业为调动各方面积极性或鼓励顾客做出有利于企业的购买行为的常用策略。常见的折扣定价策略有数量折扣、季节折扣、现金折扣、功能折扣、价格折让及特价策略等。

5) 心理定价策略。指利用心理暗示的方法进行产品定价,主要策略有声望定价策略、尾数定价策略、关键价位定价策略及安全定价策略(如将产品购买时将维修费用一并计入)等。

6) 相关商品价格策略。相关商品是指不同的商品在最终用途和消费购买行为等方面具有某种相互关联性。相关商品定价策略主要有互补商品定价策略及替代商品定价策略。前者把价值高而购买频率低的主件价格定得低些,而对与之配套使用的价值低而购买频率高的易耗品价格适当定高些;后者是指功能和用途基本相同,消费过程中可以互相替代的产品。

7) 地理定价策略。指根据商品的销售市场与产地市场地理位置的差异而制定的不同的价格策略。通常的地理定价策略如下:对各个相对独立的市场分别作价;对异地买主提供收费或免费服务措施;向异地经销企业提供价格支持和保证。

8) 差别定价策略。指企业按照两种或两种以上不反映成本费用的比例差异的价格销售某种产品或服务。差别定价主要有四种形式:第一,顾客判别定价,即企业按照不同的价格把同一种产品或服务卖给不同的顾客;第二,产品形式差别定价,即企业对不同型号或形式的产品分别制定不同的价格;第三,产品部位差别定价,即企业对于处在不同位置的产品或服务分别制定不同的价格;第四,销售时间差别定价,即企业对于不同季节、不同时期甚至不同钟点的产品或服务分别制定不同的价格。

9) "撇脂定价法"(Market-Skimming Pricing)又称高价法,即将产品的价格定得较高,尽可能在产品生命周期的初期,在竞争者研制出相似的产品以前,尽快地收回投资,并且取得相当的利润。然后随着时间的推移,再逐步降低价格使新产品进入弹性大的市场。一般而言,对于全新产品、受专利保护的产品、需求的价格弹性小的产品、流行产品、未来市场形势难以测定的产品等,可以采用撇脂定价策略。

6. 折扣价格策略的应用方法

折扣价格策略是企业为调动各方面的积极性或鼓励顾客做出有利于企业的购买行为的常用策略,是销售者为回报或鼓励购买者的某些行为,如批量购买、提前付款、淡季购买等,将其产品基本价格调低,给购买者一定比例的价格优惠。常见折扣定价策略的有以下几种。

(1) 数量折扣。也称批量折扣,即根据购买者购买数量的大小给予不同的折扣。

(2) 季节折扣。也称季节差价,一般在有明显的淡、旺季商品或服务的行业中实行。

(3) 现金折扣。也称付款期折扣,其目的在于鼓励购买者尽早付款加速企业资金周转。购买者如以现金付款或提前付款,可以在原商品价格的基础上享受一定的价格优惠折扣。

(4) 业务折扣。也称同业折扣或功能折扣，是生产厂家给予批发企业和零售企业的折扣。

7. 免费策略的应用方法

(1) 免费策略的目的。免费价格策略是市场营销中常用的营销策略，它主要用于促销和推广产品，这种策略一般是短期和临时性的。但在网络营销中，免费价格不仅仅是一种促销策略，它还是一种非常有效的产品和服务定价策略。

免费价格策略就是将企业的产品和服务以零价格形式提供给顾客使用，满足顾客的需求。免费策略的主要目的有以下两个。

1) 通过免费使用形成习惯后再开始收费。如允许消费者在网上下载使用时间有限制的软件，免费使用3个月，消费者使用习惯后，版本到期，然后掏钱购买正式版本。

2) 通过免费占领市场后再获取收益。出于这种目的的企业在制定免费定价策略时，主要从战略发展的需要出发，着眼于发掘产品的后续商业价值。如雅虎公司通过免费建设门户站点，经过4年亏损，在第五年通过广告收入等间接收益扭亏为盈，但在前四年的亏损中，雅虎公司的免费策略恰好占领了未来市场，为取得市场竞争优势和盈利做好了准备。

(2) 免费策略的种类。

1) 完全免费策略。即免费提供产品或服务购买、使用以及售后所有环节。如美国在线公司成立之初在商业展览会场、杂志封面、广告邮件等场合提供免费软件，通过这种方式在连续5年后吸收到了100万名用户。

2) 有限免费策略。即产品或服务可以被有限次或者有限时间内的免费使用，超过一定次数或时限就不再享受免费。比如许多网络游戏都在提供试玩，服务器免费开放一定天数，当玩家超过免费试玩期想要继续玩游戏就要缴费。

3) 部分免费策略。这是指将产品整体进行划分或将服务全过程分成若干个环节，只对其中某些部分或某些环节提供免费的策略。如某些网络影视或音乐之免费提供部分片段播放，若要欣赏全部内容，则需付费。

4) 捆绑式免费策略。即在购买某种产品或服务时可以免费享受赠送其他产品和服务的待遇。如美容院为了促销美容护肤产品，在顾客进行购买产品后可以享受免费护理服务。

(3) 免费策略的实施。

1) 分析免费策略是否符合企业商业模式。互联网作为成长性的市场，在市场获取成功的关键是要有一个可能获得成功的商业运作模式，因此考虑免费价格策略时必须考虑是否能与商业运作模式吻合。

2) 分析免费策略能否获得市场认可。即提供的产品或服务是否是市场迫切需求的。互联网上通过免费策略已经获得成功的公司都有一个特点，就是提供的产品或服务受到市场的极大欢迎，如奇虎360即是通过免费提供安全卫士及杀毒等软件。

3) 分析免费产品推出时机是否合适。在互联网上推出免费产品是为抢占市场，如果市场已经被占领或者已经比较成熟，则要认真审视推出免费的产品或服务是否具有足够竞争能力。

4) 策划推广免费策略。要吸引用户关注免费产品或服务，应当与推广其他产品一样有严密的营销策划。在推广免费价格产品或服务时，主要考虑通过互联网渠道进行宣传。如3721网站为推广其免费中文域名系统软件，首先，通过新闻形式介绍中文域名概念，宣传中文域名的作用和便捷性；然后，与一些著名ISP和ICP合作，建立免费软件下载链接，同时还与PC制造商合作，提供捆绑预装中文域名软件。

第2节　网络营销常用方法

知识要求

一、网络论坛

1. 网络论坛简介

网络论坛，通常简称为论坛，又称讨论区或讨论版等，是一种提供在线讨论的程序，或由这些程序建立的以在线讨论为主的网站。BBS是一个人与人之间语言文化共享的平台，具有实时性、互动性，由Usenet在1980年之后开始流行，网络论坛大多在技术上代替了早期的电话为基础的BBS服务。虽然在技术上代替了BBS，很多论坛还保有"BBS"的名称。大约是从1991开始，国内开始了第一个BBS站。

2. 网站论坛的特点

(1) 教学型论坛特点。这类论坛通常如同一些教学类的博客或者是教学网站，中心放在对一种知识的传授和学习，在计算机软件等技术类的行业，这样的论坛发挥着重要的作用，通过在论坛里浏览帖子，发布帖子能迅速地与很多人在网上进行技术性的沟通和学习，如CDSN等。教学型论坛特点是针对性、互动性和时效性。

(2) 推广型论坛的特点。从2005年起，推广型论坛很快地发展起来。这类论坛通常不是很受网民的欢迎,因其生来就注定是要作为广告的形式,为某一个企业或某一种产品进行宣传服务。目前,这类论坛的吸引力已经越来越弱。

(3) 地方性论坛的特点。地方性论坛是论坛中娱乐性与互动性最强的论坛之一。不论是大型论坛中的地方站,还是专业的地方论坛,都有很热烈的网民反应。地方性论坛能够更大距离地拉近人与人的沟通,另外由于是地方性的论坛,所以对其中的网民也有了一定的局域限制,论坛中的人或多或少都来自于相同的地方,网民之间往往有类似的背景,并对一些习俗认可度较高。

(4) 交流性论坛的特点。交流性的论坛又是一个广泛的大类,这样的论坛重点在于论坛会员之间的交流和互动,所以内容也较丰富多样,有供求信息、交友信息、线上线下活动信息、新闻等,这样的论坛是将来论坛发展的大趋势。

3. 网络论坛在网络推广中的应用

BBS 的本身已由原来的娱乐交流工具转化成了一种网络媒体。利用论坛的超高人气,可以有效地为企业提供营销传播服务。由于论坛话题的开放性,企业许多营销诉求都可以通过论坛传播得到有效的实现。

网络论坛推广方法包括在专业的论坛上帖子策划、撰写、发放、监测及汇报等环节。具体的帖子类型包括各种置顶帖、普通帖、连环帖、论战帖、多图帖及视频帖等。论坛建立之初,网站人气很少,可以通过关系推广的方式,动员亲朋好友加入,带动更多的人聚集到论坛中来。

二、博客

1. 博客简介

博客(Blog)是网络日志(Weblog)的简称,又译为部落格或部落阁等,是一种通常由个人管理、不定期张贴新文章的网站。博客上的文章通常根据张贴时间,以倒序方式由新到旧排列。许多博客专注在特定的课题上提供评论或新闻,其他则被作为比较个人的日记。博客是个人自由表达和出版、知识过滤与积累、深度交流沟通的网络新方式。

一个典型的博客结合了文字、图像、其他博客或网站的链接及其他与主题相关的媒体。能够让读者以互动的方式留下意见,是许多博客的重要要素。大部分的博客内容以文字为主,仍有一些博客专注在艺术、摄影、视频、音乐、播客等各种主题。博客是社会媒体网络的一部分。

2. 博客特点

(1) 个体性与公共性。指其内容的个性表达,但同时博客也是个体性和公共性的结合,既有博主自己的观点与倾向流露,属于私媒体,又有大众媒体的公众传播的作用。

（2）及时性与互动性。博客的内容更新频繁，这种信息流动的及时性是博客的一个重要特点，也大大提高了博客作为一种信息交流工具的效率。

（3）线性与时间倒序性。博客通常按时间顺序组织其内容，以倒序的方式将最新的内容放在最上面，这样人们就可以很容易地捕获最新信息。

（4）媒体性与表现力丰富性。由于博客可以用较详细的方式描述内容，可以支持文字、图片、声音及视频等多种媒体，对于塑造企业品牌及推广产品或服务都有较大的价值。

3. 博客在网络营销中的应用

博客营销和传统营销不同，通过具有个性化的文字，去传播某种思想，这就是博客营销的最大特点。博客和其他网站对于企业营销的最大区别是，博客会使用较为中性的文字去暗示读者，间接地向读者灌输一种信息。博客营销可发挥的作用有下列五个方面。

（1）塑造企业品牌。博客可以宣传企业的历史、定位与使命，用于塑造企业品牌，传递企业理念，并可以发布企业所在行业的信息，以体现企业的专业性。

（2）发布企业产品或服务的信息。可以使用企业官方博客或高管的博客发布企业相关产品或服务的特色、优点及使用体验。

（3）与企业的客户及潜在客户互动。可以在博客上随时监测并及时回复平台上客户对于企业或个人的相关疑问以及咨询。开展博客营销的基础是对某个领域知识的掌握、学习和有效利用，并通过对知识的传播达到营销信息传递的目的。

（4）引导消费。博客中可以对使用企业所涉及的产品或服务的必要性与好处做一些引导与解释，从而培育市场，这对于新产品或服务很有必要。成功博客的必要前提条件是博主必须对某个领域知识学习、掌握并有效利用。

（5）提高搜索引擎的自然排名。经常更新且重视标签设置的博客可以帮助企业或公司零成本获得搜索引擎的较前排名，以达到宣传目的的营销手段。博客营销的本质是以网络信息传递形式表现个人思想、以网络信息传递形式表现个人体验、以网络信息传递分享个人知识资源。

三、微博

1. 微博简介

微博，即微博客（MicroBlog）的简称，它是一种通过关注机制分享简短内容的广播式的社交网络平台。

最早也是最著名的微博是美国的Twitter，其曾经宣称目标是赢得10亿用户。截止到2011年下半年，腾讯微博宣称注册用户数已达到3.1亿，新浪微博宣称注册用户数已经突破2.5亿。在微博人气不断高涨的背景下，企业微博营销自然成了一块火热的领域。

微博的用途很广，其主要的商业功能有提高品牌知名度、宣传企业/机构理念、新产品/服务的推广宣传、进行客户关系管理、提供售前咨询、提供售后服务、搜索发现市场对相关产品/服务的需求、开展促销活动、向官方网站导入流量、争取新客户、引导及教育消费习惯、发布行业信息、进行负面信息监测及实施危机公关等。

微博营销可以借鉴长尾理论、社会化媒体营销、口碑营销/病毒营销、整合营销传播及统合营销，综合运用以取得更好的效果。

2. 微博的特点

微博的基本传播特点可以归纳为六个字："短、平、快；碎、即、开"。

(1)"短"即简短式记载与呈现。由于微博通常以140个字符（或汉字）为帖子的最长长度，这就使得微博的帖子很精练，也使得微博非常适合快餐文化。同时，微博的"短"也使信息数量有所增加，因为一个人一天可以发很多条微博。微博的"短"让更多忙碌的人更容易表达，更愿意表达，而且表达得更精练，同时，它也让微博的评论和回复变得更容易、更精练。

(2)"平"即平等式交流。微博用户的背景各不相同，但在微博上，相对而言大家都是平等的，你不仅可以关注自己的偶像并看到他们的帖子，还能与他们进行互动交流。另外，微博上的帖子及评论通常比较轻松，相比其他相对严谨的媒体而言，更容易促进用户之间的平等交流。

(3)"快"即裂变式传播。由于你发布的帖子你的粉丝都能看得到，如果这条帖子有亮点或有价值，那么你的粉丝中就可能有人会通过转发将其分享出来，这样他的粉丝也可以看到这条帖子。以此类推，有些帖子就可能在很短的时间内传播到很多人那里。

(4)"碎"即碎片式呈现与时间利用。由于信息简短，加上在你微博首页上看到的是你关注的所有用户发布的按时间顺序倒序排列的所有帖子，所以相对而言，你看到的每个人的信息都是碎片式的，除非你进入到其页面去专门查看。同样，你的信息呈现在你的粉丝面前时也是如此。

(5)"即"指即时式发布与搜索。用户可以随时发布微博，同时，前面提到过，微博中也可以随时搜索所有用户发布的帖子，而这些帖子可以是刚刚被某个用户发布的帖子。相比过去百度与谷歌之类的传统搜索引擎而言，它们通常并不能保证网站上刚刚发布的信息就能被用户搜索到，因为传统搜索引擎抓取页面需要时间。

(6)"开"即开放式讨论及接口。微博上的讨论是一种开放式的群聊，这意味着你的每一次讨论事先并不能确定哪些用户会参与进来。在你进行一个话题讨论时，每个时间段都可能有不同的用户"从天而降"参与到讨论中，不同用户的参与常会使得微博的讨论产生更多新奇的观点。另外，多数微博平台以开放接口的方式，允许第三方开发商的程序对接进来。

3. 微博在网络营销中的应用

（1）利用微博宣传企业。

1）提高企业品牌知名度。任何企业都需要扩大自己的知名度，特别是那些不太知名的企业。一些不太知名的企业可能会因为充分利用微博而扩大知名度。例如，《新周刊》杂志就是因为充分利用了微博，使其从不大知名的杂志一跃而成较为知名的杂志。

2）宣传企业经营理念。企业的理念不仅要向外界述说，还要进行不同角度的解读，甚至将其与一些热门话题发生关联，进而将这些理念不断体现在企业相关微博的整体使用中，让外界感受到这种理念的存在——虽然不一定都是有形的。

3）新产品/服务的推广宣传。在微博平台上，企业微博自然会有一定数量的新产品/服务的推广宣传。但是，一定要注意的是，新产品/服务的推广宣传要注意控制数量、注重创意，并及时互动。

（2）利用微博加强客户联系。

1）进行客户关系管理。微博非常重视互动，这种互动当然包含了企业与客户之间的大量互动。显然，长期的互动会使得企业与现有客户及潜在客户长期保持良好的关系，这也是客户关系管理（CRM：Customer Relationship Management）的工作内容之一。

2）提供售前咨询。如果你是一个企业微博，那么必然会有现有客户与潜在客户向你咨询新旧产品或服务。特别是潜在客户，他们可能因为有消费需求而对你的产品或服务产生兴趣，进而主动找到你的微博并向你发问，这其实就相当于企业原来的呼叫中心的功能之一。

3）提供售后服务。既然可以利用微博进行售前咨询，那么也可以利用微博进行售后服务。如上所述，如果你的客户大多数都在微博上的话，你当然应该将售后服务的主战场搬到微博上来。这样效率会更高，成本也会更低。

4）发展新客户。不论你在微博里发布新产品/服务，还是述说企业的品牌故事及经营理念，抑或是通过搜索发现用户需求，都可能会与潜在客户进行信息交流。应该让你的交流在与用户拉近关系的同时，让用户对你的企业、品牌、产品或服务产生更多的信任与渴望，进而争取将他们变成你的现实客户。

（3）利用微博促销及引导消费。

1）引导或教育消费习惯。许多企业都需要引导或教育用户对某些产品或服务的消费习惯，特别是一些新产品或服务。如果能充分利用好微博，在微博上用有趣生动、令人信服的帖子及回复来引导用户对你的产品或服务产生需求，则可以让微博发挥更多的功效。

2）发布行业信息。在微博中发布行业信息对你的企业是有利的，因为它会让外界看到你是一个专业性比较强的企业，你在关注行业的发展动态，说明你的企业是有活力的，是在不断进步的。

3）开展促销活动。开展促销活动也是一项许多企业容易想到的微博商业功能。如果微博中有不少你的潜在客户，那么打折、抽奖及免费派送之类的优惠活动则完全可以放到微博中去进行。在微博中，发布这类信息不仅成本低，而且可以很好地利用其分享机制，让网友帮你转发并传播促销信息。

4）向官方网站导入流量。由于微博的帖子正文、评论及回复大多是可以添加链接地址的，因此你自然也可以将自己的官方网站或网店的地址添加到微博的帖子里。这样做的好处是，当用户在浏览或回复你发布的微博帖子时，如果对你的产品、服务或优惠活动感兴趣，就很可能会点击链接进入你的网站。

（4）利用微博了解需求与行情。

1）搜索发现市场对相关产品/服务的需求。也许有网民会在微博中说自己需要购买某类产品和服务，请微博上的其他用户提供一些建议或意见。如果知道这种情况的存在，企业微博就可以周期性地利用搜索功能来搜索与企业的产品或服务需求相关的微博帖子。

2）收集竞争对手的信息。你在用微博，你的竞争对手很可能也在用。然而，他们的微博用得好还是不好？他们的微博的使用优势在哪里？劣势在哪里？对手是否存在一些明显的漏洞？这些你的企业都应该予以关注。

3）征集产品/服务的需求。在微博中收集用户对产品或服务的需求时，有时可以在微博中发布问卷调查，有时可以在搜索中发现用户的期望，有时可以在互动中了解用户所想，有时可以利用微博的投票功能。

（5）利用微博进行舆情监控。

1）进行负面信息监测。任何企业都难免会有负面信息产生，关键是要及时发现。一方面，你得将微博用起来，否则你根本就不知道人家在微博上怎么说你的"坏话"，那很容易转变成危机；另一方面，你应该经常性地主动去监测这些负面信息。

2）实施危机公关。当企业出现危机后，不论这种危机是在微博内还是在微博外发生的，都可以利用微博实施危机公关。微博公关需要在及时监测信息的同时，根据具体情况采取不同的对策。对于误会要及时澄清，对于诽谤则要表明态度，甚至截图收集证据。

（6）利用微博开展其他活动。

1）与微博平台合作举办专题活动。可以与微博平台网站进行合作，共同推出专题或Minisite之类的活动，不仅可以让你拥有单独的页面，还可以在活动中随时将信息发布到微博大平台上，从而打通活动与微博大平台的同步渠道。

2）征集广告语。既然在微博上可以互动和投票，那么也可以在微博上征集广告语。利用微博征集广告语，至少有两方面的益处，比较重要的一方面是可以充分发挥成千上万网民的智慧，让他们为你出谋划策，参与到你的广告语征集活动中。

3）进行企业员工招聘。在微博上发布招聘信息是免费的，可以直接进行，也可以利用部分微博提供的"微招聘"功能；在微博上搜集应聘信息也可以通过搜索功能，因为一些人在自己的微博里发布了寻找工作的意向，当然平时你也可以观察你感兴趣的人的一举一动。

4）寻找专家。微博中藏龙卧虎，能人志士很多，专家学者不少，高水平的草根也大有人在。那么，企业在使用微博时，就可以有意识地关注这些对你的企业可能有用的人。有时，当企业遇到一些问题无法解决时，就可以向这些人公开地或以私信方式请教。

四、即时消息

1. 即时消息简介

即时消息（Instant Messaging，简称 IM）是一个终端服务，允许两人或多人使用网络即时的传递文字信息、档案、语音与视频交流。自面世以来，即时通信的功能日益丰富，逐渐集成了电子邮件、博客、音乐、电视、游戏和搜索等多种功能。即时通信不再是一个单纯的聊天工具，它已经发展成集交流、资讯、娱乐、搜索、电子商务、协作办公和企业客户服务等为一体的综合化信息平台。

即时通信不同于 E－mail，在于它的交谈是即时的，双方同时在线，现场感非常强。大部分的即时通信服务提供了状态信息的特性——显示好友名单、好友是否在线及能否与好友交谈等。

2. 即时消息的特点

利用即时消息功能，你可以知道你的亲友是否正在线上及与他们进行即时通信。即时消息比传送电子邮件所需时间更短，比拨电话更方便，无疑是网络年代最方便的通信方式。

（1）一对一聊天及群聊同时支持。即时通信传播是以一对一的交流为主，有助于保持两个个体间的即时通信交流的稳定性与持续性。还可以同时与多人交流，甚至可以不让人察觉，这与电话、面对面等点对点交流又有所不同。

（2）交流的实时性。即发送与接收几乎是同步进行的，虽然与面对面的交流相比，它还存在一定的时滞，但是在较为顺畅的网络条件下，这种时滞是很小的，甚至往往被人们忽略不计。

（3）交流的可控性。即时通信用户个体可以选择交流对象，可以设置自己的在线状态，可以较好地控制交流的时间与节奏。

（4）丰富的交流手段。随着技术的发展，即时通信已经可以支持图片、动画、声音与视频等的传播，并且还可以发送文件等。

（5）信息发送的可选择性。发送即时消息时，发送方可以选择好友中的部分人或针对某一个群发送信息。

3. 即时消息在网络营销中的应用

即时消息在网络营销中的作用主要表现在下列五个方面。

（1）实时交流增进顾客关系。快速、高效是即时消息的特点，如果存在信息传递障碍可以及时发现，而不是像电子邮件那样需要等待几小时甚至几天才能收到被退回的消息。与此同时，即时消息已经成为用户量最大的互联网服务。即时消息的实时交流功能在建立和改善顾客关系方面具有明显效果，成为企业与顾客之间增强交流的有效方式。

（2）在线客户服务。随着客户对在线咨询要求的提高，已经不能满足于通过电子邮件提问而几个小时甚至几天后才收到回复的状况，许多客户希望得到即时回复，即时消息工具正好具有这种实时客户服务的功能。由于实时客户服务对客户服务人员提出了很高的要求，因此，在一些企业中的应用还需要一个过渡过程。

（3）在线销售中的导购服务。实现一个在线销售流程需要多个环节，在完成订单前就要进行商品查询、阅读产品介绍、比较价格、了解交货时间和退货政策、最终选择商品并加入购物车，然后还要经过订单确认、在线付款等环节才能完成购物过程，在网上购物过程中只要有一个环节出现问题，这次购物活动就无法完成。

（4）网络广告媒体。由于拥有众多的用户群体，即时消息工具已经成为主要的在线广告媒体之一，并且与一般基于网页发布的网络广告相比有其独到的优势，如便于实现用户定位、可以同时向大量在线用户传递信息等。

（5）病毒性营销信息传播工具。与电子书等网络营销工具一样，即时消息也可以作为一种病毒性营销信息的传播工具。例如，一些有趣的笑话、经典的情感故事、节日祝福、Flash 等都可以成为病毒性营销的载体，而即时消息则成为这些信息的传播工具。通过用户之间的相互转发，即时消息工具在病毒性营销传播中也发挥了积极的作用。

五、SNS

1. SNS 简介

SNS 是社交网络服务（Social Networking Service）的缩写，主要作用是为一群拥有相同兴趣与活动的人创建在线社区，供他们分享信息。

多数社交网络会提供多种让用户交互起来的方式，其中包括聊天、邮件、影音、文件分享、博客、讨论组群、投票及社交游戏等。社交网络为信息的交流与分享提供了新的途径。作为社交网络的网站一般会拥有数以百万的登记用户,使用该服务已成为了用户们每天生活的一部分。国际上著名的社交网站有 Facebook、MySpace 及 Linkedin 等,国内著名的社交网站有人人网及开心网等。不过,目前许多其他平台(如微博、网络视频网站、网络图片分享网站、电子商务网站及 QQ 等)的功能也越来越多地吸收社交网站的成分或在传统功能的基础上推出社交服务。

2. SNS 的特点

(1) 社交性。通过社交服务网站我们与朋友保持了更加直接的联系,创建了更大的交际圈,其提供的寻找用户的工具能帮助用户寻到失去了联络的朋友们。

(2) 针对性。网站通常有很多志趣相同并互相熟悉的用户群组。相对于网络上其他广告而言商家在社交服务网站上针对特定用户群组打广告更有针对性。

(3) 信任性。由于社交网站中的关系多数都是比较熟悉的亲朋好友,当其中一个人发布信息时,其他人对其的信任度更高,更容易形成口碑传播。

(4) 分享性。这其中既包括社交网站的用户愿意将自己发现的信息在社交网站中发布出来,也包括看到的人再将他们认为有价值的信息转发给他人。

(5) 传播迅速性。由于 SNS 网站发展很快,如 Facebook 的月活跃人数已经超过了 8.45 亿,这使得信息的传播速度相当快。

3. SNS 在网络营销中的应用

(1) 利用 SNS 树立品牌口碑。在 SNS 网站中,只要不设置保密,那么你发布的信息就会被你的朋友知道,而你的所作所为也会在无形和有形中影响你的朋友,你的朋友再继续影响你朋友的朋友借助这种病毒式的传染,一个有意义或者有意思的行为会快速地传播开。企业如果能合理运用这种效应,对企业品牌口碑的建立是有很大帮助的。

(2) 利用 SNS 开展直复式营销。所谓直复式营销就是不通过中间渠道直接利用媒介连接消费者并直接得到用户回复(用户反应)的营销,直复营销与直销都有"直"(Direct),其区别在于前者还带个"复"(Response)即获得用户回馈。企业利用 SNS 进行直复式营销主要打友情牌,营销人员要充分地利用 SNS 建立自己的人脉网络,并利用人脉网络进行营销。

(3) 利用 SNS 开展在线调查。市场调查是企业在生产和销售过程中了解市场的必要手段,由于传统的市场调查成本高,而目前很多 SNS 社区都支持在线发布投票、在线发布讨论,企业可以根据自身条件设置形式新颖、内容有趣的市场调查科目,并在 SNS 社区内投放,如果可以提供些小礼品或者小额现金奖励,效果会更好。企业在发布市场调查与发布讨论的同时,一方面了解了市场的需求,一方面向用户推广了自己,可谓是一石二鸟、事半功倍了。

(4) SNS 营销的一些策略。SNS 营销有许多策略可以使用，如免费派送策略、市场影响策略、内容为王策略、情感培养策略及反向营销等。例如，美国快餐巨头"汉堡王"在 Facebook 上搞了一次"非常有创意"的营销：每删除十名好友将免费获取一个真的汉堡。据了解，当时共有 82 771 名用户参与了此活动，而被删除的好友数量达到 233 906 人次，最后，Facebook 将这游戏叫停。

(5) SNS 中的其他多种营销方式。SNS 中不仅仍然存在硬广告，且存在社区游戏的植入型广告，还可以利用发起投票及在转帖中植入广告，或利用发起帖子发起事件营销及参与相关讨论，有时还可规划参与讨论的相关账号，并做好分工，有意发起提问或争论，配合其他渠道炒作。

六、RSS

1. RSS 简介

RSS（Really Simple Syndication，简易信息聚合）是一种消息来源格式规范，是在线共享内容的一种简易方式。用以发布在经常更新数据的网站上，例如博客文章、新闻、音频或视频的网摘。RSS 文件（或称做摘要、网络摘要或频道更新）包含了全文或是节录的文字，再加上发用者所订阅之网摘布数据和授权的元数据。RSS 会将收集和组织定制的新闻，按照希望的格式、地点、时间和方式，直接传送到计算机上。

RSS 是网景公司（Netscape）于 1997 年首推的一种消息来源格式规范，其核心是把用户从网上"拉"信息改为"推送"信息，定时更新阅读 RSS 的内容可以不通过传统的浏览器，而通过 RSS 浏览器（阅读器），且不用登录各个网站就可获取多个网站的重要信息，显示时不一定是原网站的显示方式，而多数是较简洁的方式，这样易于将不同的信息聚合在一起。常用的 RSS 软件和在线阅读器有 Sharp Reader、RSS Reader、Newz Crawle、Google Reader、Bloglines、News Gator。对于一般用户来说，用 RSS 订阅新闻可以像使用 Outlook Express 收取订阅的邮件一样简单。

2. RSS 的特点

RSS 的主要特点如下。

(1) 来源多样的个性化"聚合"特性。

(2) 信息发布的时效、低成本特性。

(3) 无"垃圾"信息、便利的本地内容管理特性。

(4) 自由便捷的阅读。

(5) 相对安全的网址解析。

3. RSS 在网络营销中的应用

RSS 营销属于网络营销的一种模式，除具有网络营销的特点外，还具有由于采用 RSS 技术而产生的新特点。RSS 营销与邮件列表营销有许多相似之处，它们之间的根本区别是向用户传递有价值信息的方式不同。RSS 营销的优点有多样性、个性化信息的聚合、信息发布的时效强、成本低廉、无"垃圾"信息和信息量大。

RSS 的实时性增加了内容的价值，可以提高用户的满意度。以 RSS 为诱饵，可以吸引眼球，可以增加流量，网站流量提升又反过来促进传统媒体订阅量增加。另外，一些 RSS 只显示标题和简介，易于保护产权。

但是，RSS 在营销方面也存在一些问题，如用户对网站的原始内容浏览可能性减少，传输中间的互联网价值缩水，原始内容所在网站上的广告点击减少，以及 RSS 的应用远不如电子邮件普及、过期的信息则无法浏览、难以评估 RSS 营销效果。

七、网络视频

1. 网络视频简介

所谓网络视频，是指由网络视频服务商提供的、以流媒体为播放格式的、可以在线直播或点播的声像文件。网络视频一般需要独立的播放器，文件格式主要是基于 P2P 技术占用客户端资源较少的 FLV 流媒体格式。

网络视频是指以计算机为终端，利用 QQ、MSN 等 IM 工具，进行可视化聊天的一项技术或应用。

网络视频主要利用流媒体格式的视频文件，众多的流媒体格式中，FLV 格式由于文件小，占用客户端资源少等优点成为网络视频所依靠的主要文件格式。

2. 网络视频的特点

（1）传播范围广泛。网络视频传播无时间、空间限制，可以 7×24 h 将信息传播到世界各地。

（2）媒体融合性。网络视频采用先进数码及多媒体技术，融合视频、音频、图像、动画及文本于一体。

（3）表现力丰富性。网络视频可以将各类信息表现得更生动，且形式多样、载体量大，交互性及感官性极强。

（4）现场感。可以将企业的产品、服务及品牌形象更好地呈现在客户眼前，帮助客户亲身体验，更有利于诚信环境的构建。

（5）可控性。网络视频播放可由用户自行控制，如播放时间、位置和频率，且可快进、快退等。

（6）互动性。在观看网络视频时，用户可以边看，边在视频下方讨论视频的内容，也可以利用别的互动渠道相互交流观看感受。

（7）嵌入播放性。网络视频网站允许并鼓励用户将视频分享到其他网站，或提供相应的代码，提供复制到其他平台，以嵌入的方式播放视频。

3. 网络视频在网络营销中的应用

网络视频在网络营销中的应用主要在以下方面。

（1）企业形象宣传。主要是利用视频将企业的理念、历史及主要产品与服务以恰当的方式展示。例如，一家搅拌机公司就在苹果的每款新手机发布之后，都放在其搅拌机中搅碎，在引起观众极大好奇心的同时，也对其搅拌机产生了深刻的印象。

（2）企业产品或服务的宣传。主要是利用不同视频方式介绍或曝光企业的产品或服务，可能采用的方式有意境式、植入式、故事式及网络剧等，通常希望达到病毒传播的效果。例如，诺基亚就曾经多次利用网络视频对其新品手机进行宣传。

（3）企业公共信息发布及危机公关。主要是利用视频发布一些公共信息或者利用视频进行危机公关。例如，2011年12月西门子中国CEO就利用网络视频发布了其关于冰箱门关闭问题的道歉及弥补办法。

（4）通过网络视频发布广告。网络视频中既有硬广告，还有大量病毒视频营销广告，有时还可以利用网民自愿拍摄的UGC模式视频广告。另外，其他模式视频广告还有视频广告联盟、视频导购、电视购物广告、在线视频商店、视频黄页、手机视频营销及手机视频售后服务。

第3节　数据库营销

知识要求

数据库营销就是企业通过收集和积累会员（用户或消费者）信息，经过分析筛选后针对性地使用电子邮件、短信、电话及信件等方式与客户开展一对一沟通的营销手段。

数据库营销，不仅可以像网络营销一样获取新的客户，更重要的是可以提高老客户的忠诚度和重复购买率。按照媒体形式的不同，可以把主要的数据库营销方式分为电子邮件营销、短信营销和电话营销等。

一、电子邮件营销

1. 电子邮件营销概念

电子邮件营销又称为 E－mail 营销或 EDM 营销,就是通过电子邮件的方式向目标用户传递有价值的信息的一种营销手段。电子邮件营销倡导的是许可电子邮件营销。所谓许可电子邮件营销就是在目标客户许可的情况下,发送电子邮件,比如注册会员。电子刊物、会员通信、专业服务商的电子邮件广告等是电子邮件推广的常用方法。产品信息发布的邮件属于电子刊物类型。邮件群发这一手段被广泛应用于电子商务、网络营销。

2. 电子邮件营销的特点

电子邮件营销的基本特点有以下几点。

(1) 发送成本低。与电话营销、直邮和短信相比,电子邮件营销是发送成本最低的。

(2) 针对性强,反馈快、覆盖率高。电子邮件本身具有定向性,你可以针对某一特定的人群发送特定的广告邮件,你可以根据需要按行业或地域等进行分类,然后针对目标客户进行广告邮件群发,使宣传一步到位,这样可使行销目标更明确,效果更好。

(3) 操作简单快捷、效率高。使用专业的邮件群发软件,单机可实现每天数百万封的发信速度。电子邮件操作不需要高深的计算机知识,不需要烦琐的制作及发送过程,一般的企业都可以发送,一般的用户都会接收。

(4) 应用范围广。广告的内容不受限制,适合各行各业。因为广告的载体就是电子邮件,所以具有信息量大、保存期长的特点。具有长期的宣传效果,而且收藏和传阅非常的简单方便。

3. 电子邮件营销的实施

(1) 收集邮件地址列表。必须有意识地收集用户注册时填写的信息、用户的邮件地址列表。

(2) 电子邮件的设计。包括邮件标题、邮件文案和风格设计。对同一个电子邮件营销活动,电子邮件营销的效果主要是由邮件列表地址的筛选、题目与设计以及发送的时间决定的。

注意:对于邮件标题、邮件开关及正文等部分,要反复测试,争取使用最受欢迎或效果最好的一种组合方式。

(3) 利用电子邮件发送平台发送邮件。用于电子邮件营销时的邮件发送及管理的电子邮件营销发送平台工作界面,如图3—1所示。

4. 电子邮件营销的两种主要应用

(1) 对新客户开展营销。例如租赁或购买外部的电子邮件列表、发送电子邮件、推广

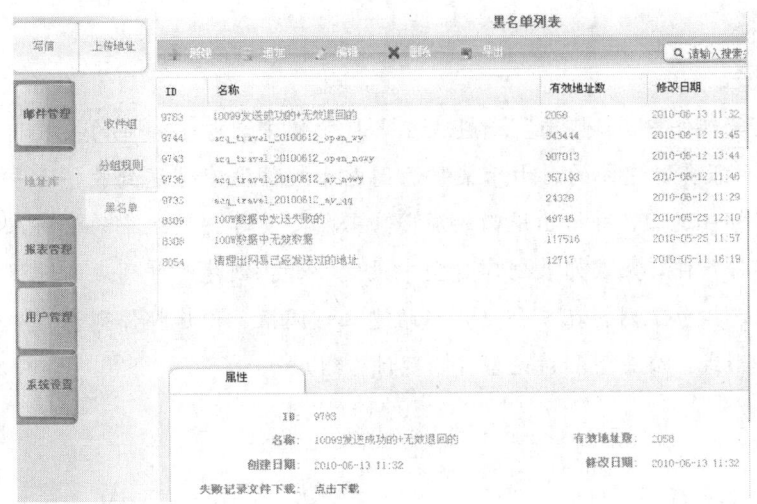

图 3—1　电子邮件营销发送平台工作界面

品牌、销售产品或者引导和激励访问网站的网民在网站注册。

（2）对老客户开展营销。尤其在开展老客户营销方面，电子邮件普遍被认为是投资回报最高的一种营销方式。

在网络营销的不同阶段可以应用电子邮件完成不同的营销功能。具体的营销内容包括利用电子邮件提醒注册成功、提醒网站新的更新、利用邮件发送广告及利用电子邮件收集客户反馈意见等。群发邮件时，一定要注意邮件主题和邮件内容，很多邮件服务器为过滤垃圾邮件设置了垃圾字词过滤。群发邮件时，标题尽量不要太商业化，内容也不宜过多，如果一看就是推销邮件，效果就不会太好，而内容过多就会使阅读者不耐烦甚至根本不看。群发邮件具有发送速度快，发送失败的邮箱可以知道失败原因，断点状态保存，可中途停止发送的特点。

群发电子邮件需注意以下要点。

1）设计时尽量避免过多的敏感文字。

2）设定邮件主题时，请不要在主题中加入带有网站地址的信息。

3）可以使用图片实现某些敏感文字的屏蔽，但是图片应切为小图，避免下载时间过长。

另外由于邮件列表都有特定用户群，因此，在邮件列表中同时可以开展产品调查、新产品发布等活动。与传统邮件调查法相比，电子邮件调查法的优点是提高了邮件传送的时效性。

相关链接：

在电子邮件中，"邮局"一般放在 ISP 主机中，电子邮件的接收和发送是由 ISP 的邮件服务器完成的。由于某种原因电子邮件没有传送到收件人手中，邮件系统会将邮件退回，并给出退回的原因。若想要使邮件列表中的任何人都可随意地发送邮件信件，应在列表创建类型中设定公开。创建邮件列表的过程包括进入相关网站、拨号上网、在本企业的网站建立订阅框、创建邮件列表。邮件列表通常有两种形式：公告型和讨论型（专题讨论组）。

二、短信营销

1. 短信营销基本概念

短信营销，顾名思义就是以短信平台发送手机短信的方式来达到营销目的，包括文字短信、彩信和一信通。手机短信平台以其速度快、效率高、成本低、高精确及受众广等无可比拟的优点备受企业关注，其作为"第五媒体"的地位，已经得到广泛的认同。手机媒体可轻松实现与老客户和潜在客户间的互动，短信可无限制地即时复制传播，手机媒体在广告的再传播上明显占有优势。

短信发送有相应的管理平台，短信营销系统是一种基于 B/S 或 C/S 模式的短信发送平台，通过在网站或软件上进行操作，实现短信息的自定义发送。短信营销系统一般具有短信的单发、群发和通讯录分组发送等强大的功能。其操作界面如图 3—2 所示。

2. 短信营销的优势

（1）低成本。短信营销所需的发布费用非常低廉，与传统媒体动辄上十万甚至上百万的广告费用相比，短信营销的成本几乎可以忽略不计。另外，通过短信平台来营销，比直接用手机发短信息更便宜，大大降低了广告主的广告发布成本。

（2）速度快。短信营销的传播不受时间和地域的限制，全国任意一个省市都一样；发送至数百万手机用户，均可在发送完毕后马上接收到广告信息。发布广告内容可以随时更改，保证最新信息在最短的时间内传播给消费者。短信广告具有分众性，它可以直接影响到最有消费力的一族，且同一产品可根据不同的接收对象轻松传递不同的广告信息，以求最大限度提升客户的购买欲。

（3）灵活性。短信营销发布时间极具灵活性，广告主可以根据产品特点弹性选择广告投放时间，甚至可以具体到某个具体的时间段内发布。

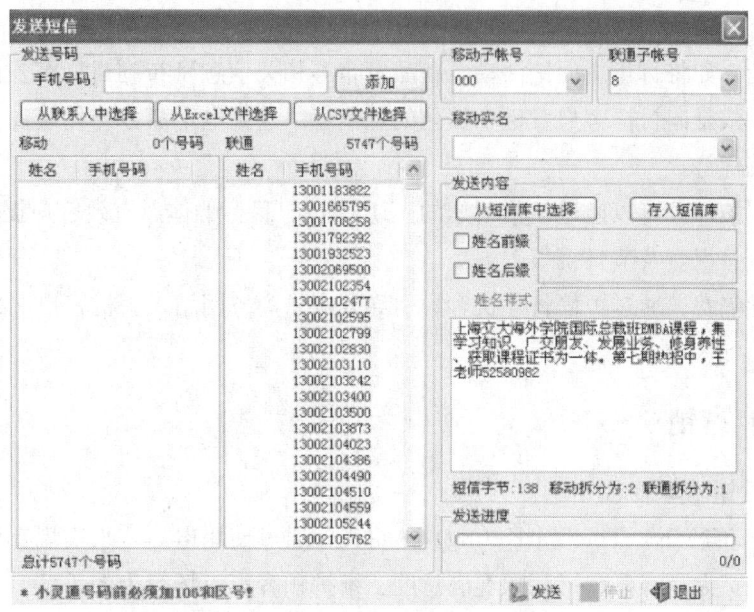

图 3—2　短信发送管理平台操作界面

（4）互动性。短信营销可以让机主与销售终端互动，与大众媒体互动，通过这些短信使用户参与到商业互动中。短信广告使人们参与互动的机会大增。

3. 短信营销的特点

短信营销具有以下主要特点。

（1）可群发信息。可面向不同层面的对象，实现分组群发。

（2）可定时发送。可设定发送时间，实现定时发送，无须人工干预。

（3）交互性较强。可接收反馈的短信，在平台界面上一目了然。

（4）传播及时。可以最快的速度及时地将相应的营销信息传递。

（5）覆盖面广阔。可覆盖一个区域中相当多的用户。

（6）可以和其他媒体结合。短信可以与广播、电视及互联网进行较好的融合。

（7）随时随地可浏览。由于手机较好地体现了移动互联网的移动性，短信营销信息几乎可以在任何时间任何地点浏览。

（8）蔓延性。短信广告具有很强的散播性、速度快、一分钟即时发送，一瞬间万人传播。接收者可将信息随身保存，随时咨询广告主，需要时可反复阅读，并可随时发送给感兴趣的朋友。

4. 短信营销的应用

跟电子邮件营销一样，短信营销可以应用于新客户的拓展，但更重要的应用是针对老客户的营销。短信营销的应用目的主要有以下几点。

(1) 促销。如将打折、促销活动及新品发布等相关信息发布到目标客户的手机上，更有效的促销方式是向目标客户发送个性化的短信息。这是电子商务与传统商务相比开展短信营销的独特优势。

(2) 客户关怀。可以通过短信对您的 VIP 会员、目标群体、有效客户提供提醒及服务等信息，如生日祝贺及节日祝贺等。

(3) 引导消费。通过短信将手机客户引导到电子商务网站，手机客户端或者 DM 目录上。

三、电话营销

1. 电话营销基本概念

电话营销（TMK，TeleMarKeting）的定义：通过使用电话，来实现有计划、有组织并且高效率地扩大顾客群、提高顾客满意度、维护顾客等市场行为的手法。成功的电话营销应该使电话双方都能体会到电话营销的价值。电话营销是目前最常用的销售方式。销售最关键的一步就是准确找到需要你产品或服务的人，然后有目的、有针对性地与目标客户进行沟通。电话营销有时也叫电话销售就是通过使用电话，来实现有计划、有组织并且高效率地与目标客户沟通，继而达到推广、销售和服务目的的营销手段。电话营销成功的因素包括产品、数据质量、运营经验、电话的参与程度、CALLBACK 追呼。

2. 电话营销的特点

与电子邮件营销相比，电话营销具有如下特点。

(1) 对客户的影响大。电话营销的销售效果是仅次于面对面销售，其成交率一般远高于电子邮件营销和短信营销，但是由于电话营销对客户的骚扰也是最大的，所以一定要谨慎使用。

(2) 成本相对较高。电话营销的单位成本远远高于短信和邮件营销。

(3) 反馈速度快。电话接通和对话后，马上就可以知道电话营销的效果。

3. 电话营销的要求

高效的电话营销往往在呼叫中心的技术平台（见图 3—3）上开展。电话营销可以分为呼入式电话营销和呼出式电话营销。

电话营销的要求比较高，不论是针对呼出式，还是呼入式。

(1) 呼出式电话营销要求。呼出式电话营销对电话号码的数据质量要求比较高，对电话营销的业务人员或者座席的技能要求比较高。

(2) 呼入式电话营销要求。其对座席的要求也非常高，因为一个呼入电话是投入大量

图 3—3 呼叫中心工作场景

的广告费才能得到的,如电视购物或者是企业的关键客户,有购买需求的,能够把呼入的电话转变为购买客户是电话营销盈利的关键。

4. 电话营销的应用

电话营销在电子商务中的应用主要体现在以下几个方面。

(1) 通过电话营销获得新用户。电话营销可逐步引导新用户到电子商务网站购买。例如,有些卖葡萄酒或者卖茶的电子商务公司用实践证明,在业务启动初期,通过对精准数据的电话营销,比网络的方式更快地获得新用户。

(2) 通过电话营销促成电子商务交易。在接听到客户的呼入电话时,通过电话营销说服用户,进而促进交易。

(3) 及时把握客户的需求。电话能够在短时间内直接听到客户的意见,是非常重要的商务工具。通过双方沟通,企业可及时了解消费者的需求、意见,从而提供针对性的服务,并为今后的业务提供参考。

(4) 保护与客户的关系。通过电话营销可以建立并维持客户关系营销体系(Relationship Marketing),对老客户开展服务和营销,推广新产品,开展促销活动或者主动对VIP客户进行关怀,留住用户。

5. 电话销售中的 4C 原则

电话销售中的 4C 也是必须要了解的,4C 本身不是技巧,而是实施技巧的一个标准流程,4C 的流程是这样的:迷茫客户(CONFUSE)、唤醒客户(CLEAR)、安抚客户(COMFORT)、签约客户(CONTRACT)。

电话营销的技巧有在打电话前准备一个名单、给自己规定工作量、寻找最有效的电话营销时间,说话要真诚、热情,不要在客户面前表现得自以为是。

第4节 网络广告

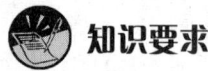知识要求

一、网络广告基础

1. 网络广告的基本概念

作为新兴的"第四类媒体",网络广告(Web Ad)是一种新兴的广告形式,网络广告就是以数字代码为载体,采用先进的多媒体技术设计制作,通过互联网广泛传播,具有良好的交互功能的广告形式。与传统的四大传播媒体(报纸、杂志、电视及广播)广告及户外广告相比,网络广告具有得天独厚的优势,是实施现代营销媒体战略的重要部分。互联网是一个全新的广告媒体,速度快、效果理想,是中小企业扩展壮大的很好途径,对于广泛开展国际业务的公司更是如此。

2. 网络广告的特点

网络广告集中了电视、报刊、广播、户外媒体、杂志、直邮及黄页等各种传统广告的优势,因而成为现代营销中重要的媒体战略组成部分。网络广告的主要特点有以下几个方面。

(1)受众范围广。网络广告不受时空限制,传播范围极其广泛。通过国际互联网络24 h不间断地把广告信息传播到世界各地。只要具备上网条件,任何人在任何地点都可以随时随意浏览广告信息。

(2)受众关注度高。据资料显示,电视并不能集中人的注意力,电视观众40%的人同时在阅读,21%的人同时在做家务,13%的人在吃喝,12%的人在玩赏它物,10%在烹饪,9%在写作,8%在打电话。而网上用户55%在使用计算机时不做任何其他事情,只有6%同时在打电话,5%在吃喝,4%在写作。

(3)针对性强。网络广告目标群确定,由于浏览信息的人即为感兴趣者,所以可以直接命中目标受众,并可以为不同的受众推出不同的广告内容。

(4)交互性强。交互性是互联网络媒体的最大优势,它不同于其他媒体的信息单向传播,而是信息互动传播。在网络上,当受众获取他们认为有用的信息时,厂商也可以随时得到宝贵的受众信息的反馈。

(5) 冲击力强。网络广告的载体基本上是多媒体、超文本格式文件，可以使消费者能亲身体验产品、服务与品牌。这种以图、文、声、像的形式，传送多感官的信息，让顾客如身临其境般感受商品或服务。

(6) 制作成本低。信息有其生命周期，因而广告也有其生命周期。网络广告制作周期短，即使在较短的周期进行投放，也可以根据客户的需求很快完成制作。另外，在互联网上做广告能够按照客户需要及时变更广告内容。这样，经营决策的变化就能及时实施和推广。

(7) 缩短了媒体投放的进程。传统媒体上进行市场推广一般要经过三个阶段：市场开发期、市场巩固期和市场维持期。互联网将这三个阶段合并在一次广告投放中实现：消费者看到网络广告，点击后获得详细信息，并填写用户资料或直接参与广告主的市场活动，甚至直接在网上实施购买行为。

(8) 随时了解统计结果。在互联网上可通过访客流量统计系统，精确统计出每个广告的受众数以及这些受众查阅的时间和地域分布，广告行为收益也能准确计量，有助于广告投放商正确评估广告效果，制定广告投放策略。

3. 网络广告术语

网络广告术语很多，应对其中的主要术语有所了解。

(1) 点击次数（Clicks）。指用户点击某个广告的次数，点击次数可以较客观地反映广告效果。

(2) 印象数（Impression）。放置广告图像的网页每一次显示就是一次印象。

(3) CTR（Click Through Rate，点击率）。即图片广告、文字广告、关键词广告、排名广告、视频广告等显示后被点击的比率。如果你的广告显示次数是 100 次，然后这 100 次被点击了 8 次，那么该广告的 CTR 就等于 8%（=8/100）。

(4) CR（Conversion Rate，客户转化率）。指一个网站的访问者完成网站期望行为的比例。客户转化率是网上营销效力的一个重要衡量方法。例如，如果 100 个人中有 4 个人完成了网站期望的行为（如订阅了其时事新闻或成为客户），则该网站的 CR 值为 4%。

其他，还有各类网络广告计费方式涉及的术语，如 CPC、CPM、CPA 等，可以参见相关章节。

4. 网络广告的优劣势

(1) 网络广告的优势。

1) 传播不受时空限制。它通过国际互联网络把广告信息 24 h 不间断地传播到世界各地，而不受时间、地点与空间的限制。

2) 网络广告表现力丰富。网络广告以图、文、声、像的形式，传送多感官的信息，对潜在客户产生更大冲击力与感染力。

3)可精确统计效果。广告投放商随时掌握网络广告的浏览情况,有助于广告投放商正确地评估广告效果,审定广告投放策略。

4)交互性及精准性强。网民不再被动地接受广告,而且可以随时获得反馈,及时得到答复,且能够做到广告投其所好,投放给最合适的人群。

5)更低的广告制作与投放成本。制作网络广告可以比制作传统广告更省钱,且可以重复利用,同时网络上投放广告的成本更低。

6)更改灵活。在传统媒体上做广告发布后很难更改,即使可改动往往也需付出很大的经济代价,而在互联网上做广告能按照需要及时变更广告内容。

(2)网络广告的缺点。

1)有一定条件限制。虽然互联网已经很普通,但仍然有不会上网的人,仍然有不方便上网的地方。

2)部分广告真实性受到质疑。由于网络上传的方便灵活,会出现很多虚假、夸大广告,误导用户,致使一些用户不大相信网络广告。

3)强迫性广告过多。目前,仍然存在大量的强迫用户浏览的广告,这虽然增加了广告的曝光率,但却对用户产生了过多的干扰。

4)广告创意滞后。目前,有许多广告粗制滥造,非但不能吸引用户的眼光,反而会使用户反感、讨厌。

5)无序竞争。多数网站的网络广告价格不透明,且存在通过机器虚假点击以骗取广告投放商费用的现象。

6)可虚假性。由于网络广告相对的统计和监控技术壁垒,使得一些没有技术手段的厂商,特别是传统行业厂商无法对广告及广告效果进行很好的监控和跟踪,容易被虚假数据欺骗。

5. 网络广告的分类

(1)按投放目的分类。在硬广告的相关内容介绍中曾经提到过,如果按目的效果(性质)分,有以下四种网络广告。

1)品牌广告:提升品牌形象和品牌知名度。

2)产品广告:提升品牌和产品认知度、驱动购买。

3)活动信息广告:促销、打折信息告知消息者。

4)促销广告:刺激消费者购买,提高市场渗透率。

(2)按投放形式分类。如果按投放形式分类,则网络广告分为以下几种。

1)硬广告与软广告。硬广告通常指直接推广产品或服务的广告,反之,软广告则以植入的方式让用户在无意中接触了产品或服务的信息。

2）横幅（Banner）广告。横幅广告又称旗帜广告，它是横跨于网页上的长方形的如旗子形状的广告，当用户点击这些横幅的时候，通常可以链接到广告主的网页，它在网页上方较显眼的地方显示。横幅广告的尺寸有严格的规定，通常468×60像素的称为全横幅广告。横幅广告可以分成三种类型：静态横幅、动画横幅、互动式横幅。

3）弹出式广告。弹出广告指在网页打开时以不同的弹出方式出现的广告，它可能在页面上方，也可能另外弹出一个小窗口或网页。

4）电子邮件广告。通过电子邮件方式发送的有关企业产品或服务的广告。

5）搜索引擎广告。在搜索引擎上投放的广告，通常当用户搜索其所要购买商品的某个关键词时就会显示你的企业广告。

6）导航广告。有两种理解：一种指在网站的导航附近显示的广告；另一种指通过分类信息引导用户浏览的广告。

7）网站联盟广告。联盟广告投放包括三要素：广告主、联盟会员和联盟营销平台。广告主按照网络广告的实际效果（如销售额、引导数等）向联盟会员支付合理的广告费用、节约营销开支、提高营销质量。

8）精准广告。指在一定量数据库资源的基础上，根据用户的背景材料，向用户发送适合他们兴趣的广告，通常通过电子邮件、短信、电话及信件等方式向用户投放各不相同的广告。

9）站内广告。指平台类网站为在使用这个网站的企业提供的不同广告，广告集中投入在平台类网站的不同地方。

10）固定位置广告。这类广告是最早采用，也是最常见的广告形式。它的特点是，在某一个或者某一类页面的相对固定位置放置广告。

11）上下文相关广告。是在固定位置广告的基础上，增加广告与上下文的相关性，由广告投放平台通过分析投放广告的页面内容，然后从广告库中提取出相关的广告进行投放。

12）行为定向广告。即在页面中划出一些关键字或区域，当鼠标移动到上边的时候，使用提示窗口的方式显示相关的广告内容。

13）网幅广告。这类广告是以Gif、Jpg、Flash等格式建立的图像文件，定位在网页中，大多用来表现广告内容。

14）内文提示广告。这类广告是在页面中划出一些关键字，然后当鼠标移动到上边的时候，使用提示窗口的方式显示相关的广告内容。

二、网络广告的类型与价值

网络广告对于提升企业品牌知名度、扩大企业产品或服务的影响力以及为企业网店带来流量，进而增加新客户、新订单有着显而易见的意义。

1. 硬广告与软广告

在广告学理论上，硬软广告没有明确的定义，也没有明确的范围划分，更确切地说，硬广告大家相对都比较的熟悉，在报刊、杂志、电视、广播四大媒体上看到和听到的那些宣传产品的纯广告就是硬广告，而网络硬广告也已经出现了许多年。近年，由于广告数量的增多，为了减少硬广告对用户的干扰，不少企业开始采用植入式广告（即软广告），如软文广告、网络游戏广告及网络视频广告等。

2. 横幅广告

（1）横幅广告的投放方式。

1）利用横幅广告交换网站。负责安排横幅广告的共享，让其他网站显示一家公司的广告，而这些公司的网站同时也显示其他公司的广告。

2）企业在细分市场目标群体会访问的网站上付费投放横幅广告。这种方式比较费时费力。

3）使用横幅广告网络。即广告主与刊登广告的网站之间的经纪公司。

（2）横幅广告的价值。

1）横幅广告制作规范。首先，是尺寸。一般的通用规范大到 468＊60 pixels，小到 100＊30 pixels；其次，是大小。对于广告投放者而言，广告是越小越好，一般不能超过 15 k。

2）横幅广告吸引眼球。横幅广告由于在网站上面的显著位置，更容易被访问网站的用户所关注。应该注意将其设计得醒目、吸引人。

3）横幅广告诱导点击。横幅广告不仅仅单方面传递信息，还需要唤起访问者的"点击"，引导其进入到你的网站或网店。

3. 弹出式广告

（1）弹出式广告的不同形式。

1）前端直接弹出式广告。在网页打开时强行出现的广告，可能直接弹出窗口，也可能出现在屏幕右下角等位置。

2）浮动弹出式广告。浮在页面上方，通常过几秒自动消失或需要用户点击较隐蔽的"关闭"按钮才消失。

3）后弹模式广告。当页面载入完成后弹在当前页面后面。

4) 关闭触发式广告。即用户关闭窗口或者离开当前页面的时候弹出。

(2) 弹出广告的特点。访客在请求登录网页时强制插入一个广告页面或弹出广告窗口。它们有点类似于电视广告，都是打断正常节目的播放，强迫观看。插播式广告有各种尺寸，有全屏的也有小窗口的，而且互动的程度也不同，从静态到全部动态的都有。浏览者可以通过关闭窗口不看广告（电视广告是无法做到的），但是它们的出现没有任何征兆，而且肯定会被浏览者看到。弹出式广告的劣势是容易引起用户反感。

4. 电子邮件广告

电子邮件广告是以电子邮件为传播载体的一种网络广告形式。电子邮件广告的发送方式一般采用网页形式。电子邮件广告的价值主要在于以下几个方面。

(1) 针对性强（除非你肆意滥发）。它可以针对具体某一个人发送特定的广告，这是其他网上广告方式所不及的。

(2) 费用低廉。除了收费邮件列表所花的费用及上网费要支付，它几乎不产生什么费用。

(3) 传播迅速。它可以随时将信息迅速地发送出去，接收者也可以随时打开浏览。

另外，通过邮件可以进行市场调研，在进行调研中，邮件首先应传递最重要的信息，其次应选择恰当的邮件背景，最后把文件标题作为邮件主题。

当然，在提到电子邮件广告的时候，人们往往容易联想到垃圾邮件（Spam）。垃圾邮件就是相同的信息，在互联网中被复制了无数遍，并且一直试图强加给那些不乐意接受它们的人群。发送垃圾邮件会引起收件者的不满，是一种极其危险的市场策略。

5. 搜索引擎广告

(1) 搜索引擎广告的种类。

1) 优质搜索引擎广告。通常出现在搜索结果的最上方，相对更容易吸引用户的注意力。

2) 一般搜索引擎广告。通常出现在搜索结果的右上方。

(2) 搜索引擎广告的价值。

1) 具有极强的针对性。在搜索的时候，客户需求已经通过关键字表现出来，搜索引擎根据客户需求，给出相应结果，因此广告投放完全是精确匹配，直接针对有需求的客户。

2) 可跟踪的广告效果。好的搜索引擎可以提供广告的数据资料，由此生成完整的报告，方便掌握广告投放效果，及时调整相应的营销战略。

3) 受众广泛。一方面，互联网用户不断增长，导致其有强大的用户基础；另一方面，搜索引擎长期以来是网民寻找信息的最基本的工具，导致其成为最主要的信息入口。

4）按效果付费。通常搜索引擎广告是按照网站的点击次数等标准来付费的。

5）定位精准。由于是用户在搜索与其买下的关键字相关信息时才出现的广告，因此可以锁定目标客户群体，让潜在客户轻松找上门。

6. 导航广告

在一个网络平台上，以其导航为核心，通过导航栏目中的文字、图形、标示等方式，进行相关产品信息展示。其中，有两种形式的导航广告：一种是大型网站导航栏附近的导航广告；另一种是专门的导航类型的广告，例如分类信息广告网站等。

大型网站导航栏目附近的导航广告显然占据了有利位置，更容易引起人们的注意。分类信息广告网站的导航广告类似于黄页，更便于用户按某种分类找到他们想要的信息。

7. 网站联盟广告

（1）网站联盟广告种类。在网络世界中，存在众多长尾的中小网站，他们汇集起来的流量和影响力也是十分巨大的。因此广告联盟也是广告主的重要选择之一。联盟广告所运用的载体主要以横幅（Banner）文字广告为主。对于已建立起品牌优势的广告主，在选择渗透广告策略并有明确效果衡量标准时（如注册用户、网上销售等），是一个投资回报率很好的渠道之一。谷歌的 AdSense 即是网站联盟广告的一种。

（2）网站联盟广告的价值。第一，增加收益，通过内容定位广告释放网站最大创收潜能；第二，改善体验，利用自定义广告完善网站外观和提升用户体验；第三，洞察效果，查看在线报告跟踪不同格式和位置的广告收益。

8. 精准广告

精准广告是一种革命性的网络推广方式，它依托于庞大的网民行为数据库，对网民几乎所有上网行为进行个性化的深度分析，按广告主需求锁定目标受众，进行一对一传播，提供多通道投放、按照效果付费。由于精准广告通常是在了解对应受众的需求与兴趣的前提下发送的，等于投其所好，通常会有比其他广告形式更有效。随着时间的推移及技术的发展，精准广告会越来越受欢迎。

现今，企业都在提倡"精准投放"，把广告更准确的展现在受众的面前，通过精准达到广告商与消费者建立一对一的沟通，深层促进消费或影响消费者，这是广告不断追求的境界。

9. 站内广告

站内广告是网络平台上专为客户发布品牌、产品和促销活动而推出的网络营销服务，以横幅、按钮及文字链接等网络广告形式出现在高流量的页面（如首页）或者目标客户集中的页面，提高用户对广告的关注度，以达到最大化曝光的传播效果。

一些电子商务平台提供了相应的站内推广功能，可以充分加以利用。如淘宝就至少有以下几类站内推广方法。

（1）淘宝社区网络推广。在淘宝社区宣传本身，淘宝社区融入了很多买家与卖家。在社区加入一些人气旺的帮派进行发帖、回帖。好的帖子具有相当强大的功效，可以有效地提高店铺浏览量，会大大提高买家对你的信任感和认同感，从而促成成交。

（2）免费活动网络推广。可以参加淘宝上的免费活动（适合本身店铺的活动），例如，曾经出现过手机淘宝网1元秒杀活动及午间拍拍乐全场1元抢拍等。

（3）利用淘宝现有的促销工具进行网络推广。可以通过设置"满就送"提升店铺的销售业绩、提高店铺购买转化率、提升销售笔数、增加商品曝光力度。

（4）超级买家秀网络推广。淘宝社区中有一个超级买家秀，如果一个卖家说他的产品怎么好，别人未必会相信，但是一个买家说那个卖家产品怎么好，大家一般都会相信，特别是买家和卖家没有任何关系的时候。

（5）直通车网络推广。淘宝直通车推广是最直接能提升店铺流量的一种推广方法。选择好的有优势的宝物进行推广，宝物图片要清晰、标题重点突出、简单明了，选择有成交记录的宝物，当然宝物价格也要有必然的优势。

（6）淘宝客网络推广。淘宝客推广展示点击推广全都免费，只在成交后支付佣金，并能随时调整佣金比例灵活控制支出成本。

三、网络广告发布与管理

1. 网络广告投放方式的选择策略

网络广告有多种形式，每一种形式都有其各自的特点和长处，网络广告策划中选择合适的广告形式是吸引受众、提高浏览率的可靠保证。

在选择广告形式时，有以下策略问题。

（1）根据目标客户特点选择合适的形式。例如，如果你的目标客户通常习惯于用搜索引擎寻找信息，那么可以考虑搜索引擎广告。

（2）根据推广定位选择合适的形式。例如，如果你的广告目标是品牌推广，想让更多的人知道、了解这个品牌的产品，那么你的网络广告形式就可选择旗帜式或背景品牌式。

（3）区分于竞争者的形式。如果你的竞争者正在用某种广告形式，那么你就要防止因为雷同而失去新意，而要选择截然不同的广告形式。

（4）根据预算选择广告形式。例如，有时你的预算有限，则可以选择电子邮件广告；如果预算宽裕，则可以选择在网络视频中植入广告。

（5）根据技术发展选择广告形式。例如，随着移动互联网的发展，你就可以选择基于位置服务（LBS）的广告，让在你实体店附近的人可以通过智能终端迅速找到关于你的店的商务信息。

2. 网络广告位置的选择策略

（1）根据用户浏览习惯选择位置。美国长期研究网站可用性的著名网站设计师杰柯柏·尼尔森（Jakob Nielsen）曾发表了一项《眼球轨迹的研究》报告。其中提出，大多数情况下浏览者都不由自主的以"F"形状的模式阅读网页，这种基本恒定的阅读习惯决定了网页呈现"F"形的关注热度，如图3—4所示。

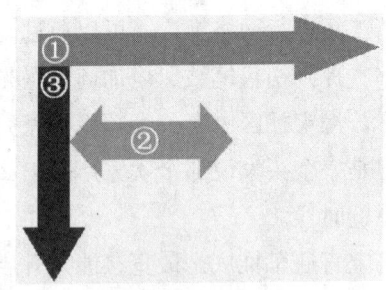

图3—4 用户浏览页面的眼球"F"形轨迹

研究表明，浏览者打开网页后，按照下面的习惯形成"F"形网页浏览模式。

第一步，水平移动：浏览者首先在网页最上部形成一个水平浏览轨迹。

第二步，目光下移：短范围水平移动，浏览者会将目光向下移，扫描比上一步短的区域。

第三步，垂直浏览：浏览者完成上两步后，会将目光沿网页左侧垂直扫描；这一步的浏览速度较慢，也较有系统性、条理性。

（2）三种不同网站的广告位置选择。杰柯柏·尼尔森的报告中指出，三种不同类型的网站的眼球轨迹有所不同，其使用了三张热度图，用颜色来表示浏览者眼光聚集的热度，分为最热（红色）、较热（黄色）、不热（蓝色）和基本不关注（灰色）4种。

1）一般说明性网站的广告位置选择。该类网站的用户眼球轨迹及高关注区域，如图3—5所示，表明这类网站上的广告位置选择应主要在中上部的偏左。

2）电子商务类网站的广告位置选择。该类网站的用户眼球轨迹及高关注区域，如图3—6所示，表明这类网站上的广告位置选择应主要在中上部、中部及左侧。

3）搜索引擎结果网页的广告位置选择。该类网页的用户眼球轨迹及高关注区域，如图3—7所示，这类网页上的广告位置选择应主要在中上部，这也表明对于搜索引擎通过优化让你的网站显示在自然搜索结果最前面价值也很大。

3. 网络广告效果的评估方法

（1）评估点击量。这是指网络使用者进入网站后，点击过某特定广告的总次数，点击

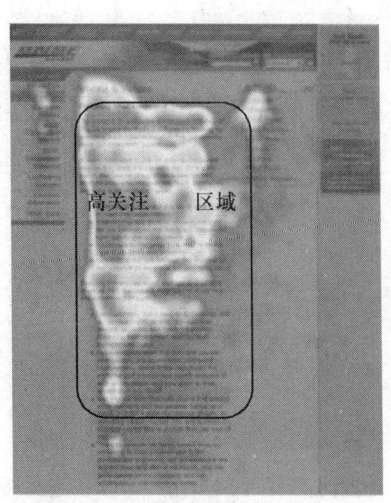

图 3—5　一般说明性网站用户眼球轨迹及高关注区域

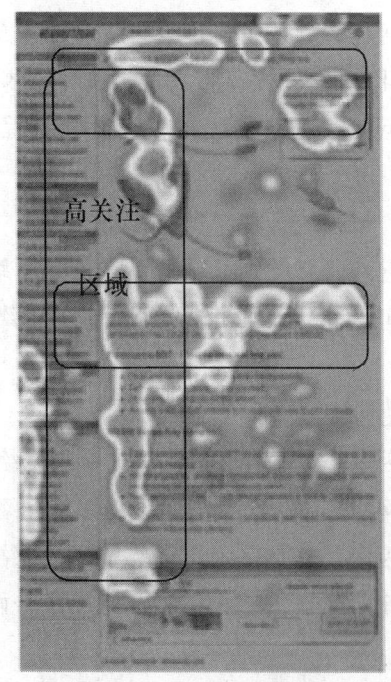

图 3—6　电子商务类网站用户眼球轨迹及高关注区域

次数越多，就表示广告越受欢迎，广告的效果也就越佳，而广告业者可以依点选的次数多寡，评估广告成功与否。

（2）评估点击率。这是指到该网站人数与点击某特定广告次数的比率，比率越高，表

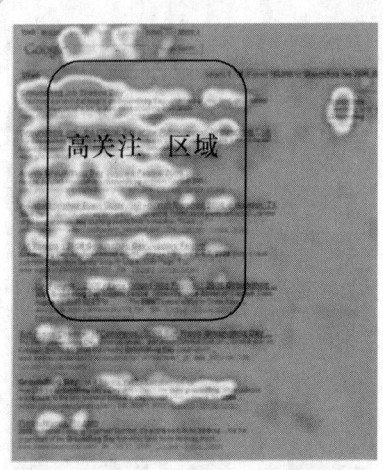

图 3—7　搜索引擎结果网页用户眼球轨迹及高关注区域

示广告的效果越好,反之越差。

(3) 评估客户咨询量。可以统计在广告投放前后以各种方式(如电子邮件、电话及留言等)进行咨询的用户量变化情况。增量越大,表明广告效果越好。

(4) 评估目标网站的访问量。可以统计在广告投放前后目标网站(如官网或企业网店)的访问量变化情况。

(5) 评估新客户增加量。可以统计在广告投放前后新客户的增长率,其中有的可能是浏览广告后直接登录注册的客户,有的则可能是间接成为新客户。

(6) 评估客户转换率。可以统计来自于浏览所投放的网络广告后引导来的用户中成功注册为新用户的比例。

4. 影响网络广告效果的主要因素

(1) 网络广告设计方面因素。其中存在的问题主要有网络广告设计主题不明确、网络广告信息内容差异的影响、网络广告设计缺乏吸引力以及网络广告字节数过大等。

(2) 网络广告投放方面因素。其中存在的问题主要有网络广告资源相关性的影响、网络广告生命周期的影响、片面追求点击率指标以及网络广告媒体/服务商的专业水平对网络广告效果的影响。

(3) 精准度因素。如果你的网站用户是面向白领女人市场,那么就应该投放一些美容、服饰、爱情和时尚类的网站进行网络广告投放。

(4) 关注率因素。当选定目标后,下一步要做的就是关注率。

(5) 阅读率因素。当你的广告被用户关注到后,因为广告的文字、图片、颜色和动画而影响阅读的比例。

(6) 点击率因素。用户一旦产生了兴趣，就会立刻进行点击广告动作，只要点击进来以后就是与网站广告策略无关了，该讲究的是网站内部的优化的过程了。

(7) 转化率因素。转化率包括注册、购买、留下联系方式等，不管是哪一种都要给用户一个理由让他去操作，如免费、优惠、限量、附加品等。然后在操作的同时一定要简单化、易用化，否则用户则会厌烦了。

(8) 回馈度因素。当用户形成了转化后，你一定要给用户一个回馈，比如电话回访、短信通知等方式进行满意度调查，让用户感觉到你对他的重视。

(9) 口碑传播率因素。当用户对你的服务满意后，自然也会分享他的良好体验给周围的人，口碑传播率也是基于前面几个细节因素。

5. **网络广告的计费方式**

根据广告主或者广告产品的特性，选择合适的计费方式，可以在很大程度上节省成本。

(1) 按展示计费。

1) CPM 广告（Cost-Per-Mille/Cost per Thousand Impressions）。每千次印象费用，即广告条每显示 1 000 次（印象）的费用。CPM 是最常用的网络广告定价模式之一。

2) CPTM 广告（Cost Per Targeted Thousand Impressions）。经过定位的用户的千次印象费用（如根据人口统计信息定位）。CPTM 与 CPM 的区别在于 CPM 是所有用户的印象数，而 CPTM 只是经过定位的用户的印象数。

(2) 按行动计费。

1) CPC 广告（Cost-Per-Click）或 PPC 广告（Pay-Per-Click）。根据广告被点击的次数收费，如关键词广告一般采用这种定价模式。

2) CPA 广告（Cost-Per-Action）。按每次行动的费用计费，即根据每个访问者对网络广告所采取的行动收费的定价模式。对于用户行动有特别的定义，包括形成一次交易、获得一个注册用户或者对网络广告的一次点击等。

3) CPL 广告（Cost-Per-Lead）或 PPL 广告（Pay-Per-Lead）。根据每次通过网络广告产生的引导付费的定价模式。例如，广告客户为访问者点击广告完成了在线表单而向广告服务商付费。这种模式常用于网络会员制营销模式中为联盟网站制定的佣金模式。

(3) 按销售计费。

1) CPO 广告（Cost-Per-Order）或 CPT 广告（Cost-Per-Transaction）。即根据每个订单、每次交易来收费的方式。

2) CPS 广告（Cost-Per-Sale）或 PPS 广告（Pay-Per-Sale）。根据网络广告所产生的直接销售数量而付费的一种定价模式。

6. 增进网络广告效果的措施

（1）重视网络广告策划调研。从制定网络广告计划到网络广告设计制作、选择网络广告资源并投放网络广告，每个环节都需要进行充分的调研，这样才能做到有的放矢。网络广告调研的主要内容包括竞争者的网络广告策略、网络广告的可能效果、网络广告资源及其特点、网络广告的价格、网络广告设计的关键要素等。

（2）设计针对性的网络广告。针对性有两个方面的含义：一是针对不同阶段产品/企业品牌的特点；二是针对用户浏览网络广告的行为特点。设计一个能引起注意的、有创意的网络广告，是网络广告成功的基础。在网络广告设计方面，应掌握一些必要的技巧和原则，这样才能引起用户的关注和点击。

（3）优化网络广告资源组合。网络广告最终要依赖网络广告媒体资源才能被用户浏览，因此网络广告资源的选择可根据企业的营销目标确定最合理的广告资源组合。当选择了网络广告资源组合之后，还必须进一步认真研究网络广告投放的时间和周期以及网络广告在不同媒体中的表现形式和投放问题等。

（4）对网络广告进行跟踪优化。通过广告管理系统实时查看广告效果统计，包括每个网络广告的显示次数、点击率、广告费用清单等基本信息。此外，还要对网络广告投放期间的网站流量统计进行分析，及时发现存在的问题，进行必要的调整，从而对网络广告进行优化，最终实现整体效果最大化的目标。

第 4 章

客户服务

第 1 节　电子商务的客户服务　/178
第 2 节　售前服务与导购　/181
第 3 节　售后服务　/194
第 4 节　消费者权益保护　/201

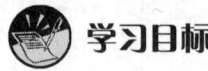 **学习目标**

➢ 了解电子商务客户服务基础知识、电话咨询服务要求
➢ 熟悉电子商务客户服务岗位要求、专业技能要求
➢ 熟悉消费者权益保护的知识与要求
➢ 掌握售前咨询导购与售后服务技巧
➢ 能够在网店系统中进行即时聊天工具添加的操作

第1节　电子商务的客户服务

 **知识要求**

网上的商品是以图片和文字的方式展示在顾客面前。照片的拍摄效果、文字描述的内容,每位顾客都有自己的理解。因此,帮助顾客了解商品的性能和特点,跨越虚拟与真实之间的距离,促使交易达成的客户服务,在电子商务中的作用显得尤为重要。在与顾客沟通的过程中,客服服务态度、服务用语、商品知识、服务技能、沟通技巧既体现了客服的专业水平,也代表了店铺的形象。

一、在线客服系统和客户联系工具

1. 在线客服系统

随着网络营销模式的普及,在线客服取代了传统客服,在线客服系统因此成为网络营销的重要工具。在线客服系统是基于网页的即时通信工具,为网站提供了和访客对话的平台,起到主动营销、客服支持、客户管理、客服绩效管理、网站流量实时监控的作用。与其他客户联系工具比,在线客服系统的优势有以下几方面。

(1) 使用方便。顾客无须安装任何软件,即可通过网页与客服进行对话,提高成交概率。

(2) 降低运营成本。在线客服系统不会产生通过客服电话交流所产生的费用,能根据企业实际需求及时增减在线客服人数,降低运营成本。将常用的对话内容进行分类整理,方便客服快速回应访客的提问,提高沟通效率。

(3) 增加销售机会。客服人员可以从系统中清楚地知道顾客正在访问什么,感兴趣的

是什么,并做好充足的准备,通过在线为顾客分析和解决复杂的问题来增强顾客的满意度,进而提高销售机会和销售量。

(4)实时监管客服绩效。管理人员能够实时地对客服人员的工作进行监控,并查看访客对客服的满意度评价。随着在线客服功能的不断增加和完善,如400电话、免费呼转、短信群发、网站营销效果分析等,它在网络营销中起的作用也会日益重要。

2. 客户联系工具

目前可使用的客户联系工具主要有四种:即时消息软件、电话、电子邮件、手机短信。客户联系工具中,即时消息软件可选择的种类非常多。为方便顾客,日常生活中常用的即时消息软件如QQ、MSN、Skype等软件便成为了商家的首选。越来越多的商家也开发了自己的即时通信软件,如淘宝的旺旺、百度的百度Hi、新浪的UC、网易的POPO,让即时通信软件从个人聊天工具,逐步发展成企业、行业的即时通信工具。

二、电话咨询服务

为了降低服务成本,电子商务企业通过完善网上的服务,不断降低电话咨询的比例。但无论网络多么发达,网络客服都无法完全取代电话咨询服务,比如携程起步时的计划是通过网上完成预订服务,但是直到今天电话咨询服务产生的销售仍然占主导。

电话咨询是指通过电话、传真等通信技术来实现有计划、有组织的任务,高效率地扩大顾客群体,提高客户满意度,维系顾客忠诚等市场行为的营销模式。

1. 电话咨询服务的意义

电话咨询服务的重要性相当于传统百货商城的营业员和导购员,其服务技能和销售技能决定着电子商务的成交率、客户满意度和忠诚度。电话咨询,不仅仅是咨询,而且是融合了销售和服务的职能,是在服务中销售,在销售中提供服务。

(1)导购。通过对商城中商品和服务的介绍,引导客户购买到需要的商品。打消客户购买的疑虑和担心。

(2)订单操作。如果客户不熟悉网站或者客户不在网络上,电话咨询人员帮助客户下单。

(3)主动服务。为客户提供从查询、选择、下单到售后的全过程。

2. 电话咨询服务的步骤

(1)开场白(Open the Discussion)。开场白重在赢得机会。

(2)套取事实(Obtain Facts)。套取事实重在了解客户需求(获取有效信息)。

(3)提供解决办法(Offer Solutions/Suggestions)。提供解决方案重在为客户着想(引导需求的立场)。

（4）观察购买意向（Observe Buying Signal）。观察购买意向重在了解客户的购买态度（找决策人）。

（5）处理异议（Objection Handling）。处理异议重在为成功的销售提供润滑剂（澄清异议）。

（6）完成销售（Order Form Close）。完成销售重在寻求客户的承诺（邀约或报名）。

3. 电话咨询服务的要点

电话咨询服务中客服要学会如何利用你的声音营造良好的沟通氛围，达到沟通的目的。

（1）语速。不要太快或太慢，因为电话销售是一种快节奏的工作，可能是由于长期工作的原因，大多数电话销售人员说话的速度都偏快。语速太快容易造成客户听不清楚，所以电话销售人员最好具备可以控制语速的能力，一般情况下，语速保持在120～140字/分钟比较合适。

（2）清晰度。客服吐字要清晰，避免因为吐字不清楚而造成误解或对方听不清楚。

（3）语气。语气是电话销售人员内心态度的晴雨表，电话销售人员的语气要求是：平和中有激情、耐心中有爱心、杜绝产生不耐烦的语气。

（4）音调。要自然，一定要做到抑扬顿挫，富于变化，不要太机械化。

（5）节奏。恰到好处的停顿。

（6）音量。音量不宜过大，要适中，电话销售人员都在室内工作，如果音量过大，难免会影响周围同事的工作，所以如果遇到客户说无法听清楚时，我们尽量另约时间联系。同时音量的高低能够反应一名电话销售人员的素养，音量过高容易给人一种缺少涵养的感觉，音量过低又会给人一种自信不足的印象。

（7）热情度。热情一定是由内而外的自然流露的，始终保持热情。

（8）带笑的声音。亲和、友善、拉近距离。

（9）自信。代表了对自己销售产品的信心。

（10）专业。表现出专业能力，对自己的产品包括竞争方产品的掌握。

（11）简洁。言多必失，只回答客户的问题。

（12）在语言中注入情感。

4. 电话咨询服务的前期准备

电话咨询服务开始前，客服应做好充分的准备工作，才会游刃有余。

（1）保持激情、调整思绪、进入工作状态，在声音中加入笑容。

（2）准备好需要查询的资料、新产品知识、充分了解产品知识、卖点。

（3）查询相关提问，减少重复提问。

（4）三种不同颜色的笔与登记表，记录顾客信息。

（5）确认电话录音与来电显示，减少无效工作，减少信息流失。

（6）记得礼貌用语（开场与结束）。

5. **电话咨询服务的目标**

（1）让顾客对企业的产品有更深的认识。

（2）让顾客对企业的服务有更深的认识。

（3）及时了解顾客对产品的意见并记录在案。

（4）进一步进行跟踪服务，提高顾客的满意度。

第2节　售前服务与导购

知识要求

一、售前服务与导购

一个完整的销售流程应当至少包括售前服务、售中服务和售后服务三个部分。在当前市场环境下，售后服务被放到了特别突出的位置，很少有人研究分析销售中的售前服务问题。在整个营销和销售系统链条中，售前服务是营销和销售之间的纽带，作用至关重要，不可忽视。

1. **售前服务的概念**

售前服务是企业在顾客未接触产品之前所开展的一系列刺激顾客购买欲望的服务工作。售前服务的重要性体现在以下几个方面。

（1）售前服务影响企业的经营策略与经营决策。如果没有售前服务，企业就会相对缺乏消费者信息，造成市场信息不完全，企业的经营决策也就不理想，甚至走上相左的路线。通过售前服务，我们可以了解消费者和竞争对手的情况，从而设计出符合消费者的产品，制定出适当的促销策略，这样也就会有事半功倍的效果。

（2）售前服务是决定产品销售与企业效益的最基本因素。现在的市场是买方市场，产品供大于求，消费者有充分的选择余地。如果企业的售前服务没有做好，消费者根本就不会理会你的产品；如果没有好的售前服务、高质量的产品，消费者在使用产品时就会麻烦不断，再好的售后服务也不能从根本上解决问题，从而导致人们不会再购买该产品。总

之，一切问题都应该解决在产品销售之前。因此，优质的售前服务是产品销售的前提和基础，是提高企业经济效益的关键。

（3）加强售前服务可以扩大产品销路，提高企业的竞争能力。企业通过开展售前服务，加强双方的了解，为消费者创造了购买产品的条件，消费者也就信任该企业及产品，从而也就愿意购买；赢得消费者的支持，赢得市场，也就是提高了企业的竞争能力。

2. 售前服务的策略

（1）提供情报，服务决策。提供情报，是售前服务的首要目标，它具有双重性。一方面，沟通企业和顾客的联系，为企业提供目标市场的顾客的有关情报，引导企业开发新产品，开拓新市场；另一方面，通过沟通企业和顾客的联系，企业可以为目标市场的顾客提供有关情报，让顾客更好地了解企业的产品或服务，诱导消费。

（2）突出特点，稳定销售。在同类产品竞争比较激烈的情况下，许多产品只有细微的差别，消费者往往不易察觉。企业通过富有特色的一系列售前服务工作，一方面，可以使自己的产品与竞争者的产品区别开来，树立自己产品或劳务的独特形象；另一方面，可以使消费者认识到本企业产品带给消费者的特殊利益，吸引更多的消费者。这样，就能创造经营机会，占领和保持更多的市场。常用的方法有广告宣传、公关活动。

（3）解答疑问，引发需求。一般的顾客在决定购买某一种产品而尚未决定购买某种品牌之前，在很大程度上取决于顾客对某种品牌熟悉的程度。因此顾客在购买决策之前，就要搜集该品牌产品的性能、结构、技术、功能等情报，甚至要求掌握产品的操作使用规则或技巧。企业只有满足了顾客的这些供其决策之用的情报需要，才能使他们从准顾客转化成现实的顾客。

3. 售前服务的内容

售前服务的内容多种多样，主要是提供信息、市场调查预测、产品定制、加工整理、培训和市场活动支持、提供咨询、接受电话订货和邮购、提供多种方便和财务服务等。

（1）商品信息方面的售前咨询要素。客服应当对商品的种类、材质、尺寸、用途、注意事项等都有一定的了解，最好还应当了解行业的有关知识。同时对商品的使用方法、洗涤方法、修理方法等也要有一个基础的了解。对同类的其他商品也要有个基本的了解，这样我们在回复客户关于不同类商品的差异的时候，就可以更好地回复和解答。

（2）价格方面的售前咨询要素。价格方面的售前咨询要素包括标度职能、调节职能、信息职能。

（3）商品交付方面的售前咨询要素。现在在网上交易一般通过支付宝和银行付款方式交易。

银行付款一般建议同银行转账，也可以使用网上银行付款、柜台汇款、工行同城可以通过 ATM 机完成汇款。告知顾客汇款方式的时候，应详细说明是银行卡还是存折，银行卡和存折的号码，户主的姓名。

应该建议顾客尽量采用支付宝等网关付款方式完成交易，如果顾客因为各种原因拒绝使用支付宝交易，我们需要判断顾客确实是不方便还是有其他的考虑，如果顾客有其他的考虑，应该尽可能打消顾客的顾虑，促成支付宝完成交易；如果顾客确实不方便，我们应该让顾客了解他所熟悉的银行，然后提供给顾客相应准确的银行账户，并提醒顾客付款后及时通知。

（4）商品服务保障方面的售前咨询要素。商品服务保障方面的售前咨询要素包括商品规格、商品保质期、商品价格。

（5）支付方面的售前咨询要素。要学会查看交易详情，了解如何付款、修改价格、关闭交易、申请退款等步骤。了解支付宝及其他网关交易的原则和时间规则，可以指导客户通过支付网关完成交易，查看交易的状况，更改现在的交易状况等。

在售前服务前，应与客户事先预订时间（上门拜访的，应在出发前与拜访对象确认）并做好准备工作。

二、导购人员管理

企业产品经过设计生产一系列过程进入市场只是第一步，更重要的是如何让产品被消费者接受，并为企业带来利润。怎么让消费者从浩如烟海的商品中选中你的产品，导购能起到关键的作用。

导购从字面上讲，即是引导顾客促成购买的过程。消费者进入店内往往存有不少疑虑，阻碍着购买行为的实现，而导购的主要作用就是解除消费者心理的种种疑虑，帮助消费者实现购买。导购工作是完成整个销售工作的重要环节，是实现商品与货币交换的过程。导购员是实现这关键一步的关键人物。

一位优秀的导购员应性格外向活泼、表达能力强、具有赢得他人信任与好感的能力；富于进取心和责任心，精力充沛、勇于开拓、善于学习；拥有良好的职业道德和丰富的业务知识。导购员的主要工作内容就是帮助消费者做出决定，实现购买。在顾客购买之后，导购还要负责回访（电话为主），收集顾客对商品的评价，反馈给企业，从而树立企业和商品在消费者心目中的良好形象。导购员每天要面对大量的客户和信息，能够管理好这些资源和自我的心态，对提高工作效率和效果起着重要的作用。

1. 导购员的工作内容

(1) 产品与服务介绍。熟悉所销售产品与服务的各种情况，包括商品的种类、材质、规格、用途、注意事项等都要有一定的了解，最好还应当了解行业的有关知识。同时对商品的使用方法、洗涤方法、修理方法等也要有一个基础的了解。

(2) 价格与成交。议价问题可以根据具体情况酌情处理，如果不能接受议价，可以委婉地拒绝或者将顾客的注意力转向买赠活动或者"满就送"之类的折中优惠方式，鼓励顾客多消费，暗示他们可以用提高客单价来换取相应的价格优惠，切忌态度生硬、强势，避免引起争执。

1) 较小单位报价法。根据自身店铺的情况，以较小的单位进行报价，一般强调数量。

2) 证明价格是合理的。无论出于什么原因，任何买家都会对价格产生异议，大都认为产品价格比他想象的要高得多。这时，必须证明产品的定价是合理的。证明的办法就是多讲产品在设计、质量、功能等方面的优点。通常，产品的价格与这些优点有相当紧密的联系，这也正是所谓的"一分钱一分货"。还可以应用说服技巧，透彻地分析、讲解产品的各种优点，指明买家购买产品后的利益所得远远大于支付货款的代价。当然，不要以为价格低了买家一定会买。大幅度降价往往容易使买家对产品产生怀疑，认为它是有缺陷的或是滞销品。有些时候，产品的价格要稍微提高一些才能打开销路。总之，只要你能说明定价的理由，买家就会相信购买是值得的。

3) 在小事上慷慨。在讨价还价过程中，买卖双方都是要做出一定让步的。尤其是作为网店主而言，如何让步是关系到整个洽谈成败的关键。

就常理而言，虽然每一个人都愿意在讨价还价中得到好处，但并非每个人都是贪得无厌，多数人是只要得到一点点好处，就会感到满足。

正是基于这种分析，网店主在洽谈中要在小事上做出十分慷慨的样子，使买家感到已得到对方的优惠或让步。比如，增加或者替换一些小零件时不要向买家收费，否则会因小失大，引起买家反感，并且使买家马上对价格敏感起来，影响了下一步的洽谈。反之，免费向买家提供一些廉价的、微不足道的小零件或包装品则可以增进双方的友谊。

4) 比较法说明价格的合理性。为了消除价格障碍，网店主在洽谈中可以多采用比较法，往往能收到良好的效果。比较的做法通常是拿所推销的商品与另外一种商品相比，以说明价格的合理性。在运用这种方法时，如果能找到一个很好的角度来引导买家，效果会非常好，如把商品的价格与日常支付的费用进行比较等。由于买家往往不知道在一定时间内日常费用加起来有多大，相比之下觉得开支有限，自然就容易购买商品了。一位立体声录音机网店主曾向他的买家证明其录音机的价格，只相当于买家在一定时期内抽香烟和乘公共汽车费用的总和。另一位家庭用具网店主则这样解释商品的价格：这件商品的价格是

2 000元，但它的使用期是10年，这就是说，你每年只花200元，每月只花16元左右，每天还不到6角钱。考虑到它为你节约的工作时间，6角钱又算什么呢？

5）讨价还价要分阶段进行。和买家讨价还价要分阶段一步一步地进行，不能一下子降得太多，而且每降一次要装出一副一筹莫展、束手无策的无奈模样。

有的买家故意用夸大其词甚至威胁的口气，并装出要告辞的样子吓唬你。比如，他说："价格贵得过分了，没有必要再谈下去了。"这时你千万不要上当，一下子把价格压得太低。你可以显示出很棘手的样子，说："先生，你可真厉害呀！"故意花上几十秒钟时间苦思冥想一番之后，使用交流工具打出一个思索的图标，最后咬牙做出决定："实在没办法，那就……"比原来的报价稍微低一点，切忌降得太猛了。当然对方仍不会就此罢休，不过，你可要稳住阵脚，并装作郑重其事、很严肃的样子宣布："再降无论如何也不成了。"在这种情况下，买家将错以为这是最低限度，有可能就此达成协议。也有的"铁公鸡"买家还会再压一次，尽管幅度不是很大："如果这个价我就买了，否则咱们拜拜。"这时网店主可用手往桌子一拍，"豁出去了！就这么着吧"，立刻把价格敲定。实际上，被敲定的价格与网店规定的下限价格相比仍高出不少。

6）讨价还价是不是可有可无像挤牙膏似的一点一滴地讨价还价，到底有没有必要呢？当然有必要。首先，买家会相信网店主说的都是实在话，他确实买了便宜货。同时，也让买家相信网店主的态度是很认真的，不是产品质量不好才让价，而是被逼得没办法才被迫压价，这样一来，会使买家产生买到货真价实的产品的感觉。网店主千方百计地与对方讨价还价，不仅仅是尽量卖个好价钱，同时，也使对方觉得战胜了对手，获得了便宜，从而产生一种满足感。假使让买家轻而易举地就把价格压下来，其满足感则很淡薄，而且还会有进一步压价的危险。

7）不要一开始就亮底牌。有的网店主不讲究价格策略，洽谈一开始就把最低价抛出来，并煞有介事地说："这个是最低价，够便宜的吧！"

网店主的这种做法其成功率是很低的。要知道，在洽谈的初始阶段，买家是不会相信网店主的最低报价的。这样一来，你后悔也来不及了。这时的你只能像鹦鹉学舌一样翻来覆去地说："这已经是最低价格了，请相信我吧！"此时此刻若想谈成，只能把价格压到下限价格之下了。

8）如何应付胡搅蛮缠型买家的讨价还价。在买家当中，确实有一种人胡搅蛮缠，没完没了地讨价还价。这类买家与其说想占便宜，不如说成心捉弄人。即使你告诉他了最低价格，他仍要求降价。对付这类买家，网店主一开始必须狠心把报价抬得高高的，在讨价还价过程中要多花点时间，每次只降一点，而且降一点就说一次"又亏了"。就这样，降个五六次，他也就满足了。有的商品是有标价的。因标有价格所以降价的幅度十分有限，每一次降得要更少一点。

(3) 客户引导。

1) 调节气氛，以退为进。在说服时，你首先应该想方设法调节谈话的气氛。如果你和颜悦色地用提问的方式代替命令，并给人以维护自尊和荣誉的机会，气氛就是友好而和谐的，说服也就容易成功；反之，在说服时不尊重他人，拿出一副盛气凌人的架势，那么说服多半是要失败的。毕竟人都是有自尊心的，就连三岁孩童也有他们的自尊心，谁都不希望自己被他人不费力地说服而受其支配。

2) 争取同情，以弱克强。渴望同情是人的天性，如果你想说服比较强大的对手，不妨采用这种争取同情的技巧，从而以弱克强，达到目的。

3) 消除防范，以情感化。一般来说，在你和要说服的对象较量时，彼此都会产生一种防范心理，尤其是在危急关头。这时候，要想使说服成功，你就要注意消除对方的防范心理。如何消除防范心理呢？从潜意识来说，防范心理的产生是一种自卫，也就是当人们把对方当做假想敌时产生的一种自卫心理，所以消除防范心理的最有效方法就是反复给予暗示，表示自己是朋友而不是敌人。这种暗示可以采用种种方法来进行，如嘘寒问暖、给予关心、表示愿意给予帮助等。

4) 投其所好，以心换心。站在他人的立场上分析问题，能给他人一种为他着想的感觉，这种投其所好的技巧常常具有极强的说服力。要做到这一点，"知己知彼"十分重要，唯先知彼，而后方能从对方立场上考虑问题。

5) 寻求一致，以短补长。习惯于顽固拒绝他人说服的人，经常都处于"不"的心理组织状态之中，所以自然而然地会呈现僵硬的表情和姿势。对付这种人，如果一开始就提出问题，绝不可能打破他"不"的心理。所以，你得努力寻找与对方一致的地方，先让对方赞同你远离主题的意见，从而使之对你的话感兴趣，而后再想法将你的主意引入话题，而最终求得对方的同意。

(4) 支付。现在在网上交易，一般通过支付宝和银行付款方式交易。银行付款一般建议同银行转账，也可以使用网上银行付款、柜台汇款，工行同城可以通过 ATM 机完成汇款。告知顾客汇款方式的时候，应详细说明是银行卡，还是存折，银行卡和存折的号码，户主的姓名。客服应该建议顾客尽量采用支付宝付款方式完成交易，如果顾客因为各种原因拒绝使用支付宝交易，我们需要判断顾客确实是不方便还是有其他的考虑，如果顾客有其他的考虑，应该尽可能打消顾客的顾虑，促成支付宝完成交易；如果顾客确实不方便，我们应该让顾客了解他所熟悉的银行，然后提供给顾客相应准确的银行账户，并提醒顾客付款后及时通知。

2. 导购员需要准备的知识和技能

导购员在顾客购买过程中的角色定位非常重要。首先，他是一个服务专家、营销代表（组织使者），能指导顾客购物；其次，他应该是顾客立场的代表、使者，为顾客的需要着想，让顾客从其一言一行感知产品是最适合他的。角色定位是导购技能中很重要的一环，成功的导购员还要求掌握产品演示、操作技能、沟通技能等一系列基本技能。一位优秀的导购员应该具备以下知识。

（1）企业知识。产品线及其长度、深度和宽度；企业文化、历史和远景。

（2）产品知识。对每一种产品的性能、特点、操作演示和维护应十分熟悉；对公司与产品有关的商业政策应了解和掌握。

（3）营销知识。如何做品牌推广活动。

（4）心理学知识。了解顾客的购买心理。

（5）公关礼仪知识。如何与人沟通、如何展示自身形象。

3. 客户资料的管理

下面以淘宝店铺为例，说明在没有系统软件支持的情况下，导购人员进行手工客户信息管理的小技巧。

（1）把顾客加为好友，客服要备注和分类。为了日后进一步维护与老客户的关系以及开展主动服务和销售。

（2）买家的备注一定要清楚。如快递要求，开发票等。

（3）核对买家信息。

（4）付款后，告知收货注意事项。引导收藏，激励好评。

（5）建立一份客户等级表（或录入 CRM 软件）。每天记录，跟踪跟进，安抚客户，避免一些客户对店铺造成的影响。

（6）每天工作结束后，整理一天的资料，并细化。

如果企业已经使用了 CRM（客户关系管理）软件，应尽可能在 CRM 软件上工作，但是特殊情况或者时间的管理，还是需要手工的记录。

4. 导购人员的时间管理

（1）开始工作前的准备。梳理一下工作思路，并记在本子上。调整好自己的工作状态，尽量使自己保持轻松愉快的心情，开始一天的工作。

（2）打开计算机，把工作需要的表格和工具打开。如销售登记表、售后登记表以及各种反馈表等，登录旺旺以及其他工作需要的客户联系工具。

（3）回顾一下售后登记表里的问题。把没有及时处理好的问题及时跟进并提供售后客服处理。

（4）回顾一下，销售登记表里需要回访的客户，回访。

（5）打开店铺页面，进入首页和宝贝详细描述关联推广页浏览页面，看是否有更新，及时了解店铺的变化和动态。

（6）8～10点买家咨询量相对较少，可以乘这个时间进行店铺评价的管理，认真地做好每一条评论的回复、掌柜说的维护、并发布最新的店铺动态等活动。

（7）有买家咨询应及时回复，并进行登记。

（8）查看下单，但没有付款的顾客，开展催付。

（9）每天抽出至少半小时，去了解竞争对手的产品动态。

（10）整理客户的建议并及时提交给客服管理人员。

（11）下班前，整理一下一天的登记表格，并对一天的工作内容进行总结，最好写下来。

三、网络成交技巧

1. 网络成交的方法

（1）利用"怕买不到"的心理。人们常对越是得不到、买不到的东西，越想得到它、买到它。你可利用这种"怕买不到"的心理，来促成订单。当对方已经有比较明显的购买意向，但还在最后犹豫中的时候。可以用以下说法来促成交易："这款是我们最畅销的了，经常脱销，现在这批又只剩两个了，估计不要一两天又会没了，喜欢的话别错过了哦"或者"今天是优惠价的截止日，请把握良机，明天你就买不到这种折扣价了。"

（2）利用顾客希望快点拿到商品的心理。大多数顾客希望在付款后你越快寄出商品越好。所以在顾客已有购买意向，但还在最后犹豫中的时候。可以说："如果真的喜欢的话就赶紧拍下吧，快递公司的人再过10分钟就要来了，如果现在支付成功的话，马上就能为你寄出了。"对于可以用网银转账或在线支付的顾客尤为有效。

（3）当顾客一再出现购买信号，却又犹豫不决拿不定主意时，可采用"二选其一"的技巧来促成交易。譬如，你可以对他说："请问您需要第14款还是第6款？"或是说："请问要平邮给您还是快递给您？"，这种"二选其一"的问话技巧，只要准顾客选中一个，其实就是你帮他拿主意，下决心购买了。

（4）帮助准顾客挑选，促成交易。许多准顾客即使有意购买，也不喜欢迅速签下订单，他总要东挑西拣，在产品颜色、规格、式样上不停地打转。这时候你就要改变策略，暂时不谈订单的问题，转而热情地帮对方挑选颜色、规格、式样等，一旦上述问题解决，你的订单也就落实了。

（5）巧妙反问，促成订单。当顾客问到某种产品，不巧正好没有时，就得运用反问来促成订单。举例来说，顾客问："这款有金色的吗？"这时，你不可回答没有，而应该反问道:"不好意思我们没有进货,不过我们有黑色、紫色、蓝色的,在这几种颜色里,您比较喜欢哪一种呢?"

(6) 积极的推荐,促成交易。当顾客拿不定主意,需要你推荐的时候,你可以尽可能多的推荐符合他的要求的款式,在每个链接后附上推荐的理由。而不要找到一个推荐一个。"这款是刚到的新款,目前市面上还很少见""这款是我们最受欢迎的款式之一""这款是我们最畅销的了,经常脱销"等,以此来尽量促成交易。

(7) 请求成交法。又称为直接成交法,这是销售人员向客户主动地提出成交的要求,直接要求客户购买销售的商品的一种方法。请求成交法的优点:快速地促成交易;充分地利用了各种的成交机会;可以节省销售的时间,提高工作效率;可以体现一个销售人员灵活、机警、主动进取的销售精神。

2. 网络成交的沟通技巧

(1) 使用礼貌有活力的沟通语言。态度是个非常有力的武器,当你真诚地、确实地把客户的最佳利益放在心上时,他自然会以积极的购买决定来回应你的行动和态度。而良好的沟通能力是非常重要的。其实沟通过程中最关键的不是你说的话,而是你如何说话。让我们看看下面这些小细节的例子,来感受一下不同说法的效果:"您"和"××您"比较,前者正规客气,后者比较亲切。"不行"和"真的不好意思哦""嗯"和"好的没问题"都是前者生硬,后者比较有人情味。"不接受见面交易"和"不好意思我平时很忙,可能没有时间和你见面交易,请你理解哦"相信大家都会认为后一种语气更能让人接受。多采用礼貌的态度、谦和的语气,就能顺利地与顾客建立起良好的沟通。

(2) 遇到问题多检讨自己少责怪对方。遇到问题的时候,先想想自己有什么做的不到的地方,诚恳地向顾客检讨自己的不足,不要上来先指责顾客。比如有些内容明明写了可顾客没有看到,这个时候不要光指责顾客不好好看商品说明,而是应该反省自己有没有及时提醒顾客。

(3) 多换位思考有利于理解顾客的意愿。当我们遇到不理解顾客想法的时候,不妨多问问顾客是怎么想的,然后把自己放在顾客的角度去体会他的心境。

(4) 少用"我"字,多使用"您"或者"咱们"这样的字眼,让顾客感觉我们在全心地为他考虑问题。

(5) 表达不同意见时尊重对方立场。当顾客表达不同的意见时,要力求体谅和理解顾客,表现出"我理解您现在的心情,目前……"或者"我也是这么想的,不过……"来表达,这样顾客能觉得你在体会他的想法,能够站在他的角度思考问题,同样,他也会试图站在你的角度来考虑。

(6) 认真倾听,先了解客户的情况和想法,再做判断和推荐。有的时候顾客常常会用一个没头没尾的问题来开头，比如"我送朋友送哪个好"或者"这个好不好"，不要着急去回复他的问题，而是先问问顾客是什么情况，需要什么样的东西，如果他自己也不是很清楚，就要你来帮他分析他的情况，然后站在他的角度来帮他推荐。

（7）保持相同的谈话方式。对于不同的顾客，我们应该尽量用和他们相同的谈话方式来交谈。如果对方是个年轻的妈妈给孩子选商品，我们应该表现站在母亲的立场，考虑孩子的需要，用比较成熟的语气来表述，这样更能得到顾客的信赖。如果你自己表现得更像个孩子，顾客会对你的推荐表示怀疑。如果你常常使用网络语言，但是在和顾客交流的时候，有可能他对你使用的网络语言不理解，会感觉和你有交流的障碍，有的人也不太喜欢太年轻态的语言。所以我们建议大家在和顾客交流的时候，尽量不要使用太多的网络语言。

（8）经常对顾客表示感谢。当顾客及时的完成付款或者很痛快地达成交易，我们都应该衷心地对顾客表示感谢，谢谢他这么配合我们的工作，谢谢他为我们节约了时间，谢谢他给我们一个愉快的交易过程。

（9）坚持自己的原则。在销售过程中，我们会经常遇到讨价还价的顾客，这个时候我们应当坚持自己的原则。如果作为商家在制定价格的时候已经决定不再议价，那么我们就应该向要求议价的顾客明确表示这个原则。比如说邮费，如果顾客没有符合包邮优惠，而给某位顾客包了邮，钱是小事，但后果严重：

1）其他顾客会觉得不公平，使店铺失去纪律性。

2）给顾客留下经营管理不正规的印象，从而小看你的店铺。

3）给顾客留下价格产品不成正比的感觉，否则为什么你还有包邮的利润空间呢。

4）顾客下次来购物还会要求和这次一样的特殊待遇或进行更多的议价，这样你需要投入更多的时间成本来应对。在现在快节奏的社会，时间就是金钱，珍惜顾客的时间也珍惜自己的时间，才是负责的态度。

技能要求

网络即时聊天工具添加

以下以 ShopEx 网店系统为例，介绍如何在网店系统中添加网络即时聊天工具。

步骤 1　进入模板编辑界面

即时聊天工具在系统前台有专门的版块显示，需要通过可视化编辑添加版块后，才可以使用。依次点击"站点"→"模板列表"进入模板管理界面，如图 4—1 所示。

客户服务

图4—1　模板管理编辑界面

步骤2　进入可视化编辑界面

点击"可视化编辑",进入模块编辑页面,如图4—2所示。

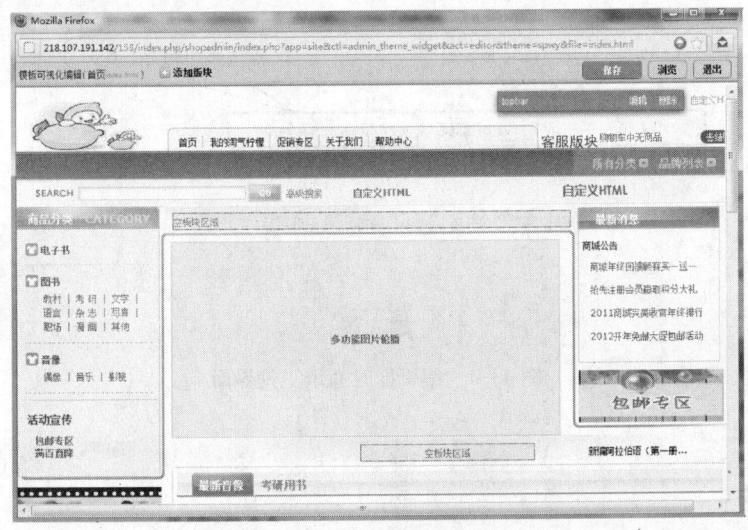

图4—2　可视化编辑界面

步骤3　添加即时聊天版块

点击"添加版块",弹出版块选择窗口,点击"辅助工具"选择"即时通信"模块,如图4—3所示。

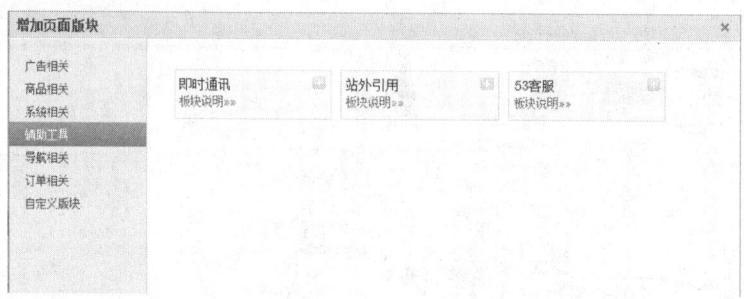

图 4—3　添加即时聊天版块界面

步骤 4　编辑即时通信工具

点击"即时通信",即在前台添加"即时通信"版块,对"即时通信"版块进行编辑,如图 4—4 所示。

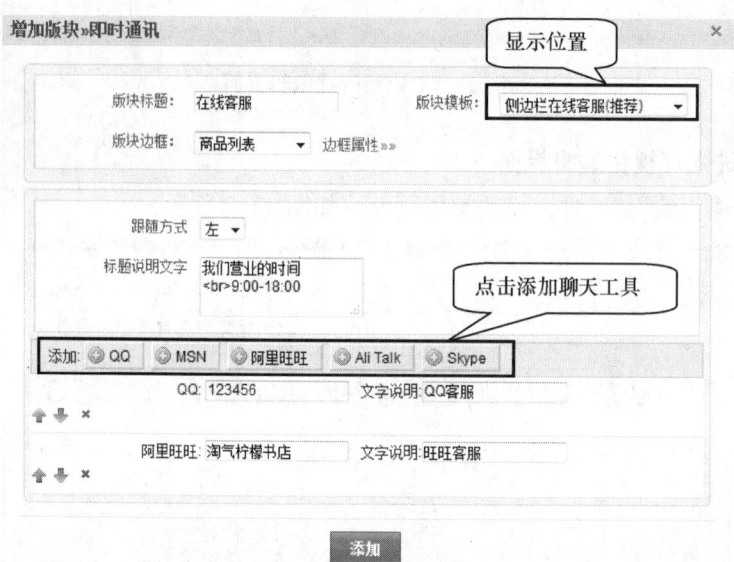

图 4—4　编辑即时通讯工具界面

相关链接:

案例:营销型客服的流程与技巧

一、典型的淘宝店销售型客服的工作流程

1. 开场白

系统自动弹出欢迎语:欢迎你光临×××旗舰店,我是客服×××,很高兴为你服务，有什么我可以效劳的？＋笑脸表情。

当收到顾客发送的一个消息时，首先要做到的就是快速反应，不能让顾客等待超过10 s。

2. 挖需求

买家需要什么，一半会告诉你，向你发来图片或链接，问有没有货以及产品的具体情况、发货问题、物流问题等。客服的要求就是：熟练掌握产品信息，熟悉业务，对买家的咨询热情、主动、灵活。

二、客服沟通技巧

1. 回答问题及时快速

每次回答顾客问题时，顾客等待时间不能超过20 s。如回答太长，宜分次回答。如回复过慢，买家责备，则回复"非常抱歉，亲，今天做活动，所以咨询的亲们较多，回复稍慢了些，请多担待哈"。

可以先把产品的详情做好快捷键回复或添加到我的表情，买家询问的时候可以快速发送，节省时间。

2. 热情亲切

关于语气词要求标准：切记不要带"嗯、啊、呀、额"之类的语气词，而应该使用"好哈""好滴"之类热情洋溢的语气词，"了"这类语气词尽量以"呢""啦"等代替。对买家亲切的称呼"亲"，而不是"你"，这个淘宝体是淘宝人必备的。多使用旺旺表情，表情总比干巴巴的文字要生动形象得多，而且熟练之后，也可以节省很多时间和避免尴尬。

3. 讲买点

"王婆卖瓜，自卖自夸""酒香还怕巷子深"在客户咨询的时候，一定要把该产品的特点和好处给买家说清楚，也许，让买家感兴趣的只有一个点，正好说着了，就和买家产生共鸣了。在这样的沟通下，下单自然水到渠成。

4. 解疑义

比较典型的是正品疑义："亲，我们是天猫官方旗舰店，都是经过工商部门认证的公司，自主品牌，全部正品的噢，而且支持七天退换货呢，更重要的是，你看的这款产品是我们的明星产品，买家的评价都非常的好呢！你的选择是没错的噢！"

第3节 售后服务

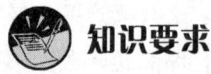 知识要求

一、售后服务与顾客体验

售后服务是指生产企业、经销商把产品（或服务）销售给消费者之后，为消费者提供的一系列服务。售后服务是电子商务客户体验的重要组成部分。在市场竞争日益激烈的形势下，售后服务成为商家赢得顾客的重要环节，成为市场营销的重要手段。

良好的售后服务是下一次销售前最好的促销，是提升消费者满意度和忠诚度的主要方式，是树立企业口碑和传播企业形象的重要途径。售后服务作为顾客提出来的要求，厂家或商家做的好坏程度将与顾客的满意程度成正比的关系。售后服务做得好，若能达到顾客提出的要求，顾客的满意度自然会不断提高；反之，售后服务工作做得不好或者没有去做，顾客的满意度就会降低，甚至产生极端的不满意。

二、售后服务规范

1. 顾客价值的含义

在顾客价值（Customer Value）研究中，不同的学者从不同的角度对顾客价值进行了诠释。

（1）从单个情景的角度出发，Anderson、Jain、Chintagunta、Monroe 都认为，顾客价值是基于感知利得与感知利失的权衡或对产品效用的综合评价。

（2）从关系角度出发，Ravald、Gronroos 重点强调关系对顾客价值的影响，将顾客价值定义为：整个过程的价值＝（单个情景的利得＋关系的利得）/（单个情景的利失＋关系的利失），认为利得和利失之间的权衡不能仅仅局限在单个情景（Episode）上，而应该扩展到对整个关系持续过程的价值（Total Episode Value）衡量上。

（3）Butz 也强调顾客价值的产生来源于购买和使用产品后发现产品的额外价值，从而与供应商之间建立起感情纽带。

（4）大多数学者都比较认同 Woodruff 对顾客价值的定义，并在其定义基础上进行了很多相关研究。Woodruff 通过对顾客如何看待价值的实证研究，提出顾客价值是顾客对

特定使用情景下有助于（有碍于）实现自己目标和目的的产品属性、这些属性的实效以及使用的结果所感知的偏好与评价。该定义强调顾客价值来源于顾客通过学习得到的感知、偏好和评价，并将产品、使用情景和潜在的顾客所经历的相关结果相联系。

2. 顾客价值的特征

从顾客价值的概念中，我们不难总结出顾客价值的以下几个基本特征。

（1）顾客价值是顾客对产品或服务的一种感知，是与产品和服务相挂钩的，它基于顾客的个人主观判断。

（2）顾客感知价值的核心是顾客所获得的感知利益与因获得和享用该产品或服务而付出的感知代价之间的权衡（Trade-Off），即利得与利失之间的权衡。

（3）顾客价值是从产品属性、属性效用到期望的结果，再到顾客所期望的目标，具有层次性。

3. 顾客价值的构成

顾客价值由四个要素构成：产品价值、人员价值、服务价值和形象价值，也就是通常所说的顾客总价值。

（1）产品价值。产品价值是由产品的功能、特性、品质、品种与式样等所产生的价值。它是顾客需要的中心内容，也是顾客选购商品的首要因素，因而一般情况下，它是决定顾客购买总价值大小的关键和主要因素。

（2）服务价值。服务价值是指伴随产品实体的出售，企业向顾客提供的各种附加服务，包括产品介绍、送货、安装、调试、维修、技术培训、产品保证等所产生的价值。服务价值是构成顾客总价值的重要因素之一。顾客从服务价值中获得的实际利益越大，购买商品的总价值就越大。

（3）人员价值。人员价值是指企业员工的经营思想、知识水平、业务能力、工作效益和质量、经营作风、应变能力所产生的价值。因此，高度重视对企业人员综合素质和能力培养，加强对员工日常工作的激励、监督和管理，使其始终保持较高的工作质量与水平就显得非常重要。

（4）形象价值。形象价值是指企业及其产品在社会公众中形成的总体形象所产生的价值。它既包括企业的产品、技术、包装、商标、工作场所等所构成的有形形象所产生的价值，又包括公司及其员工的职业道德行为、经营行为、服务态度、作风等行为形象所产生的价值以及企业的价值观念、管理哲学等理念形象所产生的价值等。形象价值与产品价值、服务价值、人员价值密切相关，在很大程度上是上述三个方面价值综合作用的反映和结果。

4. 售后服务的基本内容

良好的售后服务可以树立企业的形象，提高顾客的满意度，让顾客进行口碑宣传。要使顾客放心购买，安心使用，良好的售后服务必不可少。售后服务主要包括以下基本内容。

（1）按时交货、发运，做好送货上门工作。一旦与顾客签订买卖合同，就要严格按照合同要求，保证商品按时、按质、按量的发货和交货。

（2）向消费者提供安装、调试服务。对于大型的、结构复杂的工业品，精密设备以及安装技术要求较高的高档消费品，推销人员应该提供安装、调试服务，以保证顾客购买的商品能够及时地投入正常的使用。

（3）提供质量保证服务。质量保证服务主要是指顾客购买商品后，若出现商品质量不尽如人意的问题，能够及时得到检修或者给予退换服务，如对售出商品的包修、包退、包换的"三包"服务。

（4）提供技术支持服务。技术支持服务主要包括技术咨询服务和技术培训服务，主要目的是帮助顾客解决使用商品时所遇到的种种技术难题。

（5）跟踪回访服务。对购买了推销商品的顾客，尤其是购买机器设备的工业消费品的顾客，推销人员或企业的服务人员要定期或不定期地通过上门、电话、邮件等方式去了解和检查商品使用情况以及顾客的反应。

（6）维修和零配件更换服务。维修服务是指通过设立维修网点或采取随叫随到的上门服务等方式，及时解决顾客在使用商品过程中所遇到的各种问题。生产厂家还应向顾客提供容易损坏或需要经常替换的零配件，以确保产品的正常使用。

（7）处理顾客投诉或意见。处理顾客的意见和投诉，解答顾客的疑问，帮助解决顾客在商品使用过程中遇到的问题。同时，用各种方式征集消费者对产品质量的意见，并根据情况及时改进。

（8）建立顾客档案。将顾客资料收集整理成顾客档案，用以跟踪商品购买和使用情况，分析顾客需要，保持与顾客的联系，争取顾客重复购买。

5. 售后服务处理规范

（1）未能按时到达顾客家时。先向顾客道歉，不要强调客观理由，并且马上开始为顾客服务，尽快完成工作。

（2）服务遇到困难，不能及时完成时。应第一时间告知顾客，把情况解释清楚，最后提出解决方案，并征求顾客意见。

（3）约好服务时间未能联系到顾客时。随后或最晚第二天应再次与顾客联系，以便让顾客知道并非因为公司的原因耽误了服务，进而让顾客有被重视的感觉。

(4) 由于公司原因失约时。应无条件道歉，并尽量想办法补救，以降低顾客的不满。

三、顾客投诉处理

1. 处理顾客投诉的方法

（1）热情接待，耐心倾听。前来投诉的顾客往往带着不满意的情绪，甚至愤怒到谩骂。客服应以热情的态度接待投诉，耐心地倾听顾客的批评和不满，不要轻易打断顾客的陈述，适当地表示理解和认同，使顾客的不满情绪充分发泄。等顾客情绪平静后，才能以理性的态度与顾客商讨解决问题。

（2）得体应对，迅速处理。客服在处理投诉的过程中，措辞要小心，应对要得体，尽量用温和婉转的语言与顾客交流，不得因言语冲撞激化矛盾。

客服接到顾客投诉后，向顾客了解投诉详情、在企业内部商定处理方案、答复顾客的过程越短越好。时间越长，顾客的不满越多。迅速处理投诉，能使顾客感受到企业的重视，并有助于顺利解决投诉平息顾客的不满，避免问题扩大造成更恶劣的影响，甚至招来网友围观讨论和第三方监管机构的介入，从而将企业的损失减至最小。

（3）安抚解释，诚恳道歉。客服要从顾客的角度理解投诉，站在顾客的立场思考问题，才能正确理解顾客的诉求，对顾客的抱怨作出准确的回应，进而找到有效安抚顾客情绪的途径。

不管顾客如何不满，客服都要诚恳地向顾客致歉，对因此给顾客造成的不愉快和损失道歉。对于部分无理的用户投诉也应认真对待。

（4）积极补偿。顾客出于信任选择了企业的产品，所以当顾客因企业产品相关的原因受到伤害前来投诉时，企业理应对顾客的损失作出积极补偿。

补偿可以是实物补偿，如更换产品、赠送额外产品；也可以是货币补偿，如退货并补偿相应损失。无论是实物补偿，还是货币补偿，都需要相关责任人认真、诚意的道歉。企业的补偿应该多于顾客受到的损失，才能显示出企业寻求谅解的诚意。如果顾客投诉的问题会促成企业制度上的整改，不妨在整改后邀请投诉顾客到企业查看整改效果，此举将有利于树立企业形象，得到顾客赞赏和口碑。

（5）落实补偿措施。确定补偿方案后，客服要迅速落实补偿措施，并及时回访听取顾客反馈，消除投诉事件对客户和企业造成的伤害。

2. 处理顾客投诉的程序

（1）建立顾客意见表（或投诉登记表）之类表格。接到顾客投诉或抱怨的信息，在表格上记录下来并及时将表格传递到售后服务人员手中，负责记录的人要签名确认，如办公室文员、接待员或业务员等。

(2) 售后服务人员接到信息后，及时通过电话、传真或到顾客所在地进行面对面的交流沟通，详细了解投诉或抱怨的内容，如问题产品名称规格、生产日期、生产批号、何时使用、问题表现状况、在使用此品牌前曾使用何种品牌等。

(3) 分析这些问题信息，并向顾客说明及解释工作规定，与顾客沟通协商。

(4) 将处理情况向领导汇报，服务人员提出自己的处理意见，申请领导批准后，要及时答复顾客。

(5) 顾客确认处理方案后，签下处理协议。

(6) 将协议反馈回企业有关部门实施，如需补偿产品的，通知仓管出货，如需送小礼物的，通知市场管理人员发出等。

(7) 跟踪处理结果的落实，直到顾客答复满意为止。

3. 处理顾客投诉的技巧

要成功地处理顾客投诉，客服需要运用沟通技巧，平息顾客的怒气，等顾客情绪恢复平静后，再与顾客进行交流，调查事实，协商解决办法，尽快解决问题。

(1) 耐心倾听顾客的申诉，不要打断也不能打岔。

(2) 冷静而耐心地倾听，作适当的回应，以示对顾客的重视。对顾客的攻击性言辞不予回应，不能反击。

(3) 善用简短的发问语，如"在什么地方？""接着怎样去处理？"等，引导顾客说出引发投诉的关键细节。

(4) 在查清事实前避重就轻，避免过早判断是非、给予顾客承诺，给顾客和企业留有余地。

(5) 顾客来投诉表示对企业仍有信任和期待，因此，无论如何先向顾客道歉、致谢，对顾客的不满表示理解，安抚顾客激动情绪。

(6) 抓住顾客的投诉重点和顾客的诉求，寻求最佳解决方案，并尽快落实处理，让顾客满意。

4. 平息顾客不满的方法

平息客户不满首先应让客户把不满尽情发泄，千万别中途解释，这也会激发客户的强烈不满，他将越说越激动；反之，你先让他把话全说完再作解释，他的情绪会平复些；无论谁对谁错，我们都应当为引起客户不满而作出充分的道歉；给客户解决问题的办法。

想平息顾客不满，成功处理投诉，就要了解前来投诉的顾客有哪些需求。当顾客的需要得到满足，不满和愤怒的情绪自然会平息。

顾客前来投诉时，会有哪些期望呢？

(1) 得到尊重和重视。顾客来投诉是维护合法权益，希望得到企业客服的尊重和重视，以专业和负责的态度处理投诉。

（2）迅速解决问题。顾客投诉后，都希望投诉的问题能迅速解决，不愿意被搪塞拖延。

（3）赔偿或补偿。顾客期望为受到的损失和伤害以及因此造成的不便、耗费的时间或金钱得到相应的赔偿或补偿。

（4）让责任人受到处理。希望使自己受到损失或伤害的责任人受到处理，为过错负责任并承担后果。

（5）企业听取自己的意见。希望企业重视投诉，尤其是因制度不完善引发的投诉，健全完善制度避免同样问题再次发生。

了解了顾客的期望，做到让顾客满意应该不难。如果能给予顾客超出期望的惊喜，一位带着愤怒前来的顾客很可能转而成为企业忠实的老顾客。

5. 记录和整理客服相关信息的方法

客户服务交流信息对快速有效地解决客户问题，提高服务质量，甚至企业的商业决策有着巨大的意义。所以无论客服人员，还是管理人员都应通过有效的方法和制度，把重要的信息记录、保存、整合和分享。其中的基础工作就是客服人员如何记录和整理客服相关信息。

（1）企业有专门的售后服务软件或 CRM 软件。在软件上有专门的客户信息记录的窗口，直接在工作窗口就可以记录。

（2）企业的呼叫中心系统有录音功能，电话客服与客户的交流会自动地记录到系统里，可以随时查阅。

（3）如果不具备以上的条件，可以通过办公软件如 Excel 等记录重要的信息。

（4）由于客服需要快速反应和处理客户的请求，有时可能没有时间做整理，这就需要先把重要的信息记录在纸面上，然后在服务的间隙，整理到电子文档或者软件里。

（5）按照公司的制度和流程，将相应的信息转发给相关的部门和岗位。同时，按照给客户承诺的时间，给予反馈。

6. 进行顾客回访的方法

顾客回访是顾客服务的重要组成部分。做好顾客回访能提升顾客满意度，帮助企业得到有价值的反馈。对于重复消费的产品企业来讲，通过顾客回访不仅可以得到顾客的认同，还可以创造顾客价值。

顾客对待知名品牌企业的回访往往态度友善，乐于接受回访，提出意见和建议。如果企业知名度不高，就需要慎重策划回访方式和回访内容，从而达到回访的效果目的。如果不认真准备，就很难得到顾客的积极回应，更别说收集到有价值的信息。更糟糕的是，回访会被顾客误认为是推销的借口而拒绝接受,甚至对企业产生不好的印象。

顾客回访有电话回访、电子邮件回访、手机短信回访和当面回访等不同形式。从实际的操作效果看,电话回访和当面回访效果最好。

按销售周期,回访的方式可分为定期回访、售后回访和节日回访。

定期回访和节日回访能为顾客提供良好的服务体验,感受到来自企业持续、人性化的关注。售后回访相对企业更有益,尽早解决顾客在安装、使用产品过程中遇到的问题,能提升顾客满意度,减少因顾客不满意对企业造成的负责影响。通过售后回访,还能有效监管企业销售、售后服务等环节的工作质量和效率。

四、退换货处理

1. 退换货的定义

(1) 退货。顾客在购买商品后的一定时间内,对确有质量问题的商品要求商家给予退掉商品和退还等价现金。

(2) 换货。顾客以某种理由要求商家予以更换商品,或商家对顾客购买的有质量问题的商品按国家有关法律只能作换货处理。

2. 退换货的标准

退换货的标准参照《国家三包政策》:产品自售出之日起 15 日内,发生性能故障,消费者可选择换货或者修理。换货时,销售者应当免费为消费者调换同型号同规格的产品,然后依法向生产者、供货者追偿或者按购销合同办理。三包有效期内消费者凭发票及三包凭证办理修理、换货、退货。

企业在《国家三包政策》范围内会略有差异。淘宝的商家就有提供 7 天内无条件退换货的服务。

3. 退换货的流程

(1) 联系客服。顾客收到购买的商品后需要退换货的,应在第一时间与企业的客服联系,提出退换货要求及理由、出示相关证据。

(2) 确认退换货。客服对顾客提出的证据进行确认。客服同意顾客退换货请求后,会和顾客确认寄回商品的地址、寄费由谁承担、退换货时间等细节,然后等待顾客寄回商品。

(3) 商品寄回。顾客按客服的要求寄回商品。顾客在寄回商品时,需在退换货有效期内将商品的外包装、内带附件、保修卡、说明书、发票、促销礼品等一起寄回到客服指定地址,并保留邮寄凭证。寄出商品后通知企业客服商品寄出,请对方查收。

(4) 退换商品审核。客服收到退回的商品后,检查核实顾客描述的情况是否属实、寄回的商品是否完好等细节。

（5）退款或换货。客服确认无误后，在约定时间内完成退款，把退回的货款打入顾客指定的账户，并通知顾客查收。如顾客需要换货，客服应寄出调换的商品，并通知顾客查收。顾客收到企业的退款或更换的货物后，确认无误，退换货流程结束。

第4节　消费者权益保护

 知识要求

一、消费者权益保护的概念

1. 什么是消费者权益

消费者权益是指消费者在有偿获得商品或接受服务时以及在以后的一定时期内依法享有的权益。消费者权益，是一定社会经济关系下适应经济运行的客观需要赋予商品最终使用者享有的权利。1993年10月31日，第八届全国人民代表大会常务委员会第四次会议通过了《中华人民共和国消费者权益保护法》。

2. 消费者基本权利

（1）安全保障权。消费者在购买、使用商品和接受服务时，享有人身、财产安全不受损害的权利。

（2）知悉真情权。消费者享有知悉其购买、使用的商品或者接受的服务的真实情况的权利。

（3）自主选择权。消费者享有自主选择商品和服务的权利，包括以下几个方面。

1）有权自主选择提供商品或者服务的经营者。

2）有权自主选择商品品种或者服务方式。

3）有权自主决定是否购买任何一种商品或是否接受任何一项服务。

4）有权对商品或服务进行比较、鉴别和选择。经营者不得以任何方式干涉消费者行使自主选择权。

（4）公平交易权。公平交易指经营者与消费者之间的交易应在平等的基础上达到公正的结果。公平交易权体现在两个方面：第一，交易条件公平，即消费者在购买商品或接受服务时，有权获得质量保证、价格合理、计量正确等公平交易条件；第二，不得强制交

易。消费者有权按照真实意愿从事交易活动，对经营者的强制交易行为有权拒绝。

（5）获取赔偿权。获取赔偿权也称作消费者的求偿权，依照消费者权益保护法第11条的规定，消费者因购买、使用商品或者接受服务受到人身、财产损害的，享有依法获得赔偿的权利。享有求偿权的主体包括以下几类。

1）商品的购买者、使用者。

2）服务的接受者。

3）第三人。指消费者之外的因某种原因在事故发生现场而受到损害的人。

求偿的内容包括两个方面：第一，人身损害的赔偿，无论是生命健康方面的还是精神方面的损害均可要求赔偿；第二，财产损害的赔偿，依照消费者权益保护法及合同法等相关法律的规定，包括直接损失及可得利益的损失。

（6）结社权。消费者享有依法成立维护自身合法权益的社会团体的权利。目前，中国消费者协会及地方各级消费者协会已经成立。实践证明，消费者组织的工作对推动我国消费者运动的健康发展，沟通政府与消费者的联系，解决经营者与消费者的矛盾，更加充分地保护消费者权益，起到了积极的作用。

（7）获得相关知识权。消费者享有获得有关消费和消费者权益保护方面的知识的权利。消费知识主要指有关商品和服务的知识；消费者权益保护知识主要指有关消费者权益保护方面及权益受到损害时如何有效解决方面的法律知识。

（8）受尊重权。消费者在购买、使用商品和接受服务时，享有其人格尊严、民族风俗习惯得到尊重的权利。人格权是消费者人身权的主要组成部分。尊重他人的人格尊严和不同民族的风俗习惯，是一个国家和社会文明进步的重要标志，也是法律对人权保障的基本要求。我国是一个多民族国家，尊重各个民族尤其是少数民族的风俗习惯，关系到全国的安定团结，关系到各民族的长久和睦。消费者权益保护法将人格尊严和民族风俗习惯专条加以规定，是对消费者精神权利的有力保障，也是党和国家民族政策在法律上的体现。

（9）监督批评权。消费者享有对商品和服务以及保护消费者权益工作进行监督的权利。监督权是上述各项权利的必然延伸，对消费者权利的切实实现至关重要。这种监督权的表现：一是有权对经营者的商品和服务进行监督，在权利受到侵害时有权提出检举或控告；二是有权对国家机关及工作人员进行监督，对其在保护消费者权益工作中的违法失职行为进行检举、控告；三是表现为对消费者权益工作的批评、建议权。

3. 消费者隐私权

2010年5月11日，在《消费者权益保护法》修改程序中首次提出了消费者隐私权。隐私权是自然人享有的对其个人的与公共利益无关的个人信息、私人活动和私有领域进行支配的一种人格权；网上隐私权是指公民在网上享有的私人生活安宁与私人信息依法受到保护。电子商务中消费者隐私权受侵害的主要形式有以下这些方面。

(1) 任意收集个人数据。当前电子商务经营者为自身经营目的或其他特定目的，经常任意收集和使用消费者个人信息。电子商务经营者收集消费者个人信息的主要方式是 IP 跟踪。在互联网上，每个用户都会被分配给一个唯一的 IP 地址。每一个被访问的站点都会得到该用户的 IP 地址。这些地址可被用来产生出一份该用户的记录，服务商可以根据该记录，清楚地了解到用户网上的行踪。网络服务商还可以通过（Cookies）之类的追踪软件来追踪用户在网上的行为，收集其兴趣或者其他个人可识别信息，然后根据这些信息，向消费者有针对性地发送广告或者把这些信息出售给他人。这样，我们在任何时间登录任何一家网站，浏览任何一条新闻，选择、比较任何一种商品，都会被网络服务商详细记录在册。更为可怕的是，他通过网上病毒程序非法收集个人资料。

收集个人数据的另一种常用方法是当消费者在上网浏览或者购物的时候，被要求填写含有个人数据的表格。还有的经营者以市场调查、会员注册的方式收集个人数据。通过病毒程序或者窃听程序等在消费者个人不知情的情况下收集个人信息很明显侵害了消费者的隐私权，不再赘述。即使在消费者个人知情的情况下收集其个人信息也可能构成侵权，是否构成侵权关键取决于网络服务商再次使用所收集的个人数据是否超过必要的范围，是否经过消费者本人的授权。

(2) 深层次开发利用个人数据。消费者享有个人信息控制权，除非经消费者特别授权或公共机关为公共管理需要而使用个人信息以外，均构成侵权。在电子消费或交易中，消费者提供必要信息只允许用于其本身的目的，而不能用于其他目的，更不能被散发或任意传播甚至被出卖。未经当事人同意，个人资料被用于与收集的个人资料事由无关的目的即为不正当的利用。当前，许多网络服务商都不公布其所收集的个人信息的使用政策，也不承诺不将这些信息用于规定目的、范围之外的活动，经常将收集到的个人数据进行再次开发利用，建立起种种类型的资料库。实际上，电子商务中的个人数据不但具有价值，更有成为商品的可能。现实中，个人数据已经成为商品在网络上买卖，甚至出现了专门的公司公开在网站上推销个人数据。

(3) 非法转让个人数据。个人数据被不当利用还表现为个人数据被擅自非法转让。个人数据在电子商务中的流转主要有两种形式：一种是商家之间相互交换各自收集的信息或者是与合作伙伴共享信息。这种共享使个人数据用于交易以外的目的，使个人数据有可能被更多的商家知晓和利用，无异于变相侵害个人隐私。另一种是将个人数据作为"信息产品"销售于第三人或转让给他人使用。由于这种方式将个人资料商品化却没有向消费者个人支付任何对价，所以这是对个人隐私侵犯最为严重的一种侵权行为。

在传统的商务模式中，公民的隐私权虽然也会受到不法商人的侵害，但其侵害的范围和程度都远远不能与电子商务相比。IP地址被跟踪、隐私信息被非法出售、账户密码的泄露、邮件炸弹的肆虐，给个人带来难以想象的后果和网络秩序的混乱。网络隐私所能带来的巨大经济利益和黑客技术的发展，使得消费者的隐私保护之战将长期存在。

4. 电子商务中隐私权保护对策

（1）提高消费者的隐私权保护意识。

（2）逐步完善消费者隐私权的科技保护手段。

（3）规范网络伦理的规约体系。

二、电子商务交易中的权益保护

1. 网络消费者的特点

（1）注重自我，强调个性消费。随着市场经济的发展，商品数量和品种已经极度丰富，人们可以按照个人心理愿望选择商品与服务。这时人们选择商品的条件不只是商品的使用价值，更多的是将个人心理感觉认同作为决策购买的先决条件，人们更注重个性化消费。目前网络用户多以年轻、高学历用户为主，他们拥有不同于他人的思想和喜好，有自己独立的见解和想法，对自己的判断能力也比较自负。网络消费者对产品和服务的具体要求越来越独特，而且变化多端，个性化越来越明显。他们特别喜欢消费新颖的产品，即新产品或者是时尚类产品，并且这些产品一般来说在本地传统市场中暂时无法买到或不容易买到，以展现自己的个性和与众不同的品位。

（2）消费需求具有明显的差异性和分散性。网络消费者注重自我，强调个性消费，这种个性化的消费使网络消费需求呈现出差异性。不同的网络消费者因所处的时代、环境不同也会产生不同的需求。即使在同一需求层次上的需求不同的网络消费者也会由于收入水平等因素的差异使消费需求有所不同。与传统市场的集中性相比，网络消费更多地体现出分散性。在网络消费市场中，消费者的决策时间短，消费需求差异性大，购买的次数多，但每次的购买金额相对较小，购买的流动性大，商品的替代性强、需求弹性大。

（3）消费需求强调购买的便利性和购买乐趣。消费者选择网络进行购买商品，这是因为网上购物可以免去他们去商场购物的往返路途时间、寻找商品和挑选商品的时间、排队交款结账的时间。同时，免除他们去商场购物所产生的体能消耗。总之，网络营销简化了购物环节，节省了时间和精力，减少了购物过程中的麻烦，网上购物比较方便。此外，在网上购物，除了能够完成实际的购物需求以外，消费者在购买商品的同时，还能得到许多信息，并得到在各种传统商店没有的乐趣。网络消费的购买过程可分为以下五个阶段：确认需要、信息收集、比较选择、购买决策、购后评价。

（4）网络消费者的消费具有层次性。消费的层次性是指当消费者满足某一层次的需求后，随即便开始另一层次的消费。在传统的商业模式下，人们的需求一般是由低层次向高层次逐步延伸发展的，只有当低层次的需求满足之后，才会产生高一层次的需求。而在网络消费中，人们的需求是由高层次向低层次扩展的。在网络消费的开始阶段，消费者侧重于精神产品的消费，到了网络消费的成熟阶段，消费者在完全掌握了网络消费的规律和操作，并对网络购物有了一定的信任感后，消费者才会从侧重于精神消费品的购买转向日用消费品的购买。

（5）网络消费需求缺乏耐心。网络的诞生改变了人们的生活，网络带来了无限的商机，网络构造了一个全球化的虚拟大市场。在这个市场中，最先进的产品和最时尚的商品会以最快的速度与消费者见面。以年轻人为主体的网络消费者通过网络获得这些商品信息。追求时尚与形象、展现个性与发展自我的需求特点，必然使这些网络消费者接受这些新商品，从而带动其周围消费层新的一轮消费热潮。

2. 电子商务侵权形式

根据《消费者权益保护法》（以下简称《消法》）赋予消费者的权利，可以对各种侵权形式进行以下的分类。

（1）对消费者安全权的侵害。保障安全权是我国《消法》赋予消费者的最基本的权利，对消费者安全权的侵害也是电子商务中面临的最大问题。具体而言，电子商务中侵害消费者安全权的形式主要有以下几种。

1）对消费者个人财产安全的侵害。电子商务中，消费者往往要通过电子支付方式完成交易，这就要求消费者必须拥有电子账户，从而将个人财产的安全权交给了网络，以至于黑客侵入系统，修改账户，划走消费者资金。甚至一些服务商和银行内部员工利用工作之便，窃取密码进行越权操作，盗用消费者资金。

2）对消费者隐私权的侵害。消费者在进行电子商务交易时，往往被要求提供详细的个人资料、通信方式、个人消费习惯和偏好，甚至包括信用卡号及密码。几乎所有的电子商务网站在程序设计上都设定了如果不输入这些信息，就无法进行下一步的交易。但这些信息都属于个人隐私，消费者在向经营者提供这些信息时就等于将自己的隐私告知了对方。经营者在获得消费者的个人隐私后，就有义务和责任采取必要的保密措施，未经授权不得泄密。但实际中，经营者往往未经消费者同意就利用这些信息进行商业活动。更有甚者，一些无法继续经营的网站就是靠出卖客户信息来维系网站生存，从而严重侵害了消费者的隐私权。

3）商品内容即电子商务客体对消费者的侵害。电子商务的开放性使任何人只要进行注册就可以进行浏览和交易，从而使针对特殊人群的商品信息也为一般消费者所获得。特别体现在色情、暴力等内容对未成年人的危害。

4）垃圾邮件对消费者的骚扰。电子邮件已成为电子商务经营者的一种成本低廉的促销方式。通过这种方式，经营者向消费者的邮箱发送大量的广告邮件，由于邮箱容量是有限的，这些垃圾邮件塞满了消费者的邮箱，使消费者正常的邮件接收难以进行，就是删除也需要花费一定的时间。更可恶的是许多垃圾邮件带有病毒，直接破坏消费者的计算机系统，甚至会导致重要资料的破坏和丢失，影响了消费者正常的生活和工作秩序。

（2）对消费者知情权的侵害。

1）虚假信息。许多经营者有意向消费者提供虚假的商品信息，欺骗消费者。如夸大产品性能和功效、以次充好、虚报价格、虚假服务承诺、漫无边际的夸大产品用途等。

2）商品信息不全。许多经营者在网上商店展示商品时，有意或无意地向消费者提供不完整的信息。比较常见的遗漏信息有产品产地、生产日期、保质期、有效期、产品检验合格证明等。

3）虚假广告。网络广告由于不受时间和地域限制，传输速度快，所受管制约束少等优势，日益受到商家的青睐，成为推介、宣传的必用工具。网络广告也成为消费者网上购物的主要依据。消费者的购物大多根据广告中所描述的文字和图像等内容进行判断做出决定，许多的经营者就发布虚假广告，误导消费者。

4）网络欺诈和非法传销。电子商务为交易提供信息沟通的同时，也为一些经营者发布欺诈性的服务信息和欺诈犯罪活动提供了空间和渠道。如有的网站暗中利用软件技术"劫持"消费者强行接入价格昂贵的国际长途电话系统，使消费者在浑然不知的情况下付出高昂的国际话费。有的则是利用保健商品、就业机会为诱饵建立金字塔式的销售方式从事非法传销活动。

（3）对消费者公平交易权的侵害。

1）商品质量、数量、价格与订购时的要求不符。在电子商务下，消费者面对的是网络中商品的图像和经营者提供的有关商品信息，而不是商品实物，这就使消费者在网络上实施订购后，还要等待实际交货时才能确认是否与订购的商品一致。从而带来了实际交货商品的质量、数量、价格与所订购的商品不一致的侵权现象。

2）售后服务难以保证。由于电子商务事实上将经营者虚拟化，经营者作出的售后服务承诺常常难以兑现。而且由于很多售后服务是由生产商提供的，经营者与生产商之间的纠纷往往导致消费者难以享受到售后服务。

3）强制要求接受商品。电子商务交易完成后，如果发现实际商品与订购的商品不一致或者不满意要求退换货时，经营者往往会采用各种方法予以拒绝，甚至对消费者的退换货要求根本就不做回应。并且由于地域的原因，消费者要实现这种退换货的权利往往会花费很高的成本，致使许多消费者选择了"自认倒霉"。消费者对这种权力的放弃，反过来又助长了更多的经营者从事欺诈行为。

4）物流配送缓慢。电子商务最终都要经过物流配送环节，但由于我国目前的物流配送系统建设相对滞后，跟不上电子商务的发展步伐，经营者向消费者承诺的交货时间难以兑现，常常要经过较长的等待期。

（4）对消费者选择权的侵害。

1）强制要求接受有关条款。在进行电子商务交易时，往往要签订电子协议，许多经营者就设定一些强制性的条款，消费者即使不同意也必须接受，否则，交易不能进行。比如，强制要求消费者同意网站制定的格式协议，强制要求消费者接受经营者的不合法声明，如"……与本网站无关""本协议的最终解释权归本网站"等，使消费者与网站之间存在着严重的信息不对称现象，消费者除了同意之外，似乎也别无他法。

2）强制链接、浏览。经营者为了开展业务，往往与多个网站建立友好链接，这本来是为消费者提供的方便之举，但是一些不法经营者却将这种友好链接设定为强制链接，消费者只要上了一个网站，就必须进入其他相关网站浏览。更可恶的是，个别网站还强行修改消费者的浏览器设置，将其网站设为主页，使消费者每次上网必须先浏览其产品。

3）强制接受付款方式。在传统交易模式下，消费者可以任意选择付款方式，但在电子商务中，经营者往往强制要求消费者采用网上支付或银行汇款的支付方式，从而侵害了消费者的自主选择权。而通过银行汇款容易出现的问题就是如果商家收到款不发货，消费者更是投诉无门，因为你根本就不知道把钱汇给了谁。

（5）对消费者求偿权的侵害。找不到侵权方。经营者为了交易方便或其他原因，有时会提供多个网站和网络名称，而且这些网站往往没有进行注册登记，这就导致经营者在实施侵权行为后，消费者和监管部门难以找到现实中的经营者，使消费者的求偿权难以实现。

（6）侵权证据难以掌握。由于电子数据易于修改，在电子商务中经营者在发现侵权行为被追查时，往往利用技术手段修改或毁灭侵权证据，使消费者和监管部门对数据的真实可靠性难以确定，甚至根本就无从取证。

（7）侵权责任难以认定。电子商务涉及多个环节，消费者权益被侵害，往往不是某一个环节造成的，各个环节之间的扯皮使侵权责任认定难度增加，影响消费者求偿权的实现。

（8）异地管辖使侵权赔偿难以落实。电子商务打破了地域时空限制，消费者可以与任何国家的任一商务网站进行电子交易，并无视这个国家文化、法律等方面的差异。在实际交易活动中，有时一笔电子商务可能涉及几个国家和地区，消费者的求偿权就可能受到立法差异、管辖权限等方面的阻碍，而这种跨国纠纷的解决是要花费很高成本的，这就使消费者的求偿权更难以实现。

3. 电子商务中构成侵权的要件

（1）电子商务侵权责任的主体。电子商务侵权责任的主体，应当包括电子商务交易中的卖方、买方、网络服务商（ISP）、互联网数据中心（IDC）、电子认证机构（CA）、软件和硬件提供商、配送企业、电子银行，也包括特殊的侵权主体，即黑客及病毒传播者。

（2）电子商务侵权的特点。电子商务侵权的特点是电子商务侵权主体多样化、智能化和低龄化，共同侵权行为的发生频率较高，电子商务侵权行为的隐蔽性和技术性较强。

（3）侵权责任的构成。电子商务侵权责任的构成，应当按照适用的归责原则的不同，要求具备不同的责任构成要件。在适用过错责任和过错推定责任的时候，应当具备违法行为、损害事实、因果关系和主观过错四个要件。不过在过错推定责任的侵权行为中，其主观过错要件的证明责任在被告，即由被告举证证明自己没有过错的事实。其他的各个责任构成要件的举证责任均由原告承担。在适用无过错责任的电子商务侵权行为中，其责任构成应当具备违法行为、损害事实和因果关系三个要件。

（4）侵权责任的形态。电子商务侵权责任的形态，分为以下几种：在共同侵权行为的时候，应当承担连带责任；在无意思联络的数人致害中，应当承担按份责任；在对他人的行为负责和对自己管领下的物件致人损害中，应当承担替代责任；在直接侵权行为人的责任与网络提供者未尽安全保护义务的责任竞合时，应当承担不真正连带责任，首先由直接责任者承担责任，直接责任者承担责任不能，才由补充责任者承担补充责任。

（5）侵权责任的承担方式。电子商务侵权行为应当承担侵权责任的方式包括停止侵害、排除妨碍、消除危险、返还财产、恢复原状、赔偿损失、消除影响、恢复名誉、赔礼道歉。电子商务交易卖方不履行合同，买方可减少支付价款、解除合同并要求损害赔偿和要求收取货物及支付货款。

4. 电子商务交易的基本原则和要求

安全问题是企业应用电子商务最担心的问题，而如何保障电子商务活动的安全，一直是电子商务的核心研究领域。作为一个安全的电子商务系统，首先，必须具有一个安全、可靠的通信网络，以保证交易信息安全、迅速地传递；其次，必须保证数据库服务器绝对安全，防止黑客闯入网络盗取信息。电子商务交易的基本要求包括高性能、开放性、安全性；电子商务交易的基本原则包括必须有良好的可扩展性、必须确保提供 7 天 24 h 服务、良好的容错性能。

5. 电子商务中消费者公平交易权的保护对策

（1）电子商务主体的确认。要制定符合电子商务要求的市场准入规则，对网上商店的开设、运营实行强制性登记许可制度，以确认电子商务主体身份的合法性和真实性。在国家对电子商务的宏观调控上,要统一制定适应电子商务的调控机制,建立统一的电子商务认证机构,负责对商家进行调查、验证和鉴别,以维护网络交易双方合法权益和整个电子商务交易秩序。鼓励网络交易平台提供商之间的公平竞争,网络交易平台提供商应遵守反不正当竞争法等有关国家法律法规的规定。

(2) 电子支付的制度标准。电子资金的划拨依据的协议属于标准合同,通常是由虚拟银行起草并作为开立账户的条件递交给网络交易客户的。要制定电子支付、结算的管理制度和具体标准。应着重解决支付手段、支付方式的确认和规范问题,电子支付的安全保障问题以及对电子支付数据的窃取、伪造、涂销等问题的处理办法。

(3) 法律条文的可操作性。法律条文的制定应尽可能的具体化,应具有很强的可操作性。如对电子货币、电子交易服务商应采取何种程序和措施,以确保交易的安全、及时和准确无误以及违反该种规定应负的赔偿责任等作出明确的规定。又如网络隐私权的保护问题,应对哪些是网络隐私做出界定,及侵害了消费者的网络隐私权应负怎样的法律责任等。

第 5 章

订单操作与支付

第 1 节　订单操作　　　/212
第 2 节　电子商务支付　/221

 **学习目标**

➢ 了解网上单证的一般知识
➢ 了解网上单证设计的知识及要求
➢ 熟悉网上单证操作的方法及常见问题处理
➢ 熟悉网上支付、第三方支付平台、网上银行的知识
➢ 能够进行网上单证的设置、编辑、处理、退货等操作

第 1 节 订 单 操 作

 **知识要求**

一、网上单证知识

1. 网上单证的定义

网上单证,是指在电子交易中使用的表格和单证。它是计算机网络数据库与用户之间的联系界面,是电子交易信息流的逻辑载体。它可以通过网页的形式来表现和传播,向用户收集和传递必要的商务信息。从表面形式上看,它与纸质单证没有区别,但实际上,它是通过计算机程序与数据库紧密相连,并可通过计算机根据不同的需求,进行不同的处理,从而实现交易的自动化。

2. 网上单证的特点

网上单证按功能分为三类:身份注册类、普通信息交流类、信息发布类。

(1)身份注册类。这类网上单证一般用于各网站收集用户信息和确认用户身份,如在进行网站会员注册、申请电子邮件或个人主页空间时,网站都需要用户的个人信息,以确认用户身份,赋予用户相应的角色和权限。

(2)普通信息交流类。这类网上单证的内容包括姓名、主题、电子邮件、地址、电话、留言信息等。普通信息交流类网上单证的网站内部处理流程包括客户填写表单项目、网站服务人员收到客户发送的信息、客户填写的信息通过网站邮件系统发送到网站服务人员的邮箱内。

(3)信息发布类。这类网上单证一般用做网站提供给用户发布信息的工具。信息发布

类网上单证的内容包括单位名称、邮编、电子邮件、地址、电话、联系人、信息主题、信息内容（主要是和产品相关的信息，如产品规格、数量及价格等）。

二、网上单证常见问题的处理

网上单证出现的问题来自网上商店本身的工作环境，包括硬件设备、数据库和网上购物单证系统软件，网络消费者在进行网上购物时的操作失误以及交易第三方（如网络银行）和通信网络的环境等三个方面。

第一，对于网上商店内部问题带来的单证出错，一方面，网站应该对数据库和有关设备的运行进行细致的日常维护，使系统能处于良好的工作状态；另一方面，还应该对计算机病毒的侵袭和来自网上黑客的入侵加强防范措施，从而保证系统的正常运行。

第二，要避免来自网络消费者方面的单证问题，网上商店从客户的角度出发，在单证的设计和处理上应尽可能具备良好的界面、合理的流程、简便的操作、及时的提示等，帮助网上消费者减少出错，提高网上单证提交的成功率。

第三，由于交易第三方和通信网络环境产生的问题，需要网站方面根据业务的发展，加强设备的扩容和改善，及早发现问题并与有关方及时联络，特别是与网络客户的联系和提示，并设法帮助客户以其他可能的办法完成购物的操作。

以网上单证常见的问题为例，提供些处理思路。

1. 顾客不知道订单是否提交成功

网上购物订单提交的最后一步，网上商店将会让顾客确认订单的全部内容，如顾客认为需要进行修改，应提供明显的标识可让顾客"退回"到相应页面修改，经确认无误后，按"提交订单"键正式订购。订购成功后，订购界面应有醒目的提示文字或图标，通知顾客订单提交成功，并发送电子邮件到顾客的邮箱通知顾客。这样做就能避免顾客因不熟悉购物流程、操作失误或屏幕显示出错，而没有看到订购界面的成功提示，不能确认订单是否提交成功，甚至多次下单。

2. 订单有效但尚未付款

顾客在进行网上支付时，可能会发生信用卡或存折的金额不足或者由于其他意外情况导致网上支付的不成功。网上商店和流程可以允许顾客自行操作修改支付方式，或提示顾客与客服联系修改支付方式，通过其他的方法支付货款。还可以允许顾客取消问题订单，重新提交新的订单后，再次进行网上支付。

三、网上单证处理流程的完善

网上商店的订单处理流程是电子商务企业的核心业务流程，订单处理流程的合理化是实现企业顾客服务目标最重要的影响因素。

各电子商务网站网上订单的处理流程各有不同，没有统一的方法和步骤，但必须要考虑以下几个关键因素：时间因素、供货准确性因素、成本因素和信息因素。此外还可从以下环节入手，发现问题，完善流程。

第一步，调查本公司当前的网上客户购物订单和订单处理流程，并绘制出订单处理的流程图；

第二步，调查现有网上客户购物订单处理流程中各节点的时间耗用；

第三步，对客户订单的商品绘制其配送过程的网络结构图；

第四步，利用流程改善的原则来改善网上客户购物订单的处理问题；

第五步，流程改善常遵循的一些原则包括并行处理、分批处理、交叉处理、删除不增值工序、减少等待、在"瓶颈"处添加额外资源等。

网上订单处理流程的完善永远不会结束。每个企业都需要根据企业自身的变化和外部环境的不同尽力完善网上单证的处理流程，为顾客提供最方便、最优质的服务。

四、网上单证的设计

1. 网上单证的设计方法

网上商店的各种网上单证在实际运行中有不同的处理流程，单证的处理流程设计得是否流畅，对客户在本商店的购物和网上商店自身的后台处理均有很大的关系。采用结合绘制单证处理的流程图和单证处理节点而成的网络结构图，来进行网上单证的流程设计和完善，比较简单易学，而且对于缩短网上单证的处理周期时间效果显著。下面以网上客户订单处理流程的设计方法为例，列出其设计步骤和方法如下：

（1）设计本商店网上单证的种类和格式内容。

（2）设计本商店网上单证的风格。

（3）设计本商店各网上单证的功能和链接。

2. 网上单证设计的技巧

网上商店的单证是商家与用户之间交易的凭证，一个设计完美的单证系统，既要让用户能体会到在本商店网上购物的方便性，也要让网上商店的管理者能够在进行对订单数据处理时保持准确性。下面是在进行网上单证设计时需要注意的地方和可以采用的技巧。

（1）尽力使客户在购物时感到方便。

（2）使客户对商店产生强烈的第一印象。

（3）把干扰减少到最小，广告不一定总是必需的。

（4）个性化和问候语。

(5) 简洁明了。

(6) 提供可视化的线索和与购物车的链接。

(7) 在商品列表中使用交替背景色。

(8) 给客户一个暂时存放商品的地方。

相关链接：

在订单处理中，"客户表"通过"客户ID"字段与"订单表"相关联。一般情况下，"客户表"与"订单表"之间的关系是一对多。为订单类型定义的值可默认为分配订单类型时的订单，这取决于定义标准值规则集的方式。

与卖方就购买条件（如价格、送货日期等）协商相关的信息流和单证流，在购买过程中进行结算。上述情况属于在线购物的购买完成阶段。网上商店应该让消费者在任何页面均可进入"订单查询"，以便对提交的订单进行查询和修改。

网上订单的后台处理过程主要包括以下五个部分。

(1) 订单准备。

(2) 订单传递。

(3) 订单登录。

(4) 按订单供货。

(5) 订单处理状态追踪。

订单准备是指顾客寻找所需产品或服务的相关信息并做出具体的订购决定，订单在电子商务网站一般保留7天，逾期会自动取消。订单传递是指把订货信息从顾客传递到产品的供应商。常用的订单信息包括订货编号、数量、品种。订单录入（登录）是指将顾客订货信息转变为公司订单的过程，该过程包括检查订货信息的准确性、检查库存状况、检查顾客信用等级。按订单供货包括货物的拣选、包装、运输安排、准备运单、发送/运输。

技能要求

订单操作

以下以"ShopEx网店系统"为例，说明订单操作中的常见功能与流程。

步骤 1　订单支付设置

（1）进入订单列表。依次点击"订单"→"订单列表"进入订单列表界面，如图 5—1 所示。

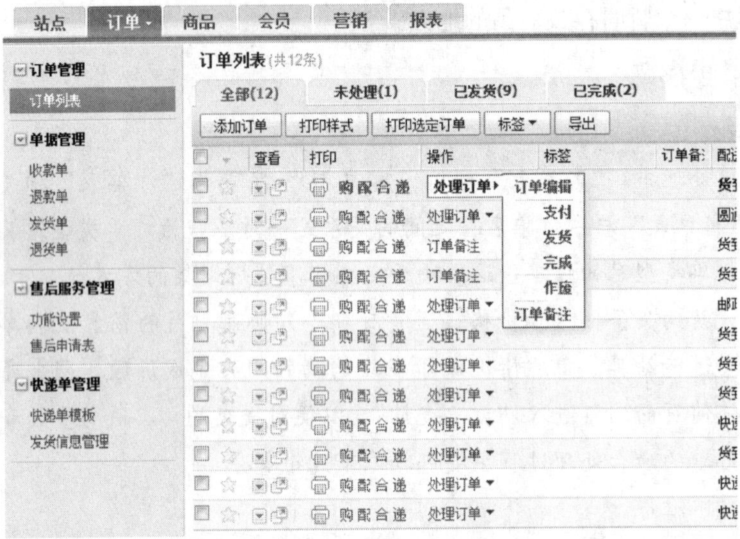

图 5—1　订单列表界面

（2）订单编辑。将鼠标移动到"处理订单"上，选择"订单编辑"，弹出订单编辑窗口，在这里可以对商品信息、订单信息、购买人信息和收货人信息进行编辑，如图 5—2 所示。

（3）管理员后台订单支付。将鼠标移动到"处理订单"上，选择"支付"，即可对该订单进行后台支付，这些操作与会员在前台操作的结果是一样的，如图 5—3 所示。

步骤 2　订单修改设置

（1）订单备注。将鼠标移动到"处理订单"上，选择"订单备注"，在订单备注中，可以对订单标记小旗和撰写备注内容，如图 5—4 所示。

（2）订单作废。将鼠标移动到"处理订单"上，选择"作废"，作废后的订单只可以删除，不可以进行其他操作，如图 5—5 所示。

步骤 3　订单配送设置

（1）订单发货的处理。将鼠标移动到"处理订单"上，会出现多个选项，除了可以对订单进行编辑之外，还可以对订单进行发货、完成、退货和退款操作，如图 5—6 所示。

将鼠标移动到"处理订单"上，选择"发货"，对订单的收货信息进行设置，点击"发货"按钮，即可完成系统内部发货，如图 5—7 所示。

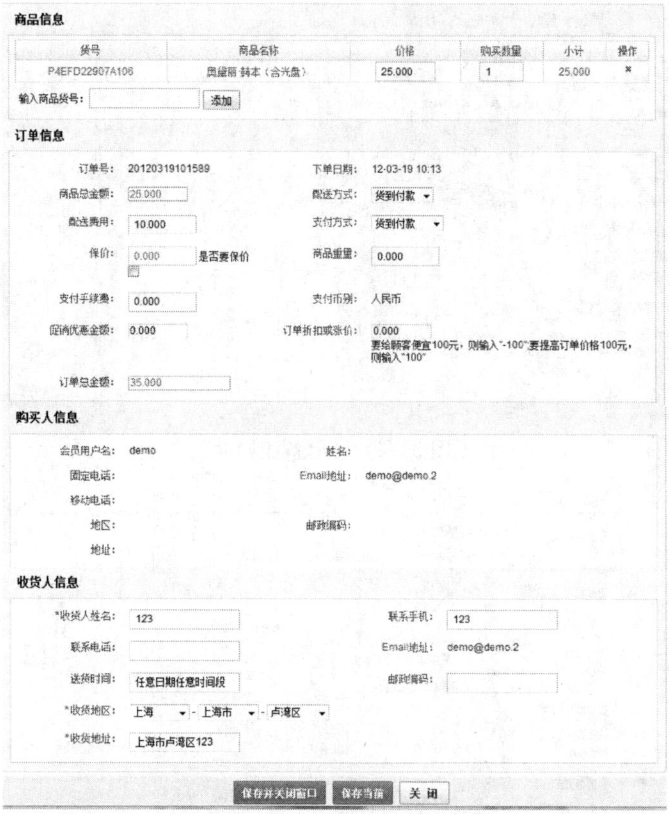

图 5—2　订单编辑界面

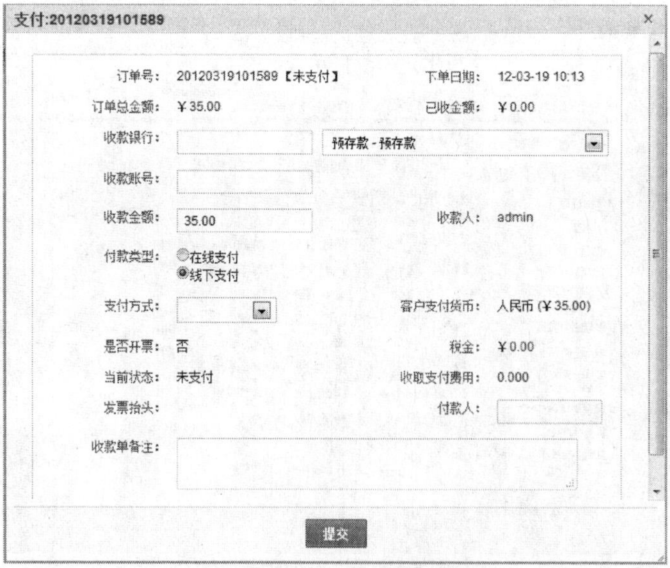

图 5—3　后台订单支付界面

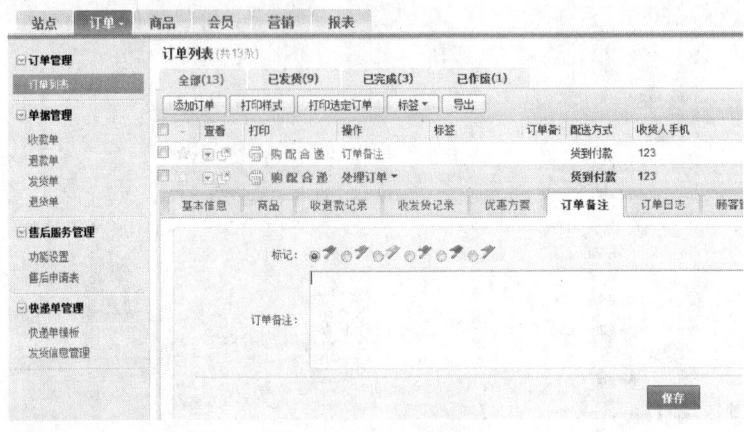

图 5—4 订单备注界面

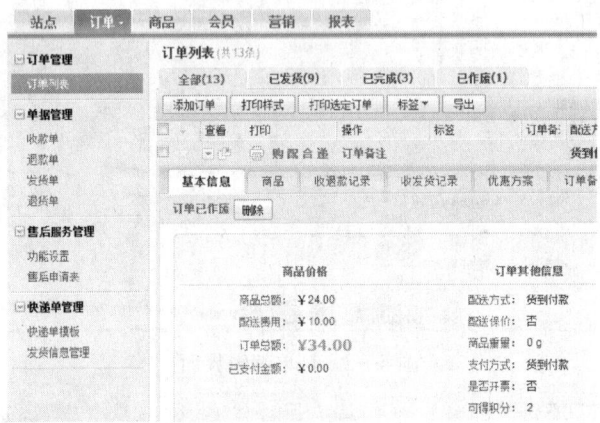

图 5—5 订单作废界面

图 5—6 订单处理界面

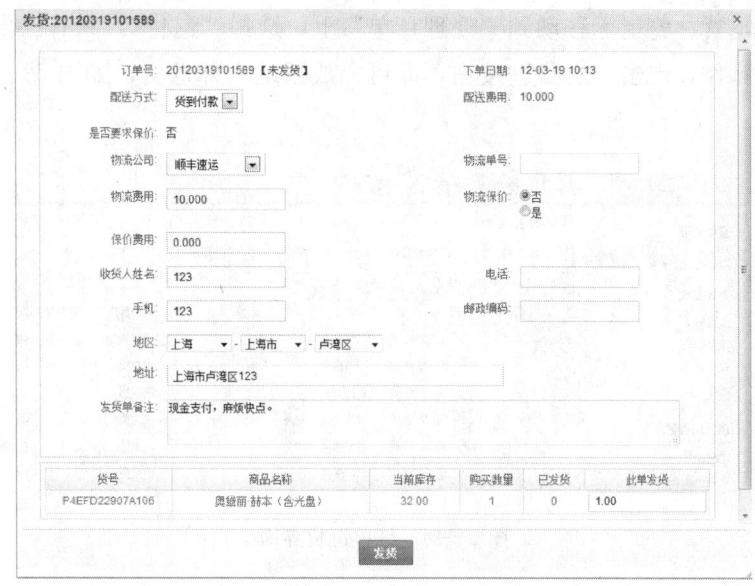

图 5—7　发货操作界面

（2）订单完成。将鼠标移动到"处理订单"上，选择"完成"，当订单选择完成时，该订单将不可以再进行任何操作，如图5—8、图5—9所示。

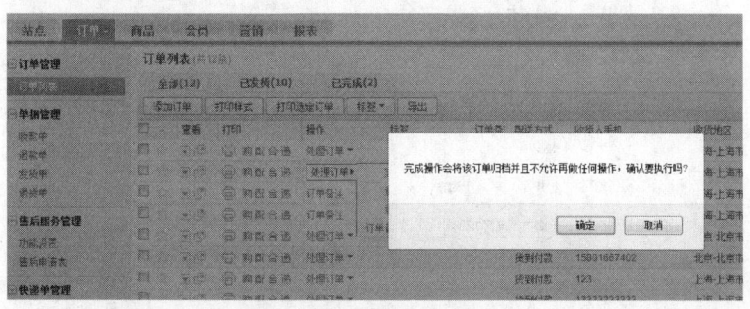

图 5—8　订单完成操作界面

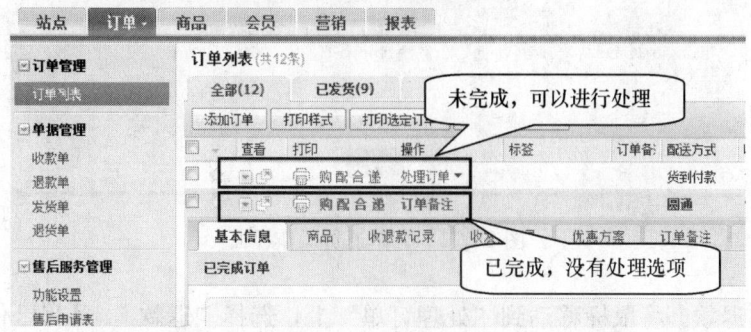

图 5—9　订单处理状态界面

(3)订单退货。将鼠标移动到"处理订单"上,选择"退货",只有已发货的订单才可以进行退货操作,点击"退货"按钮,即可完成系统内部退货,如图5—10、图5—11所示。

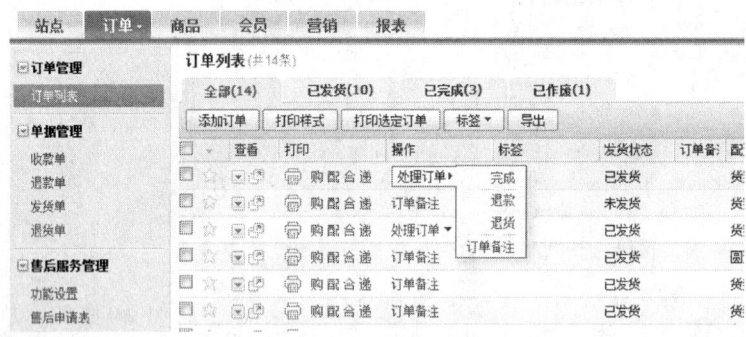

图5—10 订单退货界面

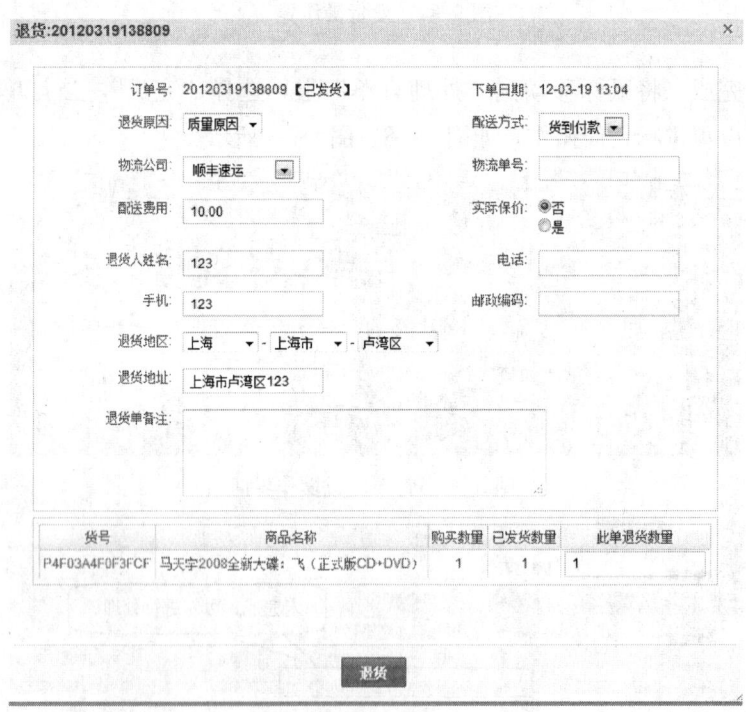

图5—11 订单退货操作界面

(4)订单退款。将鼠标移动到"处理订单"上,选择"退款",只有已付款的订单才可以进行退款操作,点击"提交"即可退款成功,如图5—12、图5—13所示。

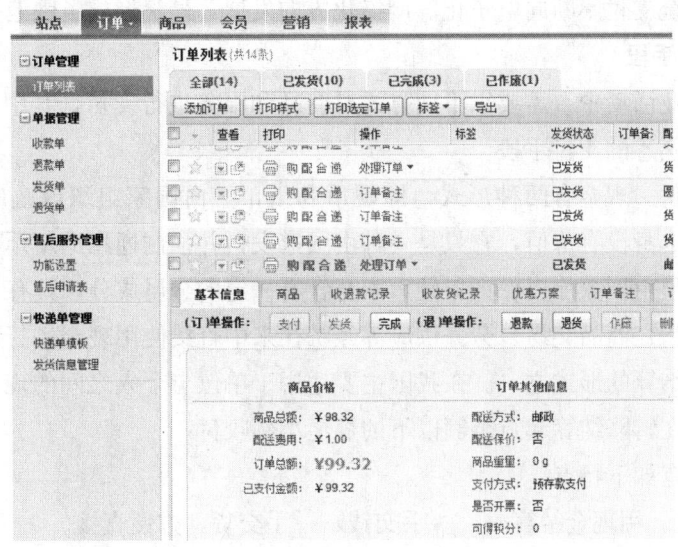

图 5—12　订单退款界面

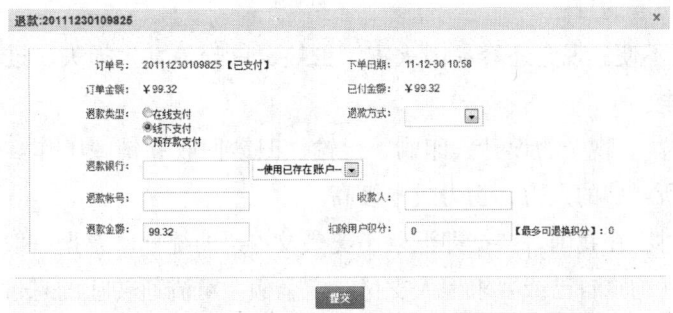

图 5—13　订单退款操作界面

第 2 节　电子商务支付

一、支付基础知识

随着经济与信息技术的发展，对支付系统的运行效率和服务质量的要求越来越高，使得支付系统从传统支付不断向电子化、网络化方向发展，最终形成了网上支付系统。

1. 传统支付手段

在日常的商业活动中，需要以不同方式对商品和服务进行支付，其中现金、票据、信用卡是人们比较熟悉的支付手段。

(1) 现金支付。现金有两种形式，即硬币和纸币，由国家组织或政府授权的银行发行。其中，纸币本身没有价值，它只是一种由国家发行并强制通用的货币符号，代替货币加以流通，其价值由国家加以保证；硬币本身含有一定的金属成分，具有一定的价值。

现金支付是指在商品交易、劳务供应等经济往来中直接使用现金进行应收应付款结算的行为，是货币结算的形式之一。在我国主要适用于单位与个人之间的现金结算、款项收付以及单位之间在转账结算起点金额以下的零星小额收付。

现金结算具有如下特点。

1) 方便直接。用现金结算时，一手交钱，一手交货，方便直接。

2) 不易监管。现金交易不需要第三方介入，监管很不方便，易成为非常交易的结算方式或犯罪分子窃取的目标。

3) 携带保存不便。现金还容易因火灾、虫蛀、鼠咬等发生损失。进行大宗交易时携带不便，也不安全。

4) 使用成本高。现金的设计、印刷、运输、旧钞回收和销毁工作，使用过程中的清点、保管和运送所耗费的人力、物力成本极高。

(2) 票据支付。在我国，票据即汇票、支票及本票的统称。票据一般是指商业上由出票人签发，无条件约定自己或要求他人支付一定金额，可流通转让的有价证券，持有人具有一定权力的凭证。属于票据的有汇票、本票、支票、提单、存单、股票、债券等。汇票是指由出票人签发的，要求付款人在见票时或在一定期限内，向收款人或持票人无条件支付一定款项的票据。汇票是国际结算中使用最广泛的一种信用工具；支票是指由出票人签发，委托办理支票存款业务的银行或者其他金融机构在见票时无条件支付确定的金额给收款人或持票人的票据；银行汇票是指汇款人将款项交存当地出票银行，由出票银行签发的，由其在见票时，按照实际结算金额无条件支付给收款人或持票人的票据。

广义的票据泛指各种有价证券，如债券、股票、提单等。狭义的票据仅指以支付金钱为目的的有价证券，即出票人根据票据法签发的，由自己无条件支付确定的金额或委托他人无条件支付确定的金额给收款人或持票人的有价证券。

(3) 信用卡（Credit Card）支付。信用卡是指商业银行依照用户的信用度与财力向个人和单位发行的，凭以向特约单位购物、消费和向银行存取现金，具有消费信用的特制载体卡片，其形式是一张正面印有发卡银行名称、有效期、号码、持卡人姓名等内容，背面有磁条、签名条的卡片。持卡人持信用卡消费时无须支付现金，待结账日时再行还款。按信用等级信用卡可以分为普通卡（银卡）、金卡、白金卡、无限卡。

信用卡的便捷支付功能使它迅速地在全世界得以推广。信用卡的主要特点有如下两个方面。

1) 多功能。不同的信用卡其功能和用途各异，概括起来主要有四种功能：转账结算功能、消费贷款功能、储蓄功能和汇兑功能。

2) 高效便捷。由于银行为持卡人和特约商户之间提供了高效的结算服务，这样消费者就便于持卡购物和消费，而且，利用信用卡结算可以减少现金货币流通量，简化收款手续；同时，持卡人即使到了外地，也可以凭卡存取现金，十分的灵活方便，免去随身携带大量现金的不便，而且，安全也得到了保障。

2. 网上支付

(1) 网上支付的概念。网上支付是电子支付的一种形式，是在信息时代诞生的一种全新的实时支付结算方式。网上支付是通过虚拟银行的电子资金划拨来完成的。广义地讲，网上支付是指客户、商家、网络银行（或第三方支付）之间使用安全电子手段，利用电子现金、银行卡、电子支票等支付工具通过互联网与支付网关传送到银行或相应的处理机构，从而完成支付的整个过程。在电子支付流程中，电子交易同时传输两种信息，分别为支付信息和交易信息，作为买方的消费者需要向作为卖方的在线商店首先发出购物请求。

(2) 网上支付的特征。与传统的支付方式相比，网上支付具有以下特征。

1) 网上支付是通过数字流转来完成信息传输的，其各种支付方式都是通过数字化的方式进行款项支付的。

2) 网上支付的工作环境是基于一个开放的系统平台（即互联网）。

3) 网上支付对软、硬件设施的要求很高，一般要求有联网的微机、相关的软件及其他一些配套设施。

4) 网上支付具有方便、快捷、高效、经济的优势。用户只要拥有一台可以上网的PC机，便可足不出户，在很短的时间内完成整个支付过程，交易的费用也较为低廉。

(3) 网上支付中的安全技术手段。保障网上支付正常进行的最核心的问题是安全问题。最通用的安全技术手段有以下几种。

1) 架设防火墙。通过架设防火墙加强网络之间的访问控制，防止外部网络用户以非法手段通过外部网络进入内部网络。

2) 数据加密技术。数据加密被认为是最可靠的安全保障形式，它可以从根本上满足用户对信息完整性的要求，是一种主动的安全防范策略。数据加密的原理是利用一定的加密算法，将明文转换成为无意义的密文，阻止非法用户理解原始数据，从而确保数据的保密性。

3) 数字签名技术。数字签名技术是指将摘要用发送者的私钥加密,与原文一起传送给接收者。接收者只有用发送者的公钥才能解密被加密的摘要。

4) 数字时间戳技术。在电子商务交易的文件中,时间是十分重要的信息,是证明文件有效性的主要内容。在签名时加上一个时间标记,即有数字时间戳数字签名方案:验证签名的人或以确认签名是来自该小组,却不知道是小组中的哪一个人签署的。指定批准人签名的真实性,其他任何人除了得到该指定人或签名者本人的帮助,否则不能验证签名。

5) 设置电子商务信息安全协议。目前常用的安全协议有 SSL 和 SET 两种。

(4) 网上支付中的安全协议内容。网上支付只有建立在密码技术和认证技术的基础上,才有可能构筑一个安全的电子交易模式。目前有两种安全在线支付协议被广泛采用,即安全套接层(Secure Sockets Layer,SSL)协议和安全电子交易(Secure Electronic Transaction,SET)协议。二者均是比较成熟和实用化的协议,能为电子商务提供有力的安全保障。SSL 协议是由网景(Netscape)公司推出的一种安全通信协议,它能够对信用卡和个人信息提供较强的保护。SET 协议是由 MasterCard 和 Visa 以及其他一些业界主流厂商联合推出的一种规范,用来保证在公共网络上银行卡支付交易的安全性。SET 采用双重签名技术来保证商家看不到消费者的账号信息。SET 是一个非常复杂的协议,它定义了加密信息的格式和完成一笔银行卡支付交易过程中各方传输的规则。

(5) 网上支付的安全认证方式。要保障网上支付的安全,首先,要确保计算机网络和用户机终端的安全。这是一般网络用户都要面对的安全问题。此外,网上支付还需要解决特有的安全问题。

1) 身份的真实性。也称商务对象的认证性,传统的商务交易因为双方可以在见面后通过观察而不用担心身份的真实性,但网上交易的双方相隔甚远,互不了解,支付方不知道商家到底是谁,商家不能清晰地确定银行卡等网络支付工具是否真实,以及由谁来支付和资金如何入账等。这就让一些想利用网络贸易的非面对面的特点进行欺诈活动的不法商家或个人有了可趁之机,所以,需要为参与交易的各方提供可靠的标识,使他们能够正确识别对方并且能够互相证明身份。

2) 信息的完整性。网上交易简化了贸易过程,减少了人为地干预,同时,也带来维护贸易各方商业信息的完整性、统一性的问题。数据输入时的意外差错或欺诈行为,可能会导致交易各方信息的差异。另外,数据传输过程中信息的丢失、信息的重复或信息传送的次序差异,也会导致交易各方信息的不同。假如有不法分子对支付的数据(如支付金额)进行修改而发生多支付或少支付的问题,那么,势必给交易双方添加不少麻烦。

3) 不可否认性。在传统的商务交易中,双方可通过书面文件上的手写签名或印章来预防抵赖行为的发生，但在网上却是不可能的。因此，就有可能出现这样的情况，当交易一方发现交易行为对自己不利时，可能会否认电子交易行为，这必然会损害交易另一方的利益。

4）数据保密性。有关交易的各种信息，如付款人和收款人的标识、交易的内容和数量等，这些信息只能让交易的参与者知道，有时甚至要求只让参与方的部分人知道。因此网上支付就涉及数据保密性的问题了。

网上支付的安全认证方式有以下几种。

①用户名和密码认证。简单易行，用于保护非关键性的系统，由于密码是静态的数据，很容易被驻留在计算机内存中的木马程序或网络中的监听设备截获，是极不安全的身份认证方式。

②IC卡认证。IC卡是一种内置集成电路的芯片，芯片中存有与用户身份相关的数据。IC卡由专门的设备生产，是不可复制的硬件。IC卡由合法用户随身携带，登录时必须将IC卡插入专用的读卡器，读取其中的信息，以验证用户的身份。简单易行，但容易被留驻在内存之中的木马程序或网络中监听设备等黑客技术窃取。

③动态口令认证。动态口令技术是一种让用户密码按照时间或使用次数不断变化、每个密码只能使用一次的技术。由于每次使用的密码必须由动态令牌或动态密码卡来产生，只有合法用户才持有该硬件或卡，而认证服务器端也依照同样的规则产生相同的动态密码，所以只要通过密码验证就可以认为该用户的身份是可靠的。用户每次使用的密码都不相同，即使黑客截获了一次密码，但在用户退出登录后，它也无法利用这个密码来仿冒合法用户的身份，因为密码已经过期。动态口令技术采用一次一密的方法，有效地保证了用户身份的安全性，是比较安全的认证手段。

④生物特征认证。利用人的指纹、虹膜、掌纹、声纹等天然纹理作为认证识别手段，不同的人具有不同的生物特征，几乎不可能被仿冒。因此，安全性最高，是最可靠的身份认证方式。但各种相关识别技术还没有成熟，没有规模商品化，准确性和稳定性有待提高，特别是当生物特征缺失时，就可能没法利用。

⑤USB Key认证。基于USB Key的身份认证方式是近几年发展起来的一种方便、安全、可靠的身份认证技术。它采用一次一密的强双因子认证模式，很好地解决了身份认证的安全可靠性问题，并提供USB接口与现今的计算机通用。USB Key是一种USB接口的小巧的硬件设备，形状与常见的U盘没有什么两样。但它的内部结构并不简单，它内置了CPU、存储器、芯片操作系统（COS），可以存储用户的密钥或数字证书，利用USB Key内置的密码算法实现对用户身份的认证。USB Key认证安全可靠，成本低廉，依赖硬件的安全性。

⑥PKI认证。PKI（Public Key Infrastructure）即公共密钥体系，即利用一对互相匹配的密钥进行加密、解密。一个公共密钥（公钥，Public Key）和一个私有密钥（私钥，Private Key）。其基本原理是由一个密钥进行加密的信息内容，只能由与之配对的另一个密钥才能进行解密。公钥可以广泛地发给与自己有关的通信者，私钥则需要十分安全地存放起来。每个用户拥有一个仅为本人所掌握的私钥，用它进行解密和签名；同时，拥有一个公钥用于文件发送时加密。当发送一份保密文件时，发送方使用接收方的公钥对数据进行加密，而接收方则使用自己的私钥解密，这样，信息就可以安全无误地到达目的地了，即使被第三方截获，由于没有相应的私钥，也无法进行解密。

二、网上支付工具

随着计算机技术、网络技术、通信技术和数据捕获技术的发展，网上支付的工具越来越多。这些支付工具可以分为三大类：一类是电子货币类，如电子现金、电子钱包等；另一类是电子信用卡类，包括智能卡、借记卡（先存款后消费或取现，没有透支功能的银行卡，按功能不同，借记卡又可分为转账卡、专用卡及储值卡，具有易用、普及、安全可靠的特点）、电话卡等；还有一类是电子支票类，如电子支票、电子汇款（EFT）、电子划款等。这些支付方式各有自己的特点和运作模式，适用于不同的交易过程。

1. 智能卡

智能卡的名称来源于英文名词"Smart Card"，又称集成电路卡，即IC卡（Integrated Circuit Card）。它将一个集成电路芯片镶嵌于塑料基片中，封装成卡的形式，其外形与覆盖磁条的磁卡相似。它将微电子技术和计算机技术结合在一起，提高了人们生活和工作的现代化程度。IC卡芯片具有写入数据和存储数据的能力，IC卡存储器中的内容根据需要可以有条件地供外部读取和供内部信息处理和判定之用。智能卡有接触与非接触两种形式，有内嵌微芯片或RFID芯片（非接触式）的，也有加上热敏膜技术的，还有能实现可视功能的，卡片具有储存信息的功能，能实现智能功能作用。接触式IC卡是通过IC卡读写设备的触点与IC卡的触点接触后进行数据的读写。国际标准ISO7816对此类卡的机械特性、电器特性等进行了严格的规定。双界面卡是将接触式IC卡与非接触式IC卡组合到一张卡片中，操作独立，但可以共用CPU和存储空间。

2. 电子现金

电子现金（E-cash）是一种以数据形式流通的货币。它把现金数值转换成为一系列的加密序列数，通过这些序列数来表示现实中各种金额的币值。用户在开展电子现金业务的银行开设账户并在账户内存钱后，就可以在接受电子现金的商店购物了。

当用户拨号进入Internet网上银行，使用一个口令（Password）和个人识别码（PIN

来验明自身，直接从其账户中下载成包的低额电子"硬币"，这时候电子现金才起作用。然后，这些电子现金被存放在用户的硬驱当中，直到用户从网上商家进行购买为止。为了保证交易安全，计算机还为每个硬币建立随时选择的序号，并把这个号码隐藏在一个加密的信封中，这样就没有人可以搞清是谁提取或使用了这些电子现金。按这种方式购买实际上可以让买主无迹可寻，提倡个人隐私权的人对此很欢迎。

3. 电子钱包

电子钱包（Electronic Purse）是电子商务活动中顾客购物时常用的一种支付工具，是在小额购物或购买小商品时常用的新式钱包。它以智能卡为电子钱包的电子现金支付系统，应用于多种用途，具有信息存储、电子钱包、安全密码锁等功能，安全可靠。

使用电子钱包的顾客通常在银行里都是有账户的。在使用电子钱包时，将有关的应用软件安装到电子商务服务器上，利用电子钱包服务系统就可以把自己的各种电子货币或电子金融卡上的数据输入进去。在发生收付款时，如果顾客要用电子信用卡付款，只要单击一下相应项目（或相应图标）即可完成。

在电子钱包内只能装电子货币，如电子现金、电子零钱、安全零钱、电子信用卡、在线货币、数字货币等，这些网上支付工具都可以支持单击式支付方式。

电子钱包中记录的每笔交易的状态有四种，分别是成功、订单接收、订单拒绝、订单未完成。

4. 电子支票

电子支票（Electronic Check，E-check 或 E-cheque）是一种借鉴纸张支票转移支付的优点，利用数字传递将钱款从一个账户转移到另一个账户的电子付款形式。这种电子支票的支付是在与商户及银行相连的网络上以密码方式传递的，多数使用公用关键字加密签名或个人身份证号码（PIN）代替手写签名。用电子支票支付，事务处理费用较低，而且银行也能为参与电子商务的商户提供标准化的资金信息，因而，用电子支票支付有可能成为最有效率的支付手段。为保证安全，电子支票传输系统目前一般使用专用的网络系统。使用电子支票时，购买方取得唯一电子形式的付款证明，表示购买方账户欠金融机构的钱。

5. 电子商业汇票

电子商业汇票（Electronic Commercial Draft），是指由出票人以数据电文形式制作的，委托付款人在指定日期内无条件支付确定的金额给收款人或者持票人的票据，与纸质商业汇票相比具有以数据电文形式签发、流转，并以电子签名取代实体签章的突出特点，其对于杜绝伪造、变造票据案件，降低企业结算成本、提升结算效率、控制融资风险具有十分重要的作用。

电子商业汇票具有安全性大大提升，期限延长，传递及保管成本大大降低，票据的支付结算效率大大提高的特点。电子汇票按处理时限分类有实时汇款、2 h 汇款、24 h 汇款。

三、第三方支付平台

第三方支付平台是指一些和产品所在国家以及国外各大银行签约、并具备一定实力和信誉保障的第三方独立机构提供的交易支付平台。在第三方支付交易流程中，支付模式使商家看不到客户的信用卡信息，避免了信用卡信息因在网络上多次公开传输而导致的信用卡信息被窃问题，降低了网络支付的风险。

用户使用第三方支付平台进行交易时，买方选购商品后，使用第三方平台提供的账户进行货款支付，由第三方通知卖家货款到达、进行发货；买方检验物品后，就可以通知付款给卖家，第三方再将款项转至卖家账户。所以，第三方支付平台在整个交易过程中，能比较有效地保障货物质量、交易诚信、退换要求等环节，对交易双方进行约束和监督。

以支付宝为例，用户要用私人的电子邮件地址作为支付宝的账号，然后填写个人的真实信息（也可以公司的名义注册），包括姓名和身份证号码。在接受支付宝设定的"支付宝服务协议"后，支付宝会发封电子邮件至用户提供的邮件地址，然后，用户在点击邮件中的一个激活链接后，才能激活支付宝账号。然后，可以通过支付宝进行下一步的网上支付步骤。同时，用户必须将其支付宝账号绑定一个实际的银行卡账号或者信用卡账号，与支付宝账号相对应，以便完成实际的资金支付流程。

1. 第三方支付的原理

以 B2C 交易为例：第一步，客户在电子商务网站上选购商品，最后决定购买，买卖双方在网上达成交易意向；第二步，客户选择利用第三方作为交易中介，客户用信用卡将货款划到第三方账户；第三步，第三方支付平台将客户已经付款的消息通知商家，并要求商家在规定时间内发货；第四步，商家收到通知后按照订单发货；第五步，客户收到货物并验证后通知第三方；第六步，第三方将其账户上的货款划入商家账户中，交易完成。

2. 主流的第三方支付平台

目前，我国主流的第三方支付平台有 PayPal、支付宝、财付通、盛付通、易宝支付、快钱百付宝、物流宝、网易宝、网银在线、环迅支付、汇付天下等。

四、网上银行

网上银行又称网络银行、电子银行、虚拟银行，是传统银行业务在网络的延伸。1995年世界上第一个网上银行——安全第一网络银行在美国建立，随着电子商务的发展，人们越来越离不开网上银行。

1. 网上银行的定义

网上银行（Internet Bank or E-bank），包含两个层次的含义：一个是机构概念，指通过信息网络开办业务的银行；另一个是业务概念，指银行通过信息网络提供的金融服务，包括传统银行业务和因信息技术应用带来的新兴业务。日常生活和工作中提及的网上银行，更多是指第二层次的概念，即网上银行服务的概念。网上银行业务不仅仅是传统银行产品简单地从网上的转移，其他服务方式和内涵也发生了一定的变化，而且由于信息技术的应用，又产生了全新的业务品种。

网上银行又称网络银行、在线银行，是指银行利用互联网技术，通过互联网向客户提供开户、销户、查询、对账、行内转账、跨行转账、信贷、网上证券、投资理财等传统服务项目，使客户可以足不出户就能够安全便捷地管理活期和定期存款、支票、信用卡及个人投资等。可以说，网上银行是在互联网上的虚拟银行柜台。

网上银行又被称为"3A银行"，因为它不受时间、空间限制，能够在任何时间（Anytime）、任何地点（Anywhere）、以任何方式（Anyhow）为客户提供金融服务。想要获得并使用网上银行进行网上支付，必须经过的步骤有开立账户、开户申请、开户审批等。

网上银行发展的模式有两种：一种是完全依赖于互联网的无形的电子银行，也叫"虚拟银行"，即只有一个办公地址，没有分支机构，也没有营业网点，采用国际互联网等高科技服务手段与客户建立密切的联系，提供全方位的金融服务的银行；另一种是在现有的传统银行的基础上，利用互联网开展传统的银行业务交易服务，是绝大多数商业银行采取的网上银行发展模式。我国现在的网上银行基本都属于第二种模式。

2. 网上银行的主要功能

网上银行的功能可以概括为银行业务项目、网上银行服务、信息发布和商务服务几个部分。详细功能包括以下几个方面。

（1）查询。提供本人名下账户的账户余额、账户明细、消费积分等查询功能，可以进行多账户、多币种的查询，还可以对他人授权的账户进行查询。

（2）转账。提供本人名下转账、转账给他人的转账功能。

（3）汇款。提供将活期账户资金汇入外地建设银行的活期账户的功能。

（4）外汇业务。通过此项功能客户可以随时随地进行外汇买卖和查询交易，包括行情查询、交易查询、实时交易、委托挂单、追加挂单、委托撤单等功能。

（5）代理缴费。您可以直接利用网上银行来办理银行代理的各项缴费业务，如水费、电费、煤气费、电话费、交通罚款等。

（6）网上支付。网上支付是指客户可以通过网上银行，使用中国建设银行龙卡储蓄卡、信用卡或活期存折账户，在网上购买商品或服务。

（7）银证业务。银证业务包括银证转账业务和银证通业务。银证转账业务是指客户通过网上银行，在银行账户与证券资金账户之间进行资金实时划转的业务。银证通业务是指客户通过网上银行，在指定的证券交易机构进行股票买卖、查询等实时交易的业务。

（8）证券业务。证券业务是指客户通过网上银行进行债券或基金的申购、买卖、查询等交易的业务。

（9）短信定制查询业务。短信定制查询业务是指客户通过手机短信的方式，查询个人相关账务信息的业务。

（10）贷记卡业务。为客户提供贷记卡开卡、账单查询、购汇还款、贷记卡还款、补发密码函、贷记卡挂失等业务。

第 6 章

B2C 仓储物流

第 1 节　物流基础知识　　　　　　　/232
第 2 节　电子商务仓储配送操作　　　/246

 **学习目标**

➢ 了解物流基础知识
➢ 掌握仓储配送操作、流程等知识
➢ 掌握电子商务 B2C 配送操作要求

第 1 节　物流基础知识

 **知识要求**

一、物流的基本概念

在我国国家标准《物流术语》的定义中指出：物流是物品从供应地到接收地的实体流动过程，根据实际需要，将运输、储存、装卸、搬运、包装、流通加工、配送、信息处理等基本功能实施有机的结合。通过物流可以消除商品的时间间隔和场所间隔。

由于物流对象的不同，物流目的的不同，物流范围、范畴的不同，形成了不同类型的物流。主要有以下几种类型。

(1) 宏观物流。宏观物流是指社会再生产总体的物流活动，从社会再生产总体物流角度认识和研究的物流活动。

(2) 微观物流。消费者、生产者、企业所从事的实际的、具体的物流活动属于微观物流。整个物流活动中的一个局部、一个环节的具体物流活动也属于微观物流。在一个小地域空间发生的具体的物流活动也属于微观物流。

(3) 社会物流。社会物流是指超越一家一户的、以一个社会为范畴、以面向社会为目的的物流。

(4) 企业物流。从企业角度上研究与之有关的物流活动，是具体的、微观的物流活动的典型领域。企业生产物流是企业生产活动的中心环节。

(5) 国际物流。国际物流是现代物流系统发展很快、规模很大的一个物流领域，国际物流是伴随和支撑国际经济交往、贸易活动和其他国际交流所发生的物流活动。

(6) 区域物流。相对于国际物流而言，一个国家范围内的物流，一个城市的物流，一个经济区域的物流都处于同一法律、规章、制度之下，都受相同文化及社会因素的影响，都处于基本相同的科技水平和装备水平之中。

（7）一般物流。一般物流是指物流活动的共同点和一般性，物流活动的一个重要特点是涉及全社会、各企业，因此，物流系统的建立、物流活动的开展必须有普遍的适用性。

（8）特殊物流。专门范围、专门领域、特殊行业在遵循一般物流规律基础上，带有特殊制约因素、特殊应用领域、特殊管理方式、特殊劳动对象、特殊机械装备特点的物流，皆属于特殊物流范围。

（9）废弃物流与回收物流。废弃物流和回收物流是指工厂对在生产过程中有关的废弃包装容器和材料、生产过程中产生的其他废弃物的运输、验收、保管和出库以及企业对在生产过程中排放的无用物包括有害物质进行运输、装卸、处理等的物流活动。

另外，还可以按照物流系统涉及的领域分为生产领域的物流、流通领域的物流和生活领域的物流；按物流系统的性质分为社会物流、行业物流、企业物流；按物流的作用不同分为供应物流、销售物流（包装、送货与配送）和回收物流等；按物流活动的空间范围分为地区物流、国内物流、国际物流。物流系统由物流作业系统和物流信息系统组成，它们之间存在层次性的关系，物流系统存在一定的目标，物流信息管理是指物流信息的收集、处理、传递和存储。通过信息系统管理物流，可有效地提高整个物流的灵活性、速度、可靠性。

相关链接：

生产企业物流是企业为组织生产所需要的各种物资供应而进行的物流活动。它包括组织物资生产者送达本企业的企业外部物流和本企业仓库将物资送达生产线的企业内部物流。生产企业物流的内容有原材料及设备采购供应阶段的物流、生产阶段的物流。生产企业物流是生产工艺的组成部分，有很强的"成本中心"的作用，是专业化很强的"定制"物流。

商业物流作为一种商业概念在20世纪50年代由于供应链的日益复杂而提出。商业物流可以被定义为将正确的量，在适当的条件下、以适当的价格、在正确的地点、时间送达正确的客户。它是科学的过程，包括库存管理、采购、运输、仓储、磋商和组织规划这些活动的所有方面。商业企业内部物流的主要作用是保证商品的正常销售。主要包括将商品从仓库运输到本店的销售现场上柜或各分店及连锁店进行销售、从本店向其他商业企业的调拨运输。

第三方物流是指生产经营企业为集中精力搞好主业，把原来属于自己处理的物流活动，以合同方式委托给专业物流服务企业，同时通过信息系统与物流企业保持密切联系，以达到对物流全程管理控制的一种物流运作与管理方式。第三方物流中的第一方和第二方指的是货物的供方和需方，第三方指的是提供物流服务的一方。第三方物流的特点是服务个性化、功能专业化、管理系统化。企业将物流系统全部卖给或承包给第三方物流供应商称为物流系统接管。作为一种较为先进的服务形态，第三方物流服务所体现出的社会物流配送的价值和给企业、客户带来的益处是多方面的。只有基于企业战略层面的综合因素考虑，才是企业选择第三方物流的基本原则和真正动机，也只有通过全方位的比较和分析，企业才能真正认识到第三方物流给企业带来的价值。第三方物流带来价值有三方面：首先，使用第三方物流可以使企业实现资源优化配置，将有限的资源集中于核心业务；其次，选择第三方物流还可以使企业减少投资，降低风险；最后，选择第三方物流有利于企业进行流程再造。

"物"从供给者到需要者之间有一段时间差，由改变这一时间差所创造的效用，称作"时间效用"。

二、仓储与配送基础知识

仓储，是指通过仓库对商品进行储存和保管。它是指在原产地、消费地或者在这两地之间存储商品（原材料、零部件、在制品、产成品），并向管理者提供有关存储商品的状态、条件和处理情况等信息。也就是说，仓储是处于商品离开生产过程尚未进入消费过程的时间间隔内的暂时停滞状态。

配送，中华人民共和国国家标准《物流术语》中关于配送的解释是这样的：配送，是指在经济合理区域范围内，根据用户的要求，对物品进行拣选、加工、包装、分割、组配等作业，并按时送达指定地点的物流活动。一般来说，配送一定是根据用户的要求，在物流据点内进行分拣、配货等工作，并将配好的货物适时地送交收货人的过程。它是物流中一种特殊的、综合的物流活动形式。它将商流与物流紧密结合起来，既包含了商流活动，也包含了物流活动中的若干功能要素。

1. 仓储配送中的出库作业

（1）出库作业的概念。出库（Ex-warehouse）是指货物离开储位，经过拣选、备货、分拣、复核、包装或再加工，装载至运载工具上，同时办理完交割手续的过程。货物出库发运是商品储存阶段的终止，也是仓库作业的最后一个环节，是指仓库根据存货单位或业务部门开出的货物出库凭证（提货单、调拨单），按其所列的商品编号、名称、规格、型号、数量等项目，组织商品出库。

（2）出库的原则。仓库必须建立严格的商品出库和发运程序，遵循"先进先出"的原则，对有保管期限的商品要在限期内发放完毕；对可以回收复用的商品在保证质量的前提下，按先旧后新的原则发放；对零星用料要做到"分斤破两"；对专用材料要做到保证重点、照顾一般。商品出库要及时准确，出库工作尽量一次完成，防止出差错。出库商品的包装要符合交通运输部门的要求。

商品出库必须依据货主开出的"商品出库通知单"进行。在任何情况下，仓库都不得擅自动用、变相动用或者外借货主的库存商品。"商品出库通知单"的格式不尽相同，不论采用何种形式，都必须是符合财务制度要求的、据有法律效力的凭证。

（3）商品出库的要求。商品出库要求做到"三不、三核、五检查"。"三不"，即未接单据不翻账，未经审单不备货，未经复核不出库；"三核"，即在发货时，要核实凭证、核对账卡、核对实物；"五检查"，即对单据和实物要进行品名检查、规格检查、包装检查、件数检查、质量检查。

总而言之，商品出库作业应做到：准确、及时、安全、经济。

具体要求如下：

1）按程序作业、按凭证准确发货。出库凭证和手续应齐全。商品出库必须按规定程序进行，领料提货单据必须符合要求。

2）坚持"先进先出"的原则。在保证商品使用价值不变的前提下，坚持"先进先出"的原则。"先进先出"的决定因素是时间，这一原则对于寿命周期短的商品尤其重要。要做到容易变质的先出，保管条件差的先出，包装简易的先出，接近失效期的先出，回收复用的先出。

3）及时记账。商品发出后，应随即在商品保管账上核销，并保存好发料凭证，同时调整好吊牌，保证账、货、卡一致。

4）保证安全、经济。商品出库作业，要注意安全操作，货物的安放要看清包装储运图示标志，按照包装储运图示标志要求操作，防止损坏包装和振坏、压坏、摔坏物品。要做到物品包装完整、捆扎牢固、标志正确清楚、商品特性互不抵触，避免发生运输差错和损坏物品的事故，保障物品质量安全，保证运输安全。仓库作业人员必须经常注意物品的安全保管期限，对已变质、已过期失效、已失去原使用价值的物品不允许分发出库。

2. 商品出库的方式

（1）送货。送货方式即送货到用户。仓库根据货主单位预先送来的"商品出库通知单"，通过发货作业，将货物送交用户。送货方式通常有两种：一种是仓库给用户送货，即由仓库根据业务部门预先送来的发货凭证备齐商品，交承运部门将商品发送给收货单位，该方式属于送货出库形式。另一种是由货主自己派车给用户送货。

仓库实行送货，要划清交接责任。送货具有"预先付货、按车排货、发货等车"的特点。这种出库方式适用于内、外贸储运公司所属仓库、大型连锁超市配送中心、口岸批发企业所属仓库等。

（2）自提。由收货人或其代理人持"商品出库通知单"直接到库提取，仓库凭单发货，这种发货形式就是通常所称的提货制。它具有"提单到库、随到随发、自提自运、当面点交"的特点。为划清交接责任，仓库发货人与提货人应在仓库现场对出库商品当面交接清楚并办理签收手续。

自提方式在产销地批发企业所属的仓库和储存工业原材料、工具等商品的仓库得到广泛应用。

（3）代提代运。仓库根据收货单位的委托，根据货主开出的"商品出库通知单"，为货主代提代运出库商品。代提代运方式的特点是代提代办、整批发出、与承运单位直接办理商品交接手续。

（4）转仓。货主单位为了业务需要或改变储存条件，需要将某批库存商品自甲库转移到乙库，这就是转仓的发货形式。仓库需根据货主单位开出的正式转仓单办理转仓手续。

（5）取样。货主单位出于对商品质量检验、样品陈列和寄送客户等的需要，到仓库提取货样。仓库需根据正式取样凭证发给样品，并做好账务记录。

（6）过户。过户（Transfer）是货物在仓库内所有权发生转移并经由仓库记录确认的过程。过户是一种就地划拨的形式，商品虽未出库，但是所有权已从原存货户转移到新存货户。仓库根据原存货单位开出的正式过户凭证办理过户手续。

3. 货物出库准备内容

（1）计划工作。根据货主提出的出库计划或出库请求，事先做好物资出库的各项安排，包括货场货位、机械搬运设备、工具和作业人员等的计划、组织。同时，仓库接到提货通知时，应及时进行备货工作，以保证提货人可以按时完整提取货物。备货时，要认真核对货物资料、核实货物，避免出错。仓库要准确了解商品出库的动态，随时掌握近期将要出库的商品品种、数量、货位、具体时间等，以便做好准备。

（2）做好出库物品的包装和装运标志（唛头）印贴或印刷工作。出库发运到外地或国外的需经过长途运输的货物，包装要符合运输部门的规定和适合货物的特点、大小和形状，做到适宜、牢固、便于搬运装卸；同时，在包装上挂签（贴签）、书写编号和装运标志。在包装需要考虑的因素中，保护性是首要因素。

4. 出库程序

出库程序包括核单备料、复核、包装、点交、登账、现场和档案的清理等过程。出库采用何种方式，主要取决于收货人。

（1）核单备料。核单就是审核出库凭证。发放商品必须有正式的出库凭证，严禁无单或白条发料。保管员接到出库凭证后，应仔细核对，首先，要审核出库凭证的合法性和真实性；其次要核对商品品名、型号、规格、单价、数量、收货单位、到站、银行账号等。

（2）复核。为防止差错，备料后应立即进行复核。商品复核应以出库凭证为依据进行。通过复核可以做到出库商品数量准确、规格相符、质量完好、包装完善，如有差错可随时纠正、杜绝事故发生。出库的复核形式主要有个人复核、相互复核和环环复核三种。个人复核，一般适用于品种单一，同一品种批量较大，仓库人员较少的情况。环环复核，一般适用于分工比较细、作业流水线长的大型现代化仓库。除此之外，在发货作业的各道环节上，都贯穿着复核工作。例如，理货员核对单货，守护员（门卫）凭票放行，账务员（保管会计）核对账单（票）等。这些分散的复核形式，起到分别把关的作用，有助于提高仓库发货业务的工作质量。

复核的主要内容包括以下几个方面。

1）单据复核。主要复核出库凭证的真实性、合法性、完整性。出库单证是商家之间互相调货的凭证，是为了方便对账和结算，减少现金支付的一种手段。

2）商品实物复核。主要复核商品的品名、品种、规格、型号、牌号、单位、数量、包装等。

3）账、货结存数复核。商品从货垛、货架上取走后，应立即核对货垛、货架上的货卡的结存数以及保管账上的结存数，做到账、卡、物三相符。

4）复核后签章。复核后复核员和保管员应在单证上签章，以示负责，明确责任。只有加强出库的复核工作，才能防止错发、漏发和重发等事故的发生，确保出库货物数量准确、质量完好。

（3）包装。根据包装在流通过程中所起作用的不同，可分为运输包装（即外包装）和销售包装（即内包装）两种类型，前者的主要作用在于保护商品和防止出现货损货差，后者起到保护商品的作用和促销的功能。这里所说的包装是指运输包装。

出库的货物如果没有符合运输方式所要求的包装，应进行包装。包装有两重含义：一是静态的含义，即包装物、包装材料等；二是动态的含义，即包装操作、包装技术、包装工艺等。

出库商品包装要求做到科学、经济、美观、牢固、适用、安全。现代商品包装强调标准化，要求做到：统一材料、统一规格、统一容量、统一标识、统一基础模数等。出库商品包装应便于装卸搬运、有明显的标识、严禁混合包装、节省包装材料。

根据商品外形特点，选用适宜的包装材料，其质量和尺寸应便于装卸和搬运。出库商品包装要求干燥、牢固，如有破损、潮湿、捆扎松散等不能保障商品在运输途中安全的，应负责加固整理，做到破包破箱不出门。

（4）刷唛。商品包装后待运时，需在包装外刷唛、印刷、粘贴、拴挂或书写商品标识。"唛头"又称运输标志（Shipping Mark），它通常是由一个简单的几何图形和一些字母、数字及简单的文字组成。

（5）点交。出库物品经复核和包装后，需要托运和送货的，由仓库部门移交给运输部门；属于用户自提的，由仓库部门按出库凭证向提货人当面将商品点交清楚，开出出门证。交清后，提货人员应在出库凭证上加盖"商品付讫"日戳。

（6）登账。点交后，保管员应在出库单上填写实发数、发货日期等内容，并签名。然后，将出库单连同有关证件资料及时交给货主，以便货主办理货款结算。保管员把留存的一联出库凭证交给实物明细账登记人员登记做账。

（7）现场和档案的清理。现场清理包括清理库存商品、库房、场地、设备和工具等。档案清理是指对收发、保养、盈亏数量和垛位安排等情况进行分析，做到仓库保管物品的账、货、卡相符。

出库作业环节较多，环环相扣。在出库作业流程中，应重点抓好"复核"和"点交"这两个关键环节。"复核"是防止差错的重要措施，而"点交"则是划清仓库和提货方责任的必要手段。

5. 出库单证的流转

出库单证主要是指提货单，它是向仓库提取商品的正式凭证。不同单位会采用自提货和送货这两种不同的出库方式，并且不同单位在不同出库方式条件下，单证流转与账务处理的程序也会有所不同。

（1）自提货方式下的提货单。自提货是指商品明细账账务人员在收到提货单后，经审核无误，向提货人开具货物出门证，出门证上应列明每张提货单的编号。出门证中的一联交给提货人，账务人员将根据出门证的另一联和提货单在商品明细账出库记录栏内登账，并在提货单上签名，批注出仓吨数和结存吨数，将提货单交给保管员发货。提货人凭出门证向发货员领取所提商品，待货付讫，保管员应盖付讫章并签名，然后将提货单返回给账务人员。提货人凭出门证提货出门，并将出门证交给守护员（门卫）。守护员在每天下班前应将出门证交回给账务人员，账务人员凭此与已经回笼的提货单逐一核对。如果发现提货单或出门证短少，应立即追查，不得拖延。

（2）送货方式下的提货单。在送货方式下，一般是采用先发货后记账的形式。提货单随同送货通知单经内部流转送达仓库后,一般是直接送给保管员,而不先经过账务人员。保管员接单后,经过理单、编写地区代号,待货发讫后再交给账务人员记账。

对于其他的几种出库方式,其单证的流转与账务的处理过程也基本相同。取样和移库对于货主单位而言并不是商品的销售和调拨,但对仓库来说却也是一笔出库业务。货主单位签发的取样单和移库单也是仓库发货的正式凭证,它们的流转和账务处理程序与提货单基本相同。商品的过户,对仓库来说,商品并不移动,只是商品的所有权在货主单位之间转移。所以,过户单可代替入库通知单,开给过入单位储存凭证,并另建立新账务,即做入库处理;对过出单位来说,等于所有货物出库。过户单位与提货单位一样,凭此进行出库账务处理。

6. 商品出库中可能发生的问题的处理

货物出库过程中可能会出现各种情况、碰到各种问题,针对这些情况和问题要酌情处理。

(1) 出库凭证(提货单)上的问题。

1) 出库凭证超过提货期限。对于这类凭证,用户前来提货,首先,要办理相关手续,按规定缴足逾期仓储保管费,然后,方可发货。

2) 提货白条。由于种种原因,有些货主或部门会拿着白条前来提货。对于这类白条都不能作为发货凭证,不能提货。

3) 出库凭证有错。提货时,货主或部门发现规格开错,要求保管员按他们的要求发货,这时,保管员不得自行调换规格发货,必须通过开票员重新开票才可发货。

4) 凭证有疑点。凡发现出库凭证有疑点或者情况不清楚以及发现出库凭证有假冒、复制、涂改等情况时,应及时与仓库保卫部门以及出具出库单的单位或部门联系,妥善处理。

5) 货物未验收。货物进库未经验收或者期货未进库的出库凭证,一般暂缓发货,并通知货主,待货到并验收后再发货。

6) 凭证遗失。如货主因某种原因将出库凭证遗失,货主应及时与仓库发货员和账务人员联系挂失,妥善处理。

(2) 提货数与实存数不符。

1) 货物入库时,由于验收问题,增大或缩小了实收货物的签收数量,从而造成账面数与实存数不符。

2) 仓库保管人员和发货人员在以前的发货过程中,因错发、串发等差错而造成实际货物库存量与实存数不符。

3) 货主单位没有及时核减开出的提货数,造成库存账面数大于实际储存数,从而导致开出的提货单提货数量大于库存数。

4) 仓储过程中造成的货物的毁损。

(3) 串发货和错发货。串发货和错发货，主要是指在发货人员对货物种类规格不很熟悉的情况下或者由于工作中的疏漏，把错误规格、数量的货物发出库的情况。在这种情况下，如果商品尚未离库，应立即组织人力，收回原发货物，在认真核对后，重新发货。如果货物已经提出仓库，保管人员要如实向本库主管部门和货主单位讲明串发和错发货的品名、规格、数量、提货单位等情况，并同货主单位和运输单位共同协商解决。

(4) 包装破漏。包装破漏，是指在发货过程中，因货物外包装破散、砂眼等现象引起的渗漏、裸露等问题。这些问题主要是在储存过程中因堆垛挤压、发货装卸操作不慎等情况引起的。因此，发货时都必须经过整理或更换包装才可出库，否则造成的损失应由仓储部门承担。

(5) 漏记和错记账。漏记账，是指在货物出库作业中，由于没有及时核销货物明细账而造成账面数量与实存数不符的现象。错记账，是指在货物出库后核销明细账时没有按实际发货出库的货物名称、规格、数量等登记，从而造成账、货不符的情况。无论是漏记账还是错记账，一经发现，除及时向有关领导如实汇报情况外，还应根据原出库凭证查明原因、调整保管账册，使之与实际库存保持一致。如果由于漏记和错记账给货主单位、运输单位和仓储部门造成了损失，应予以赔偿，同时，应追究相关人员的责任。

(6) 装卸、搬运设备问题。在出库过程中，特别是一些重型货物的搬运和装卸需要专门的设备和设施。仓库在实际出库过程中，应事先做好准备。同时，在实际出库过程中，由于设备故障要有备选方案或突发事件处理方案，保证货物按时、按量顺利出库。

三、配送的程序及作业方法

在物流配送中心的运转中，不论是机械化的物流系统，还是自动化或智能化的物流系统，都必须配合正确有效的作业方法，才能具有较好的作业效果，取得较佳的经济效益。按配送的组织形式分，有分散配送、集中配送、共同配送等形式。

物流配送中心的作业过程，可归纳为九项作业，即进货作业、搬运作业、储存作业、盘点作业、订单处理作业、拣货作业、补货作业、发货作业、配送作业。在所有作业进行中，凡是涉及货物的流动作业，其间的过程就一定有"搬运"的作业，所以"搬运"也是重要的作业。

1. 进货作业

进货作业是指将货物从货车上卸下、开箱，检查其数量、质量，并将进货信息输入计算机等。

2. 搬运作业

搬运作业是物流作业的重要组成部分之一。搬运，是指把不同形态的散装、包装或整体的原料、半成品或成品，在平面或垂直方向加以提升、放下或移动，可能是运送，也可能是重新摆放物料，从而使货品能顺利地到达储位或指定位置。

3. 储存作业

储存作业的主要任务在于妥善保存货物，并对在库品进行检核，善用空间，并对存货进行科学管理。良好的储存策略可以减少出入库的移动距离，缩短作业时间，充分利用储存空间。

储存作业是指要充分考虑最大限度地利用空间，最良好地保护和管理货物，最有效地利用劳力和设备，最安全和经济地搬运货物。

在选择储区位置时应考虑的问题是根据货物的特性选储区：大批量选大储区；小批量选小储区；笨重、体大的货物应储于坚固的货架并接近发货区；轻量货物应储于上层货架；相同和相似的货物应尽可能靠近储存；小而轻并且易于处理的货物应储于远储区；周转率低的货物应储于仓库高储位并远离进货、发货区；周转率高的货物应储于低储位并接近发货区。

4. 盘点作业

在物流配送中心的工作过程中，货物不断的进库和出库。在时间的长期积累下，账上库存数与实际库存数可能会有差异，账、卡、货会不相符。有些货品因长期存放会发生物品质量问题，品质下降，影响物品的使用价值。为了有效地掌握货品数量和质量，必须定期或不定期对各储存场所进行清点作业，这就是所谓的盘点作业。盘点的主要内容是查数量。

（1）盘点的作用。

1）确定现存量。由于多记、误记和漏记，使库存资料记录不实。此外，由于货物损坏、丢失、验收与发货清点有误，也会造成库存量不实。有时盘点方法不当，产生误盘、重盘和漏盘时，也会使库存量不实。为此，必须定期或不定期盘点，确认现存货品数量。

2）确认企业损益。企业的损益与总库存金额有密切的关系。而库存金额与货品库存量及单价成正比。为准确地计算出企业的实际损益，必须进行货物的盘点。

3）核实物品管理成效。通过盘点，可发现呆滞品和废品的处理情况、存货周转率以及货物的保养维修情况，并及时做出调整、降低损耗、提高效益。

（2）盘点作业的程序。盘点作业程序如图6—1所示。

5. 订单处理作业

订单处理是指从接到用户订单开始一直到拣货为止的工作。除此之外，订单处理还包

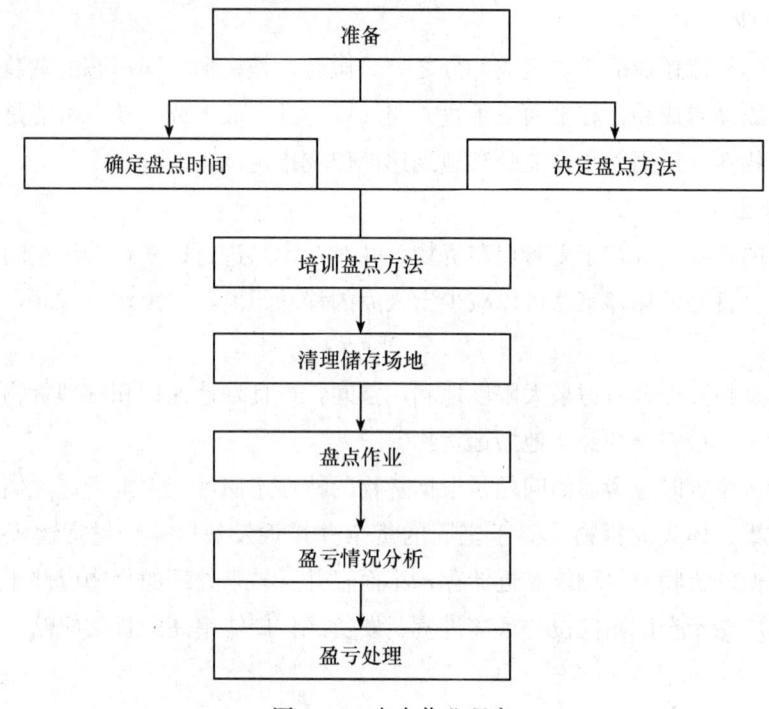

图6—1 盘点作业程序

括有关用户和订单的资料确认、存货查询和单据处理等内容。订单处理有人工和计算机两种形式。目前主要是用计算机处理。它不但速度快、效率高,而且成本低。

6. 拣货作业

每张用户订单中最少有一种以上的商品,如何把这些不同种类、数量的商品由物流配送中心集中在一起,这就是拣货作业。在物流配送中心内部所涵盖的作业范围中,拣货作业是极为重要的一环。拣货作业的目的在于正确而迅速地把用户所需的商品集中起来。

经过实践证明,物流成本约占商品最终售价的30%,其中包括配送、搬运和储存等成本。一般拣货成本约是其他堆叠、装卸和运输等成本总和的9倍,占物流搬运成本的绝大部分。为此,若要降低物流搬运成本,首先应从拣货作业着手改进,这样才能达到事半功倍的效果。

从人力需求的角度来看,目前大多数的物流中心仍属于劳力密集型产业,其中与拣货作业直接相关的人力更占50%以上,且拣货作业的时间投入也占整个物流中心的30%~40%。由此可见,规划合理的拣货作业方法,对于日后物流中心的运作效率具有决定性的影响。分拣的方法有订单别拣取、批量拣取、复合拣取。

拣货单位分成托盘、箱和单品三种形式。

拣货作业除了少量具有自动化设备外，大多是靠人工的劳力密集作业。如何提高作业效力非常重要，在进行拣货系统构筑和现场掌握时，要注意以下七点。

（1）不要等待。零闲散时间。

（2）不要拿取。零搬运（多利用输送带、无人搬运车）。

（3）不要走动。动线的缩短。

（4）不要思考。零判断业务（不依赖熟练工）。

（5）不要寻找。储位管理。

（6）不要书写。免纸张（Paper-Less）。

（7）不要检查。利用条码等自动识别技术，由计算机检查。

一般拣货作业程序如图6—2所示。

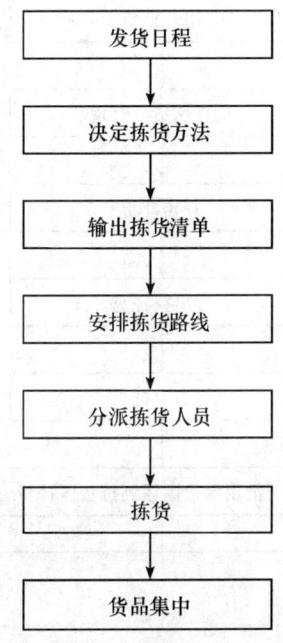

图6—2　一般拣货作业程序

7. 补货作业

补货作业是指把货品从保管区运到另一个拣货区的工作。补货单位一般是托盘。

（1）补货方式。补货作业的目的是确保商品能保质保量按时送到指定的拣货区。

1）整箱补货。由货架保管区补货到流动货架的动管区。这种补货方式的保管区为货架储存，动管拣货区为两面开放的流动货架拣货区。拣货员拣货之后把货物放入输送机并运到发货区。当动管区存货低于设定标准时，作业员进行补货。

2）托盘补货。这种补货方式是以托盘为单位进行补货，把托盘由地板堆放保管区运到地板堆放动管区。拣货时把托盘上的货箱置于中央输送机送到发货区。当存货量低于设定标准时，立即补货。用堆垛机把托盘由保管区运到拣货动管区，也可把托盘运到货架动管区进行补货。

（2）补货时机。根据动管区存货量多少来进行补货。补货时机有如下三种形式。

1）批次补货。每天由计算机计算出所需货品的总拣货量，再查看动管区存货量后，在拣货之前一次性补足，从而满足全天拣货量。

2）定时补货。把每天分为几个时间点，当动管区存货量小于设定标准时，立即补货。

3）随机补货。巡视员发现动管区存货量小于设定标准时，立即补货。

其主要作业流程如图6—3所示。

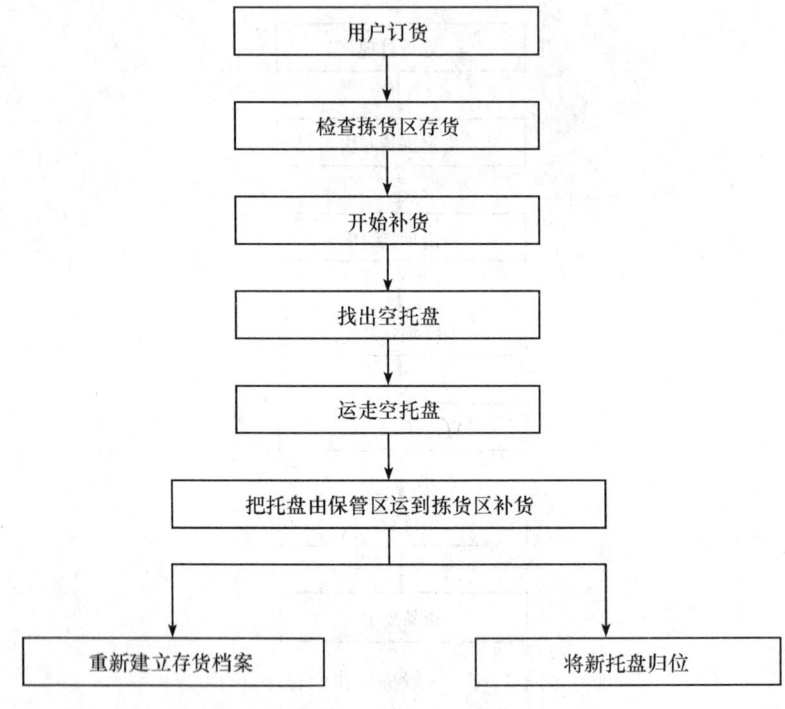

图6—3 补货作业流程

8. 发货作业

对拣货分类完毕的货品进行发货检查，装入容器，作好标示，并根据车辆趟次把商品运到发货准备区，等待装车配送，这一过程叫做发货作业。其作业流程如图6—4所示。

9. 配送作业

配送作业是指利用配送车辆把用户订购的物品从制造厂、生产基地、批发商、经销商

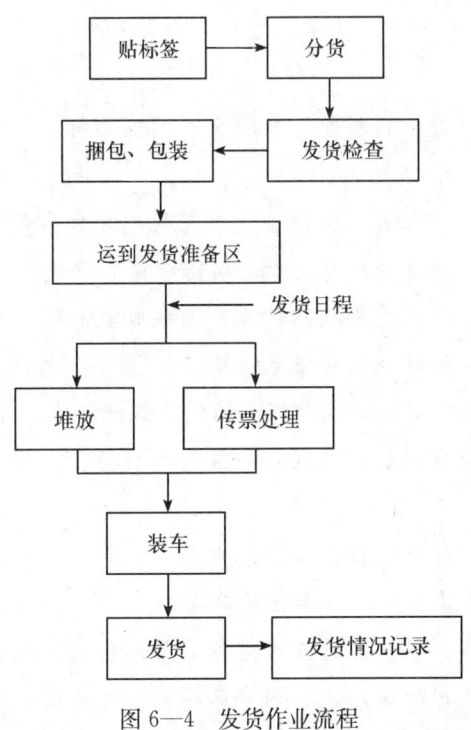

图 6—4　发货作业流程

或物流配送中心，送到用户手中的工作。配送的实质是送货。配送是一种送货，但和一般送货有区别：一般送货可以是一种偶然的行为，而配送却是一种有确定组织、确定渠道，有一套装备和管理力量、技术力量，有一套制度的体制形式。所以，配送是高水平的送货形式。送货作为配送中心最后的业务环节，其目标是把商品及时、准确、安全、经济地送达客户。

相关链接：

　　配送运输是指使用汽车或其他运输工具将被订购的货物从供应点送至顾客手中的活动，它具有时效性、安全性、沟通性、方便性、经济性。配送的基本功能包括实现物流合理化、完善运输和整个物流系统、方便用户。配送要素有集货、分拣、配货。配送的实质是从物流终点至用户的一种特殊送货形式，它又区别于一般送货，是一种中转形式。定时配送的时间固定，易于安排工作计划，易于计划使用设备，也有利于安排接运人员和接运作业。通常只有配送设施完备，具有较高的管理和服务水平，较高的组织和应变能力的专业化的配送中心才能大规模地开展定时配送业务。

配送合理化标志

(1) 库存标志。库存是判断配送合理与否的重要标志,库存总量和库存周转两个具体指标。

(2) 资金标志。总的来讲,实行配送应有利于资金占用降低及资金运用的科学化。具体判断标志包括资金总量、资金周转和资金投向的改变。

(3) 成本和效益。效益主要从总效益、宏观效益和用户集团企业的微观效益来判断,不必过多顾及配送企业的微观效益。

(4) 供应保证标志。必须提高对用户的供应保证能力,才算实现了合理供应。供应保证能力可以从缺货次数、配送企业集中库存量、即时配送的能力及速度等方面判断。

(5) 社会运力节约标志。社会车辆总数减少,而承运量增加;社会车辆空驶减少;一家一户自营运输减少,社会化运输增加。

(6) 用户企业仓库、供应、进货人力物力节约标志。配送的重要作用是以配送代劳用户。因此,实行配送后,各用户库存量、仓库面积、仓库管理人员减少才为合理;用于订货、接货、供应的人减少才为合理。真正解除了用户的后顾之忧,配送的合理化程度才可以说是一个高水平。

(7) 物流合理化标志。是否降低了物流费用;是否减少了物流损失;是否加快了物流速度;是否发挥了各种物流方式的最优效果;是否有效地衔接了干线运输和末端运输;是否不增加实际的物流中转次数;是否采用了先进的管理方法及技术手段。

第2节 电子商务仓储配送操作

知识要求

在各种电子商务模式中,受物流配送影响和制约最大的是 B2C 电子商务模式。因为 B2C 的客户是物流供应链的最终用户,往往每次购买量少,且为低价产品,对配送质量要求很高，但物流成本却居高不下，配送效率低。这使得 B2C 的仓储配送运作比起 B2B、C2C 等电子商务模式的物流配送运作困难很多。B2C 商家们要想更好地配合自身的网络销售就要建造属于自己的商品仓储物流配送中心。

一、B2C 仓储配送基本概念

B2C 仓储配送是指物流配送企业采用网络化的计算机技术和现代化的硬件设备、软件系统以及先进的管理手段，针对客户的需求，进行一系列分类、编码、整理、配货等理货工作，按照约定的时间和地点将确定数量和规格要求的商品传递到用户的活动及过程。

B2C 仓储配送的独特之处在于，从仓储环节来看，它像一个装配车间，生产个性化包裹；从配送环节来看，它的目的地极为分散，且配送货物的体积、质量各不相同；从运营的难度来看，它对场地、装备、人员素质、系统、配送质量和配送速度均有较高要求，客观上风险环节多，需要精细化管理。

二、B2C 的仓储

B2C 配送体系的信息化集成，可以使虚拟企业将散置在各地分属不同所有者的仓库通过网络系统连接起来，使之成为"集成仓库"，在统一调配和协调管理之下，服务半径和货物集散空间都放大了。在这种情况下，货物配置的速度、规模和效率都大大提高，使得货物的高效配送得以实现。

三、B2C 的配送模式

电子商务通过快捷、高效的信息处理手段可以比较容易地解决信息流、商流、和资金流的问题，并将商品及时地配送到用户手中，即完成商品的空间转移（物流）才标志着电子商务过程的结束。因此，物流配送系统的效率高低是电子商务成功与否的关键，而物流配送效率的高低很大一部分取决于物流配送现代化的水平。

1. B2C 配送模式的类型

B2C 的配送模式分为两大类：自营模式和外包模式。这两种模式又可细分为自营物流配送模式、第三方物流配送模式和自营和外包相结合的物流配送模式三种。

（1）自营物流配送模式。采用自营物流配送模式的企业主要是一些工商企业，尤其是规模较大的工商企业，它们为了满足企业自身对原材料、零部件和商品采购及本企业商品销售的需要，利用企业原有的人力资源、仓库、专用线、运输设施设备和装卸设备及分销网络，自行开展物流配送活动，这种模式有利于企业供应、生产和销售的一体化作业，系统化程度相对较高，既可以满足企业内部原材料、半成品及产成品的配送需要，又可满足企业对外拓展市场的要求，如京东商城。

京东商城目前共拥有5个物流中心，分别为北京、上海、广州、成都和武汉。上海物流中心：位于嘉定，占地200亩，内设投资上千万的自动传送带（2010.5投入使用）和终端PDA设备。这是京东迄今最大的物流仓储中心，承担了一半销售额的物流配送，这也是京东将去年底融到的2 100万美元的70％投放到物流建设的结果。在这里，京东每日能正常处理2.5万个订单，日订单极限处理能力达到5万单。

（2）第三方物流配送模式。第三方物流配送是指由物流配送业务的供方、需方之外的第三方去完成的物流配送服务的物流配送运作方式。第三方是指提供物流配送交易双方的部分或全部物流配送功能的外部服务提供者，是电子商务配送社会化、专业化的一种形式。工商企业不拥有自己的任何物流配送实体，将本企业对商品的采购、储存和配送等业务都交由第三方完成。中小型B2C电子商务多数使用这种物流配送模式。

（3）自营和外包相结合的物流配送模式。投资建立一个完整的物流配送体系的风险太大，建设周期比较长，而且占用企业较大的资金量，一旦企业的经营业务有较大波动，就会出现企业物流配送系统资源的闲置或紧张，给企业的经营活动带来被动。企业要想既降低风险，又能获得满意的物流配送服务，可以与第三方物流配送企业或供应商建立战略伙伴关系。

2010年6月8日，淘宝物流配送中心（物流宝平台）投入运营。它由淘宝网联合国内外仓储、快递、软件等物流企业组成服务联盟，提供一站式电子商务物流配送外包服务，是解决商家货物配备（集货、加工、分货、拣选、配货、包装）和递送难题的物流信息平台。长途配送变为短途配送，运输成本下降，服务质量提升。

总之，电子商务配送是未来经济的发展趋势，我们要想在这种趋势中得到很好的发展和壮大，必须选择一个最适合我们企业自身发展需要的电子商务仓储配送模式。

2. 仓储配送的IT系统

B2C仓储的高效运作，除了严格的现场管理，更多依赖于系统固化的流程，也就是说，无论张三或李四，他们的分解操作是完全一致的，具备极高的人员可替代性。理论上说，因为商品种类、出仓速度、管理要求的不同，每家B2C的仓储系统都应该是自己迭代开发、不断升级的。仓储系统，一般由三套系统组成：ERP，WMS，DPS。

ERP记录仓储运作的宏观数据，WMS控制每个操作流程的节点数据（高级的还要统计每个员工的工作量），DPS负责按照设定的逻辑自动分拣并运输至闸口，大大减少了手工和机械搬运动作，提升了工作效率和安全系数。

四、人员管理

从管理哲学上说，与B2C公司内部其他部门强调的沟通、尊重、创新不同，仓储部门更接近制造业车间的管理方式，简而言之，就是准军事化管理，注重层级与权威，收入分配充分体现多劳多得、当月变现的基本原则（这就是为何WMS需要记录工作量的原因）。其实这一点，海尔的张瑞敏早在20世纪90年代初就已著书言明了。

从用人原则上说，一个运作良好的仓储中心，一般自有员工和劳务工的比例是1∶3，也就是说，管理人员基本上是自有员工，其他都是劳务工。在中国现有的劳动法背景下，这是一个无奈的选择。仓库工作单一、负荷重、人员素质低，很容易产生拉帮结派、打架斗殴、聚众闹事等严重影响运转效率的事故。如果都是自有员工，很难快刀乱麻的开掉肇事者。而使用劳务工，则无此问题，还可以"赛马不相马"，从中提拔优异者充实自有团队。

最后细化到组织结构，有基本的几个Team。

（1）事前管理组（规模较小的B2C可以并到入库组去）。

（2）QC & 入库组（规模较大的B2C需要将QC与入库拆分开，避免道德风险）。

（3）商品管理组（负责上架、抓货、移库、盘点）。

（4）出库组（负责分拣、打包、指派、交接）。

（5）退货组（负责退换货事务）。

（6）行政总务组（负责人事、财务、采购、清洁、保安等事务性工作）。

当然，日订单几百的小B2C无须如此复杂，5个核心员工＋劳务工若干即可。在人员招聘方面，最好找经历过从零到几千单的零单仓储人员（日2 000单以上的基本上就是固定资产投入与系统升级的事情了，与工作经验基本无关了），这种经历对时间、金钱和机会成本的降低，有着无法估量的决定性作用。